Mutige Menschen

Christian Nürnberger

MUTIGE MENSCHEN

Für Frieden, Freiheit und Menschenrechte

GABRIEL

Für die vielen mutigen Menschen, die heute unter Lebensgefahr für die Freiheit in Iran, Russland, China, Belarus und in der Ukraine kämpfen.

Inhalt

Vorwort 7

Simone de Beauvoir 17
Ein Buch wird zum Anfang vom Ende des Patriarchats

Bartolomé de Las Casas 41
Entscheidung zwischen Gold oder Evangelium

Martin Luther 59
Ein Nobody lässt Papst und Kirche erbeben

Nelson Mandela 95
Von der Macht eines einsamen Häftlings

Rosa Parks 125
Die Welt stand auf, als eine Frau sitzen blieb

Mahatma Gandhi 147
Ein »halbnackter Fakir« stürzt das Empire

Bertha von Suttner 179
Nieder mit den Waffen!

Peter Benenson 203
Ein Hund, der das Ufer erblickt, ertrinkt nicht

Maria Kolesnikowa 223
Die Freiheit ist den Kampf wert

Alexej Nawalny 249
Putins Lord Voldemort

Edward Snowden 269
Ich will nicht in einer Gesellschaft leben, die so etwas macht

Ray Wong 299
Mit dem Regenschirm gegen Wasserwerfer

Disha Ravi 311
Verhaftet, weil sie das Richtige tat

Nachwort 320
Der laute Schrei nach Freiheit

Quellen- und Literaturverzeichnis 328

Vorwort

Mut ist etwas Sonderbares. Man hält die Sache für klar und denkt nicht weiter darüber nach, aber in meiner Familie lebte ein Kater, der mich lehrte, dass es so einfach auch wieder nicht ist.

Regelmäßig sah ich ihn jenseits unseres Gartenzauns durch den Stadtpark streifen. Manchmal kam ein Hund des Weges, erspähte von Weitem den mit seinem weiß-roten Fell gut sichtbaren Kater – und sofort passierte, was für solche Fälle die Natur vorgesehen hat: Adrenalingetrieben schoss der Hund wie eine Rakete aus dreißig Metern Entfernung auf seine Beute zu. Nun hätte eigentlich Teil zwei des von der Natur vorgesehenen Programms starten müssen: Mein Kater hätte in höchster Eile auf den nächsten Baum oder über den Zaun fliehen sollen.

Tat er aber nicht. Er stellte sich mit seiner Breitseite auf, machte einen Buckel, sträubte das Fell, fauchte und hob die Tatze. Und machte die Erfahrung, dass es wirkte. Die meisten Hunde zogen in gebührendem Abstand die Notbremse, trollten sich und taten so, als ob nichts gewesen wäre. Einige andere aber ließen sich davon nicht beeindrucken oder glaubten es nicht und rasten in unvermindertem Tempo auf meinen Kater zu, bis sie für ihn in Reichweite waren – und bekamen von ihm fürchterlich eine gewischt. Wer jemals die ausgefahrenen Krallen einer Katze auf seiner Haut gespürt hat, kann sich deren Wirkung in der weichen Hundeschnauze vorstellen. Solche Hunde, und seien sie noch so groß, ziehen gedemütigt winselnd von dannen.

Einmal, ein einziges Mal, hatte ich bisher indirekt beobachten können, dass die Strategie, dem Gegner furchtlos drohend ins Gesicht zu blicken, offenbar nicht funktionierte. Ich weiß nicht, warum. Ich war nicht im Park, habe den Hund nicht gesehen, sondern saß im Garten und sah, wie unser Kater panisch über den Zaun sprang, durch den Garten raste, über den Fischteich zu springen versuchte und ins Wasser platschte.

Das hat mich nicht nur amüsiert, sondern auch beruhigt, denn ich dachte immer: Mut ist für solche Fälle von der Natur aus guten Gründen nicht vorgesehen. Realistisch betrachtet hatte mein Kater gegen einen großen Hund keine Chance. Irgendwann wäre eine Dogge oder ein Kampfhund gekommen und hätte ihn in der Luft zerfetzt, darum wäre es für ihn stets »vernünftiger« gewesen, davonzulaufen. Aber offenbar konnte mein Kater unterscheiden, welche Hunde von seinem Mut zu beeindrucken waren und welche nicht. Jedenfalls hoffte ich das.

Den Mut verloren hatte er durch diese Begegnung mit einem Hund, der es offenbar »ernster meinte« als die anderen, übrigens nicht. Schon wenige Tage nach seiner »Schlappe« hatte ich wieder einen Hund winselnd das Feld räumen sehen.

Ich frage mich: Woher nahm mein Kater diesen Mut? Die meisten Katzen fliehen. Er blieb stehen. Und woher wusste er, wann es besser ist zu fliehen? Warum setzte er sich überhaupt der Gefahr aus, wenn er sich durch einen einfachen Sprung über den Zaun sofort in Sicherheit hätte bringen können? Ich glaube nicht, dass es Abenteuerlust war, dass es ihm Spaß gemacht hat, sich einem Hund in den Weg zu stellen. Ich bin mir sicher, dass er Angst hatte, wenn so eine Bestie auf ihn zustürmte. Aber irgendetwas zwang ihn, seine Angst zu überwinden und dem Fluchtreflex zu widerstehen. Vielleicht verfügte mein mutiger Kater über eine Art Wertesystem, das ihm sagte: Das hier ist dein Revier, darauf haben fremde Eindringlinge nichts zu melden, und wer es dennoch probiert, kriegt deine Krallen zu spüren.

Großes Gewicht bekommt die Frage nach dem Mut, sobald man sie auf Menschen, Gruppen, Völker anwendet. Warum kuschen die meisten Menschen vor ihrem Chef? Warum schweigen so viele in der U-Bahn, oder sehen weg, wenn ein paar Rechte einen Schwarzen anpöbeln oder Teenager einen Obdachlosen? Warum schweigen in Deutschland ganze Dörfer, wenn einer kommt und nach der Zeit zwischen 1933 und 1945 fragt?

Ja, es gab Ausnahmen, gibt immer Ausnahmen. Es gibt Menschen, die in der U-Bahn nicht schweigen, die vor ihrem Chef nicht katzbuckeln, die unangenehme Wahrheiten aussprechen. Immer gab es Widerstand gegen Lüge, Unrecht, Unterdrückung, Armut, Krieg. Aber immer ging dieser Widerstand von kleinen Minderheiten, oft nur von Einzelnen aus. Und nicht selten endete dieser Widerstand mit deren Tod.

Mut ist wohl keine Sache des Willens und des bewussten Entschlusses, sondern die Menschheit scheint eben aus zwei Gruppen zu bestehen: einer Minderheit, die keine Angst kennt und »von Natur aus« mutig ist, und einer Mehrheit, die »von Natur aus« feige ist. Also gibt es eigentlich gar keine mutigen Menschen, denn wer keine Angst hat, braucht keinen Mut. Und wer ihn bräuchte, hat ihn nicht.

Dieser Meinung scheinen die meisten Feiglinge anzuhängen und manche von ihnen rechtfertigen damit sogar ihre Feigheit. Feigheit sei ein Menschenrecht, hatte ein deutscher Dichter gesagt, nachdem ihm vorgeworfen wurde, in der DDR als Spitzel für die Staatssicherheit gearbeitet zu haben. Dem widersprach emphatisch Joachim Gauck, damals Vorsitzender des Vereins »Gegen Vergessen – für Demokratie«. Wer so etwas sage, sei »ein Idiot. Feigheit ist menschlich. Sie ist Schwäche, Versagen. Aber sie als Menschenrecht in den Rang dessen zu erheben, was in der Wertordnung ganz oben steht – da begegnet uns nicht nur Irrtum, sondern da beginnt schon die Lüge.«[1]

---

1 Joachim Gauck über »Die Liebe zur Wahrheit« in: Chrismon 05.2008, S. 24

Von Natur aus sind die meisten feige. Angst und Furcht sind natürliche, evolutionär entstandene genetische Überlebensprogramme. Darum ist Mut die Ausnahme und Feigheit die Regel. Eben deshalb ist instinktives, gedankenloses Mitläufertum die beste Basis für jeden Diktator und der Mut weniger Einzelner die größte Gefahr für die Inhaber der Macht.

Wer Mut beweist, riskiert etwas, gefährdet sich, setzt seine Karriere aufs Spiel, seine Gesundheit, seine Freiheit, sein Leben. Er riskiert den Bruch mit seiner Familie, mit Freunden, mit Traditionen, nimmt Liebesentzug in Kauf, Drohungen, Spott und Verletzungen. Und in dem Moment, in dem er das tut, kann er nie wissen, ob sich der Einsatz lohnt, ob er zum Erfolg führt. Aber Erfolg, der »Lohn« ist nicht das höchste Ziel des Mutigen. Vielmehr zeigt er Mut, weil er davon durchdrungen ist, dass bestimmte Werte – Würde, Anstand, Frieden, Freiheit, Wahrheit, Gerechtigkeit – unbedingt gelten müssen, und im Extremfall kann dann dieses unbedingte Festhalten an bestimmten Werten das eigene Leben kosten. Dieses Risiko nicht einzugehen, liegt in der Natur des Menschen.

Aber der Gehorsam gegen unsere Natur ist eben kein Menschenrecht, denn das Menschsein beginnt immer erst dort, wo wir diesen Gehorsam bewusst aufkündigen. Es bedarf eines bewussten Entschlusses aus Freiheit. Dazu gehört dann auch die Überwindung unserer natürlichen Angst.

Das können wir nicht von Natur aus. Das muss gelernt, geübt, trainiert werden. Darum ist es zu bequem, sich darauf hinauszureden, dass es eben Mutige und Feiglinge gibt, und niemand etwas dafür könne, wenn er zu den Feigen gehört. »Man ist nicht mutig oder feige, sondern meist beides«, sagt Gauck. »Vielleicht schweigt man erst mal nur, wenn andere Unrecht tun. Dann sagt man im kleinen Kreis etwas dagegen. Dann sucht man Verbündete, eine Öffentlichkeit. Wer will, kann erleben, wie Mut und Widerstandswille wachsen.«

Immer dort, wo ein Samenkörnchen Mut in den Boden fällt

und ausnahmsweise mal aufgeht, verändert sich die Welt. Am Anfang jeder Weltveränderung steht meistens ein Mutiger. Oder der Mut einer kleinen Gruppe. Der Mut, sich seines eigenen Verstandes zu bedienen. Der Mut, einfach die Wahrheit auszusprechen. Der Mut, einer Übermacht die Stirn zu bieten. Der Mut, sich einen neuen Weg zu bahnen. Der Mut, die Dinge anders zu sehen. Der Mut zur Umkehr. Der Mut, etwas Neues zu wagen. Der Mut zu einem Umweg. Der Mut, sein Leben in die eigene Hand zu nehmen. Der Mut, mit seiner eigenen Tradition zu brechen, aus einer Religionsgemeinschaft auszutreten – oder auch das Gegenteil davon: der Mut, an einer Tradition festzuhalten, die von allen verraten wird, der Mut, in eine Religionsgemeinschaft einzutreten oder einen bestimmten Glauben gegen deren eigene Priester zu verteidigen.

Auch Mahatma Gandhi hat als Feigling angefangen. Jedenfalls hat er das über sich selbst so gesagt: »Ich war ein Feigling.« Wobei die Betonung auf »war« liegt. Irgendwann in seinem Leben war er dann kein Feigling mehr, spätestens als er in Südafrika unter den Schlägen der Polizei öffentlich Pässe verbrannte.

Diese Wandlung vom normal natürlichen Feigling zum mutigen Menschen haben alle hier Porträtierten durchgemacht. Keiner von ihnen war schon von Geburt an mutig, sondern ist es geworden, der eine ganz plötzlich, der andere im Verlauf vieler Jahre. Erst dann, als diese Wandlung vollzogen war, konnten sie zu den Kämpfern für Freiheit, Frieden und Menschenrechte werden, als die wir sie kennen und als die wir sie heute verehren.

Erzählt werden all diese Geschichten aber nicht, um Heldenverehrung zu betreiben, auch nicht, um aus Feiglingen Mutige zu machen, sondern in der Absicht, so etwas wie ein »Lernen von den Meister*innen« zu ermöglichen. Wie baut sich Widerstand auf? Wie lässt sich Angst überwinden? Wofür zu kämpfen lohnt sich?

Es geht weiterhin darum, zu zeigen, wie aus einem ersten kleinen mutigen Schritt der Mut wächst, den zweiten zu machen, und mit diesem der Mut zum dritten und allen weiteren Schritten. Manchmal, wenn gerade eine günstige Konstellation herrscht, endet so eine Reihe von Schritten plötzlich in einem Umsturz von gewaltigen Ausmaßen, wie etwa bei Martin Luther, bei dem man sich fragt: Wie war es möglich, dass ein kleiner unbekannter Mönch aus der deutschen Provinz eine europäische Supermacht, nämlich die römische Kirche, zum Beben bringen konnte?

Was dieses Buch auch zeigen kann: Sichtbarer Mut hat immer eine unsichtbare Vorgeschichte, und diese Vorgeschichten sind es, die heute allen jenen Mut machen können, die wegen anhaltenden Misserfolgs mutlos zu werden drohen und kurz davor sind, resigniert aufzugeben. Dafür steht die Näherin Rosa Parks. Sie blieb eines Tages im Bus einfach sitzen, als sie aufstehen sollte, um einem Weißen Platz zu machen. Aber Rosa Parks war zu dem Zeitpunkt bereits seit zwölf Jahren Mitglied einer gewerkschaftsähnlichen Vereinigung von Schwarzen Bürgerrechtlern. Ihrem einsamen Widerstandsakt im Bus sind also zwölf Jahre Bewusstseinsbildung vorausgegangen.

Das zeigt: Der kleine Mut der kleinen Leute ist nicht vergeblich. Und auch das Schreiben gegen das Unrecht ist es nicht. Dass aus dem Feigling Gandhi der gewaltfreie Kämpfer gegen das britische Empire wurde, hatte viel damit zu tun, dass Gandhi das Neue Testament und Bücher von Tolstoj und Thoreau gelesen hatte. Gandhis Taten und Schriften wiederum haben Nelson Mandela und Martin Luther King inspiriert. Geschriebenes entfaltet seine Wirkung, auch wenn man nicht sagen kann, wann, wo und wie.

Wem der Mut fehlt, sich wie Gandhi niederknüppeln zu lassen, oder wie Mandela für Jahrzehnte ins Gefängnis zu gehen, muss nicht verzweifeln. Peter Benenson ist eine ideale

Konstruktion eingefallen für alle, die zwar gerne etwas zur Verbesserung der Welt beisteuern möchten, aber nicht über den Heldenmut verfügen, ihr Leben oder ihre Gesundheit zu riskieren. Benenson ist der Gründer von *amnesty international* und diese Organisation bietet jedem die Gelegenheit, sich nach seinem eigenen Maß zu engagieren. Schon mit einer einzigen E-Mail, vorformuliert von *amnesty*, kann man politisch Verfolgten helfen. Allein die gelegentliche Information auf den Websites von *amnesty* über deren aktuelle Kampagnen ist ein Wert an sich, weil diese Informationen zur politischen Bewusstseinsbildung beitragen, und diese ist die Voraussetzung für Mut.

Damit ist implizit auch gesagt: Der Mut, um den es hier geht, ist etwas anderes als Abenteuerlust. Allein in einem Einhandsegler durch die Ozeane zu pflügen, mit einem Heißluft-Ballon um die Erde zu schweben, den Mount Everest zu erklimmen oder die Arktis zu durchqueren, mag eine wertvolle Selbsterfahrung für den sein, der sich mit solchen Übungen an die Grenzen des Menschenmöglichen begibt. Aber deren Nutzen für die Menschheit dürfte ähnlich begrenzt sein wie der Nutzen des Mutes meines Katers für die Katzen dieser Welt.

Jedoch 27 Jahre ins Gefängnis zu gehen wie Nelson Mandela, um die Apartheid zu beenden und geraubtes Land an dessen legitime Erben zurückzugeben, oder sich in Lebensgefahr begeben und tatsächlich in der Gefahr umkommen wie Alexej Nawalny, um die Welt über die Wahrheit des »Systems Putin« aufzuklären, das ist echter Mut. Es ist ein Mut, der sich für andere Menschen auszahlt.

Man kann von niemandem verlangen, seine Existenz aufs Spiel zu setzen. Aber sich vor sich selbst und anderen einzugestehen, dass man bequem und feige war oder es ist, das zumindest sollte verlangt werden. Nach dem Fall der Mauer haben wir erlebt, dass die Bürgerrechtler, die sich gegen das DDR-Regime zur Wehr gesetzt hatten, von den Mitläufern nicht verehrt, sondern denunziert und beschimpft worden sind, vermutlich, weil sie den lebenden Beweis für das eigene Versagen darstellten. Wer selber keinen Mut bewiesen hat, sollte wenigstens jenen Respekt erweisen, die ihn bewiesen haben, statt sie auch noch schlechtzumachen.

Und alle anderen, denen nie Mut abverlangt wurde, weil sie in einem Land leben, das keine Helden nötig hat, sollten dankbar sein für das Glück, in solch einem Land leben zu dürfen. Das Buch möchte daher auch bewusst machen, wie wenig selbstverständlich Frieden, Freiheit, Demokratie und Rechtsstaatlichkeit in der Geschichte waren und wie hart dafür in anderen Regionen unserer Welt immer noch gekämpft werden muss. Eine Verfassung, wie wir sie seit mehr als sieben Jahrzehnten in Deutschland haben, ist eine Kostbarkeit. Wir sollten sie hegen und pflegen, denn sie erhält sich nicht von selbst.

Dafür braucht es zum Glück keinen Mut, schon gar keinen Heldenmut, nur manchmal ein bisschen Engagement und Zivilcourage. Wenigstens dazu sollten wir uns von den wirklich Mutigen anspornen lassen.

Weil oft vergessen wird, wie hart für die Freiheit gekämpft werden musste, erscheinen Geschichten darüber vielen als Gähn- und Abnick-Thema. Was soll daran schon interessant oder spannend sein? Für Frieden, Freiheit, Menschenrechte sind wir doch alle, wer dagegen ist, ist nicht ernst zu nehmen, und letztlich ist es für die betreffenden Freiheitskämpfer doch ein lukratives Geschäft. Irgendwann werden sie mit Ansehen, Preisen, Ehrungen und Geld überschüttet und ihre Bücher verkaufen sich bestens.

So zu denken ist man versucht, weil die meisten derer, die hier porträtiert werden, sich längst durchgesetzt haben und fast unumschränkt anerkannt sind. Selbst Simone de Beauvoir ist schon auf dem besten Weg, von ihren früheren Gegnern heiliggesprochen zu werden.

Tatsächlich aber war sie, wie jeder Kämpfer und jede Kämpferin für Freiheit, zu Beginn des Kampfes umstritten und angefeindet, sie ist verhöhnt, lächerlich gemacht und nicht selten auch bedroht worden. Wie Simone de Beauvoir haben deshalb die Porträtierten tatsächlich alle sehr viel Mut, Selbstbewusstsein, Durchhaltewillen, Stehvermögen, Unbeirrbarkeit und einen langen Atem gebraucht.

Und andere brauchen diese Kraft noch, wie etwa Maria Kolesnikowa, Swetlana Tichanowskaja und Veronika Zepkalo, denen es in Belarus beinahe gelungen wäre, gewaltlos das Regime des Diktators Alexander Lukaschenko hinwegzufegen. Ja, sie wurden mit Ehrungen überhäuft, aber Zepkalo muss mit ihrem Mann und ihren Kindern im Exil leben, Tichanowskaja sogar getrennt von ihrem Mann, der in Lukaschenkos Straflager gefangen gehalten wird. Und die Dritte im Bund, Maria Kolesnikowa, hätte leicht nach Deutschland fliehen können, wo sie in Stuttgart einen zweiten Wohnsitz hat und in Sicherheit wäre. Aber sie hat es vorgezogen, in Belarus zu bleiben, bei den vielen, die mit ihr gegen das Regime demonstriert haben, verprügelt, inhaftiert, gefoltert worden sind, und die außerhalb von Belarus kaum jemand kennt. Seit September 2020 ist sie nun selbst im Gefängnis.

Freiheit, Frieden, Menschenrechte werden nicht vom Christkind gebracht, sondern müssen unter Gefahr erkämpft werden, und sind verbunden mit Entzweiung, Streit, ja Hass. Daher sind Freiheitskämpfe nichts Romantisches. Freiheitskämpfer sind keine Helden, keine Ritter ohne Fehl und Tadel, auch wenn spätere Generationen stets dazu neigen, die Kämpfer zu verklären, Helden aus ihnen zu machen, sie zu Autoritäten aufzubauen. Das gelingt so gut wie immer, wenn sich die Rauchwolken schon lange verzogen haben.

Aber solange sie sich noch mitten im Kampfgetümmel befinden, und noch gar nicht sicher ist, ob sie ihren Kampf gewinnen, brauchen sie Unterstützer*innen, die selbst ein wenig des Mutes bedürfen, aber vor allem über ein sicheres Urteil verfügen und ein Wertegerüst, das nicht schon nach dem ersten Windstoß zusammenbricht. Dieses Buch will seinen Leser*innen helfen, sich solch ein sicheres Urteil zu bilden und die Werte kennenzulernen, die Orientierung geben können auch in schwierigen Lebenslagen.

Christian Nürnberger

Simone de Beauvoir

Ein Buch wird zum Anfang vom Ende des Patriarchats

* 1908 in Paris (Boulevard du Montparnasse Nr. 103) — 1913–1925 Besuch der katholischen Privatschule Cours Desir, Abschluss mit dem Abitur — 1925/26 Studium der Philologie am Institut Sainte-Marie in Neuilly und der Mathematik am Institut Catholique in Paris — 1928/29 Diplomarbeit über den Philosophen und Universalgelehrten Gottfried Wilhelm Leibniz. Vorbereitung auf die agrégation (Lehrerlaubnis) an der Sorbonne und der École Normale Supérieure. Probezeit als Lehramtskandidatin am Lycée Janson-de-Sailly — 1929 Bekanntschaft mit Jean-Paul Sartre und Beginn ihrer Beziehung — 1943 Entlassung aus dem Schuldienst; Veröffentlichung ihres ersten Romans, *L'Invitée* (Sie kam und blieb) ab diesem Zeitpunkt freie Schriftstellerin — 1949 Veröffentlichung der Schrift *Le Deuxième Sexe* (Das andere Geschlecht) — † 14. April 1986 in Paris. Sie wird neben Jean-Paul Sartre auf dem Pariser Friedhof Montparnasse beigesetzt

Im Jahr 1949 ereignete sich etwas Außergewöhnliches, nur merkte es die Welt nicht. Es erschien ein Buch. Geschrieben von einer Frau. Die hieß Simone de Beauvoir. Heute, aus der Rückschau, wissen wir, dass diese Simone de Beauvoir nicht einfach nur ein Buch geschrieben, sondern eine Weltrevolution angestoßen hatte.

Allerdings hat es viele Jahre gedauert, bis die Welt darauf aufmerksam wurde, und noch länger, bis sich auf der Welt wegen dieses Buches etwas änderte.

Zunächst erregte sich nur eine kleine europäische, hauptsächlich Pariser Intellektuellen-Elite über dieses Buch. Auch eine kleine New Yorker Intellektuellen-Elite nahm aufgeregt Notiz davon. Aber in Paris wie in New York galt die Aufregung mehr dem Umstand, dass die Autorin unverheiratet mit einem Mann zusammenlebte, noch dazu mit einem, der schon berühmt war: dem Schriftsteller und Pariser Intellektuellen Jean Paul Sartre. Es war vor allem das Paar Beauvoir-Sartre, das die Aufmerksamkeit dann auch auf das Buch lenkte, dessen Inhalt irgendwie auch mit dieser nichtehelichen Verbindung zu tun hatte.

Aber die übrige Welt ging weiter ihren üblichen Gang. Der große Rest der Menschheit ignorierte das Buch und nahm auch von diesem Paar kaum eine Notiz. Das ändert jedoch nichts an der Tatsache, dass das Buch in seiner Wirkung und Bedeutung eigentlich nur mit Martin Luthers Thesenanschlag im Jahr 1517 zu vergleichen ist. Aber 1949, als dieses Buch erschien, konnte das noch niemand ahnen, nicht einmal die Autorin. Die Botschaft brauchte Zeit.

Der Titel lautete ziemlich unspektakulär: *Le Deuxième Sexe* (»Das zweite Geschlecht«). Klang nicht besonders griffig, schon gar nicht sensationell. In Deutschland erschien es 1951 unter dem Titel *Das andere Geschlecht. Sitte und Sexus der Frau.* Auch kein Brüller. Kein Wunder, dass es bald schon entschlummerte in den Bibliotheken, wo es scheinbar verstaubte.

Scheinbar. Denn untergründig wirkte es weiter, und nach knapp anderthalb Jahrzehnten tauchte es wieder auf, wenn auch nur in Form eines anderen Buches. 1963 erschien in den USA: *The Feminine Mystique* von Betty Friedan (1921–2006). Daraus wurde ein Weltbestseller, der sich drei Millionen Mal verkaufte, in zahlreiche Sprachen übersetzt wurde, 1966 auch auf Deutsch unter dem Titel *Der Weiblichkeitswahn oder die Selbstbefreiung der Frau.*

Ihm folgten weitere Bücher zum selben Thema. Dann noch mehr, und irgendwann nannte man das: Frauenliteratur. Was in ihnen drinstand, war inspiriert von dem einen Buch, das Beauvoir schon längst geschrieben hatte. Aber erst jetzt waren die Ohren dafür gespitzt. Erst jetzt haben sich Millionen Köpfe, vor allem weibliche, dafür geöffnet. Auch in Deutschland. Da lernte man nun, dass es etwas wirklich Neues gibt. Man nannte es: Feminismus. Und irgendwann sagte jemand, Simone de Beauvoirs Buch über das »andere Geschlecht« sei die »Bibel des Feminismus«.

Treffender hätte man es nicht sagen können. Es ist tatsächlich eine Bibel. Die Gegenbibel. Das Gegenbuch zum zentralen Buch unserer Kultur, in dem schon ganz am Anfang steht: »Und dein Verlangen soll nach deinem Mann sein, aber er soll dein Herr sein.« So sprach angeblich Gott zu Eva nach dem Sündenfall, kurz vor der Vertreibung aus dem Paradies.

»Er soll dein Herr sein« – als jüdische Priester dies vor vielleicht 2.500 Jahren schrieben, mussten sie vermutlich nicht lange überlegen. In ihrer Umwelt unter den benachbarten Völkern herrschte schon immer der Mann über die Frau. Seit Jahrtausenden wurde nach dieser Regel gelebt in den alten Kulturen. Nicht nur den Männern, sondern auch den Frauen erschien es als etwas Natürliches, dass nur der Mann zählt und die Frau etwas ihm Untergeordnetes ist, fast so etwas wie seine persönliche Habe, sein Besitz, seine Viehherden.

Die Juden hatten vieles kritisiert und manches grundlegend anders gemacht als es bei ihren Nachbarn üblich war, aber an der Herrschaft des Mannes über die Frau rüttelten sie nicht. Im Gegenteil. Die jüdischen Priester verliehen dieser Herrschaft die göttliche Weihe. Was ihnen als natürliche Ordnung erschienen war, machten sie nun zur göttlichen Fügung. Und die christlichen Verfasser des Neuen Testaments, allen voran der Apostel Paulus, bekräftigten diese angeblich gottgewollte Ordnung.

Damit war in der jüdischen, christlichen und später auch islamischen Welt das Patriarchat zementiert. Es hat fast bis heute alles überdauert, was je gekommen war und wieder verschwunden ist. Weltreiche, Kaiser, Könige und Päpste kamen und gingen. Großartige Kunstwerke wurden erschaffen, viele wieder zerstört. Wertvolles Wissen haben die Menschen angehäuft und vieles wieder vergessen. Tempel, Dome, Paläste und glanzvolle Städte wurden gebaut und wieder dem Erdboden gleichgemacht. Es war ein vieltausendjähriges Werden und Vergehen. Nur eines verging nie, hielt sich durch alle Zeiten hindurch wie etwas Heiliges, Unantastbares, scheinbar Immerwährendes: die Vorherrschaft des Mannes.

Es schien keinen Grund zu geben, an dieser ältesten Herrschaftsform etwas zu ändern. Noch nicht einmal die neuzeitlichen Philosophen und Aufklärer hatten das patriarchale Prinzip infrage gestellt. Und auch die Frauen selbst nicht.

Bis auf eine: Olympe de Gouges. Sie war die Erste, die es dann doch gewagt hat, indem sie sich auf den Schlachtruf der Französischen Revolution von 1789 berief: Freiheit, Gleichheit, Brüderlichkeit. Die Schriftstellerin Olympe de Gouges (1748–1793) leitete daraus eine einfache, im Grunde triviale Dreisatz-Logik ab: Alle Menschen sind gleich. Frauen sind Menschen. Also sind Frauen den Männern gleich. Also stehen ihnen die gleichen Rechte zu – ein eigentlich für jedermann einfach nachzuvollziehender Gedanke. Und doch eine Idee, die um zwei Jahrhunderte zu früh kam.

Die Männer der Revolution waren unfähig, das Selbstverständliche an dieser Forderung zu erkennen. Ihre Menschenrechte wollten sie nur auf sich selbst angewandt sehen, auf den männlichen Teil der Menschheit, auf den männlichen weißhäutigen Teil der Menschheit, wie sich im weiteren Verlauf der Geschichte noch herausstellen sollte.

Vier Jahre nach ihrer Erklärung der Frauenrechte landete Olympe de Gouges auf dem Schafott, wurde vergessen. Im Jahr ihrer Hinrichtung verbot die Nationalversammlung die während der Revolution entstandenen Frauenclubs, später kam ein generelles Versammlungsverbot für Frauen hinzu.

Von den Fortschritten, die Napoleon gewaltsam in ganz Europa durchzusetzen versuchte, kam bei den Frauen nichts an. Der Ehemann war der gesetzliche Vormund seiner Frau, er durfte ihr nicht einmal eine Generalvollmacht erteilen, und die Ersparnisse der Frau gehörten dem Mann. Ertappte ein Mann seine Frau beim Ehebruch, war er berechtigt, sie zu erschießen. Vom aktiven und passiven Wahlrecht waren die Frauen noch lange ausgeschlossen.

Erst die Arbeiterbewegungen des 19. Jahrhunderts setzte die Frauenrechte wieder auf die Tagesordnung. Dabei ging es aber vor allem um das grundlegendste demokratische Recht überhaupt: das Wahlrecht. In Deutschland hatte es bis 1918 gedauert, bis Frauen wählen durften. Die Männerherrschaft ging trotzdem weiter, kam unter Hitler sogar noch einmal zu neuer Blüte, endete kurzzeitig in den Jahren vor und nach dem Kriegsende, als die »Trümmerfrauen« bewiesen, dass es auch ohne Männer geht. Aber mit der Heimkehr der Männer kehrte auch das Patriarchat wieder zurück.

In Deutschland herrschte es noch rund 30 Jahre unangefochten weiter. Dann kamen die Frauen, die dem Neuen anhingen und sich als Feministinnen bezeichneten, was in konservativen Kreisen schon bald zu einem Schimpfwort wurde. Feminismus galt als ideologieverdächtig, was so viel hieß wie: einseitige und darum falsche Betrachtungsweise der Welt im Allgemeinen und des Geschlechterverhältnisses im Besonderen.

Damit war der Kampf eröffnet. Er dauert bis heute an, und die Feministinnen gewannen eine Schlacht nach der anderen. Heute können junge Frauen gar nicht glauben, was ihre Mütter und Großmütter über ihre Jugend erzählen. Wenn sie sich heute die Werbung der 50er- und 60er-Jahre anschauten, sähen sie: Frauen waren verheiratete Hausfrauen und Mütter. Und wer von ihnen auf die verwegene Idee kam, einen Beruf auszuüben, brauchte dafür die Erlaubnis des Ehegatten.

Eine Frau als Ingenieurin, Professorin, Soldatin, Boxerin, Rennfahrerin, Astronautin, gar Ministerin oder Bundeskanzlerin – unvorstellbar. Eine Frau, die unverheiratet mit einem Mann zusammenlebt – undenkbar. Eine Frau, die ein uneheliches Kind gebiert – eine Schande. Eine Frau, die bei ihrer Heirat ihren Namen behält – Quatsch. Eine Frau mit eigenem Bankkonto – Unsinn.

Mädchen durften in der Schule keine Hosen tragen. Selbst einer erwachsenen Frau, wie der Sängerin Esther Ofarim ist 1966 in Hamburg der Zutritt zu einer Bar verwehrt worden, weil sie einen Hosenanzug trug, erzählt Elke Heidenreich. »Und meine Freundin Senta durfte 1969 in einem Damensmoking, den Yves Saint-Laurent kurz zuvor erfunden hatte, in London in einem Hotel nicht in den Speisesaal. CSU-Bundestagsvizepräsident Richard Jaeger drohte 1970, er werde jede Frau, die in Hosen im Parlament erschiene, aus dem Saal jagen.«

All dies ist heute unvorstellbar für junge Frauen. Heute mühen sich jüdische und christliche Theologinnen, die scheinbar klaren Ansagen der Bibel zu relativieren. Sie präsentieren biblische Fundstellen, die belegen sollen, dass die Bibel als Ganzes vielleicht dem Buchstaben das Patriarchat begründet, aber doch nicht dem Geist nach.

Dieser Geist sei frauenfreundlich, sagen sie, und tatsächlich war Jesus frauenfreundlicher als Paulus, und im Judentum hatte die Frau in manchen Bereichen schon immer eine stärkere Stellung als in anderen Religionen. Daher interpretieren jüdische und christliche Theologinnen die Bibel heute so, als ob Gott schon immer die Gleichberechtigung der Geschlechter gewollt habe und dieser Wille nur verfälscht worden sei von jüdischen und christlichen Theologen.

Aber dass sie das tun, ist nicht das Verdienst innerkirchlicher Aufklärung, sondern außerkirchlicher Kritik. Der Anstoß, die Bibel neu zu lesen und Gott frauenfreundlicher erscheinen zu lassen, kam nicht aus der Bibel der Juden und Christen, sondern: aus der *Bibel des Feminismus*, geschrieben von Simone de Beauvoir.

Dieses Buch war zum einen ein Skandal und zum anderen der große Donnerschlag gegen das Patriarchat. Wenn wir heute über Quoten und Frauenrechte reden, die Berufstätigkeit der Frau fast allen Menschen im westlichen Kulturkreis als etwas Selbstverständliches erscheint, und überall Gleichstellungsbeauftragte darüber wachen, dass der Frau aufgrund ihres Geschlechts kein Nachteil erwächst – dann ist das und noch vieles mehr vor allem das Verdienst der französischen Philosophin und Schriftstellerin Simone de Beauvoir.

Auch sie hatte einen Satz geprägt, den man als Revolutions-Motto ähnlich bedeutenden Sätzen gleichstellen kann: »Man wird nicht als Frau geboren, man wird es.« In seiner Bedeutung ist er ähnlich geschichtsträchtigen Sätzen aus anderen Groß-Zeitenwenden mindestens ebenbürtig, wie zum Beispiel:

- »Erkenne dich selbst« – antike griechische Philosophie.
- »Werde, der du bist« – griechischer Dichter Pindar, von Friedrich Nietzsche übersetzt.
- »Hier stehe ich, ich kann nicht anders« – Martin Luther.
- »Habe Mut, dich deines eigenen Verstandes zu bedienen« – Immanuel Kant.
- »Nicht das Bewusstsein bestimmt das Leben, sondern das Leben bestimmt das Bewusstsein« – Karl Marx.

Und genau solche Sätze hatten es der französischen Philosophin angetan. Sie hatte den Mut, sich ihres eigenen Verstandes zu bedienen. Sie hatte kritisch gefragt: Was, wenn es der Frau verboten wäre, die zu werden, die sie ist? »Was, wenn du selbst zu werden dich zur Zielscheibe von Gespött, Bosheit und Scham macht?«

Durch gründliches Nachdenken über solche Fragen ist sie zu jenen verblüffenden Schlüssen, provokanten Erkenntnissen und skandalträchtigen Schlussfolgerungen gekommen, die den Sturz des Patriarchats einleiteten. Erstmals hatte eine Frau konsequent und radikal darüber nachgedacht, was es heißt, eine Frau zu sein, was es für Frauen bedeutet, vom Mann gegängelt, bevormundet, angebetet, verachtet, idealisiert, mythisiert, definiert und penetriert zu werden.

Simone de Beauvoir ging es damals noch nicht primär um gleichen Lohn für gleiche Arbeit, um Bildungschancen und um politische Rechte, sondern um etwas viel Grundsätzlicheres: die tatsächlichen und vermeintlichen Unterschiede in der Biologie des Mannes und der Frau. Und um die Frage, ob diese biologischen Unterschiede tatsächlich eine Rechtfertigung sein können für die aus ihr abgeleiteten Rollenzuweisungen für Männer und Frauen.

Mit welchem Recht wird die Frau auf eine Trösterin und Pflegerin reduziert, ins Haus verwiesen, zur Mutterschaft verpflichtet? Wer definiert das Wesen der Frau? Mit welcher Begründung? Zu welchem Zweck?

Bis heute versuchen Männer noch immer, die herkömmliche Rollenverteilung mit dem grundsätzlichen Anderssein der Frau zu begründen. Immer wieder bemühten und bemühen sie die Biologie, die Natur und das Tierreich, um die Weisheit und Zweckmäßigkeit der in vielen Jahrtausenden bewährten Geschlechterordnung zu erklären.

Sie verstehen nicht, dass es nicht um Zweckmäßigkeit geht, nicht um Biologie und noch nicht einmal um Glück, sondern um Würde, ja um Gottebenbildlichkeit. Männer, die nur unter der Bedingung mit Frauen leben können, dass diese sich ihnen unterordnen und zu ihnen aufblicken, sind davon um eine ganze historische Epoche weiter entfernt als Männer, die mit Frauen auf gleicher Augenhöhe leben möchten.

Dasselbe gilt andersherum. Auch Frauen, die zu einem Mann aufblicken und sich ihm unterwerfen möchten, sind von dieser Gottebenbildlichkeit noch Lichtjahre weiter entfernt als die anderen. Und eine wichtige Etappe zu diesem Ziel der Gottebenbildlichkeit heißt nun mal Freiheit, Gleichheit, Menschenwürde.

Darum sind Diskussionen über die Biologie der Frau überflüssig. Es genügt der Hinweis auf das Grundgesetz.

Dort steht, niemand dürfe wegen seines Geschlechts benachteiligt werden. Wenn also eine Frau Boxerin, Fußballerin oder Soldatin werden will, dann hat die Gesellschaft nicht zu sagen, aber das gehört sich doch nicht für eine Frau, sondern dann hat die Gesellschaft die Voraussetzungen dafür zu schaffen, dass die Frau Boxerin, Fußballerin oder Soldatin werden kann. Und wenn eine Frau sagt, dass sie genau wie die Männer einen Beruf und eine Familie haben will, dann hat die Gesellschaft der Frau nicht zu sagen, aber du gehörst doch ins Haus zu den Kindern, sondern hat dafür zu sorgen, dass das Recht der Frau auf Familie und Beruf respektiert wird. Weil es nun mal im Grundgesetz steht.

Daraus folgt: Leben, Wirtschaft und Arbeit müssen so organisiert werden, dass Frauen Kinder haben und zugleich einen Beruf ausüben können – so, wie es die Männer schon immer können.

Eigentlich ein selbstverständlicher Gedanke. Und doch war es ein weiter Weg vom 1949 formulierten Satz »Man wird nicht als Frau geboren, man wird es« bis heute. Und der Weg ist noch lange nicht zu Ende.

Aber dass Frauen ihn gegen alle Widerstände gehen, verdanken sie diesem Satz und vor allem der Tatsache, dass Simone de Beauvoir diesen Satz in allen Facetten durchdacht und vor keinem Tabu haltgemacht hatte, auch nicht vor Sex. Sie schrieb über weibliche und männliche Geschlechtsteile, über ihre eigene Sexualität, ihre eigenen sexuellen Bedürfnisse – und das in wissenschaftlichen Aufsätzen und Büchern zu einer Zeit, als die Sexualität noch tief tabuisiert war.

Daher galt sie als Skandal-Autorin. »Ich habe alles über die Vagina Ihrer Chefin erfahren«, sagte der christliche Schriftsteller François Mauriac, mehr empört als spöttisch, zu einem Mitarbeiter von Simone de Beauvoir nach der Lektüre ihres 900 Seiten dicken Buches. Die katholische Kirche hatte das Buch gleich schon mal auf den Index gesetzt.

Sogar Beauvoirs Freund, der Schriftsteller Albert Camus, tobte, sie habe den französischen Mann lächerlich gemacht. Unbefriedigt und frigide sei sie, wüteten ihre Kritiker, lesbisch, männermordend sei sie, las man in den Medien.

All das kümmerte sie nicht. Sie schrieb einfach, was sie dachte, worüber sie nachdachte, und zu welchen Ergebnissen sie dabei kam. Und ein Ergebnis war eben dieser berühmte und gar nicht so eindeutige, fast rätselhafte Satz: »Man wird nicht als Frau geboren, man wird es.«

Über lange Zeit machten es sich viele zu einfach mit diesem Satz und übersetzten ihn ungenau und interpretierend zu: »Man wird nicht als Frau geboren, sondern zur Frau gemacht.« Aber so hatte Beauvoir es nicht geschrieben.

Zwar stimmt schon: Mädchen werden vom Tag der Geburt an zur Frau gemacht in der Familie und in der Gesellschaft.

Aber, sagte Beauvoir, das müsse nicht so sein. Dass die Manipulation gelingt, setzt voraus, dass die, die manipuliert wird, sich manipulieren lässt. So eine wird dann zu jener gesellschaftlich gewollten Frau, weil sie es mit sich geschehen lässt, oder es sogar will. Deshalb hat Beauvoir schon sehr bewusst so genau formuliert: »Man wird nicht als Frau geboren, man wird es.«

Man wird es aufgrund der äußeren Einflüsse, die auf einen Menschen einwirken: Elternhaus, Schule, Kirche, Staat, Peergroups, Kino, Fernsehen, Bücher, Zeitungen. Man wird es aber auch aufgrund der eigenen Entscheidungen. Mit zunehmendem Alter kann ein Mädchen immer besser erkennen, wie es von äußeren Mächten geformt wird – und kann dann irgendwann entscheiden, ob es sich das widerstandslos gefallen lässt, um der patriarchalen Gesellschaft zu gefallen. Oder ob es sich bewusst widersetzt, um ein eigenständiger, selbstbewusster Mensch zu werden, der so unabhängig vom Mann existieren kann, wie dieser schon immer unabhängig von der Frau sein Leben führen kann – egal ob sie der »Gesellschaft« gefällt oder nicht.

Das ist ein komplizierter Prozess, denn natürlich muss ein Mensch zunächst einmal überhaupt befähigt sein, die Welt nicht einfach so hinzunehmen, wie sie ist. Dazu braucht es ein Mindestmaß an Bildung. Ohne sie wird ein Mädchen niemals vordringen zu der Frage: Will ich das, eine Frau werden, wie andere sie haben wollen? Es gibt unzählige Bildungsbiografien, in denen ein Mensch nie an diesen Punkt gelangt, an dem er bewusst sein Schicksal in die eigene Hand nehmen kann.

Was das betrifft, hatte Simone de Beauvoir Glück. Geboren und aufgewachsen in einem der besten Pariser Viertel (103 Boulevard du Montparnasse), Vater Anwalt, Mutter Bankierstochter, adliger Hintergrund, Dienstbotin im Hause, katholische Mädchenschule, Klassenbeste, Ferien auf dem Schloss, wenn auch ohne Strom und ohne Wasser aus der Leitung – daraus ließ sich etwas machen, wenngleich die Eltern so konservativ waren, wie man eben damals war, wenn man adlig geboren wurde. Als ein zweites Kind unterwegs war, hofften die Eltern und die ganze Verwandtschaft, dass es nun aber ein Junge würde. Doch leider, auch wieder nur ein Mädchen – Simones Schwester Hélène. Die Großeltern schrieben ergeben: »Wir fügen uns Gottes Willen.«

Man war streng katholisch in der sozialen Welt Simones. Ihre Kindheit stand unter den zwei Geboten: »Du sollst nicht tun, was ungebührlich ist« und »Du sollst nicht lesen, was ungebührlich ist«. Egal, es gab genug zu lesen, was sich gehörte.

Aber vor allem: Es gab da einen grundlegenden Widerspruch im Leben der Eltern. Gutkatholisch war nur die Mutter, der Vater aber war Atheist. Bücher bekam Simone von beiden, vom Vater jedoch ganz andere als von der Mutter. Und ihren Vater beschrieb sie als witzig, belesen, elegant, der wunderbar Gedichte aufsagen und leidenschaftlich debattieren konnte.

Ihr Vater stellte für sie eine kleine Anthologie mit Gedichten zusammen und brachte ihr bei, sie »mit Betonung« aufzusagen. Ihre Mutter wiederum schenkte ihr ein Buchabonnement und verschaffte ihr Zugang zu mehreren Bibliotheken.

Sie war also eine Tochter aus gutem bildungsbürgerlichen Haus, jedoch eine, deren Eltern durch eine Verkettung unglücklicher Umstände – Krieg, Revolution in Russland, vernichtetes Aktienvermögen, eine nicht ausbezahlte Mitgift – in eine wirtschaftlich prekäre Lage kamen, ausziehen mussten aus der standesgemäßen Umgebung. Die elfjährige Simone und ihre Schwester lebten nun in einer armseligen Wohnung im fünften Stock, dunkel und schmutzig, ohne Aufzug und fließendes Wasser, kein Bad, keine Zentralheizung.

Aber auch das hatte einen Bildungseffekt: Das Mädchen machte nun Bekanntschaft mit den Härten des Lebens und mit der Armut, und lernte zugleich, sich davon nicht unterkriegen zu lassen und die Armut in Würde zu ertragen.

Schließlich der christliche Glaube, den das Mädchen Simone ernst nahm, und über den sie als 57-jährige Frau einmal sagte, dass er dazu geführt hatte, sich selbst als »eine Seele« wahrzunehmen, was hieß: nicht männlich, nicht weiblich, sondern Mensch. Gott macht keinen Unterschied, dachte die kleine Philosophin.

Aber da draußen in der Welt, so lernte das Mädchen im Lauf der Zeit, da wird der Unterschied gemacht. Und nicht nur da draußen. Auch drinnen, in ihrer eigenen Familie, erkannte sie ab ungefähr dem elften Lebensjahr jene Unterschiede, die sich dann im Lauf der Jahrzehnte zu dem einen großen Unterschied verdichteten.

Es fing damit an, dass man sie einerseits dazu erzogen hatte, altklug zu sein, zu lesen und alles zu hinterfragen. Andererseits erkannte sie bestürzt, dass eben dies von ihrer Umwelt und ihrer Familie umso weniger erwartet wurde, je älter sie wurde. Mädchen und junge Frauen wurden auf ihre Rolle als Ehefrau und Mutter vorbereitet. Deshalb hatten sie den Männern zu gefallen und durch »weibliche Eigenschaften« aufzufallen, Zurückhaltung, Hingabe, Fürsorglichkeit, Bildung. Selbstständiges Denken, gar Widerspruch gegen den Mann, Kritik waren nicht gefragt.

Weitere Widersprüchlichkeiten in der eigenen Familie schärften zusätzlich ihren Sinn für die Unterschiede zwischen Mann und Frau. Der Mann hatte die Rolle des Ernährers der Familie zu spielen. Aber was, wenn er, wie Simones Vater, diese Rolle zunehmend schlechter und zuletzt gar nicht mehr ausfüllt? Kein Vermögen, mal hier ein Job, mal da einer, zuletzt fast gar keiner mehr. Dafür spielte er schon Bridge am Nachmittag, gab das wenige Geld, das er noch verdiente, zu einem Großteil fürs Trinken und Spielen aus, und machte seiner Frau Szenen, wenn sie Haushaltsgeld von ihm verlangte. In der Nacht hörten sie und ihre Schwester, wie sich die Eltern über Bordelle, Geliebte und Glücksspiele stritten.

Später im Leben thematisierte Beauvoir, in welche Zerrissenheit Frauen geraten können durch die ihnen diktierte Rolle. Sie hatte es ja bei ihrer eigenen Mutter erlebt.

Einerseits versuchte diese ihre Rolle als pflichtgetreue Gattin zu spielen. Andererseits fragte sie sich, warum sie da mitspielen sollte, wenn der Gatte seine Rolle des Ernährers nicht erfüllt. Aber sie hatte keine Antwort darauf. Sie spielte einfach immer weiter mit und heroisierte dieses Mitspielen als Opfer, das sie der Familie brachte.

Doch war es, wie Simone irgendwann erkannte, kein freiwilliges, aus Souveränität erbrachtes Opfer, sondern ein erzwungenes, eines, das erbracht wurde aus Mangel an anderen Gelegenheiten. Das führte dann bei Simones Mutter, wie bei vielen anderen Frauen dieser Generation auch, zu Bitterkeit und einem ständigen Aufbegehren gegen den Zwang und die Entbehrungen, denen sie sich doch unterwarf.

Schon früh wurde Simone also mit der Frage konfrontiert, wie eine Frau denn diese entgegengesetzten Wünsche – hier ein Leben in Hingabe an andere führen, da ein eigenes Leben haben – in Einklang bringen soll. »Sie sollte eine der zentralen Fragen von Beauvoirs Tagebüchern als Studentin, ihrer existenzialistischen Ethik und ihres Feminismus werden.«

Darüber wurde Simone zur großen Philosophin. Immer schärfer sah sie diese Widersprüche, immer schärfer den gemachten Unterschied zwischen Mann und Frau. Er rückte so in ihr zentrales Blickfeld, dass sie sich systematisch zu fragen begann: Woher kommt er? Was erhält ihn aufrecht? Warum erscheint er allen als so natürlich und normal, obwohl er doch das Gegenteil von normal ist?

Allmählich erkannte sie, dass Frauen etwas Ähnliches widerfuhr wie nicht-weißen Menschen. Die wurden aufgrund körperlicher Merkmale, wie etwa Hautfarbe, bestimmten »Rassen« zugeordnet, und von da an war es dann nur noch ein kurzer Weg, Menschen bestimmten Kasten zuzuordnen und so etwas wie Sklavenkasten zu schaffen.

Genau das Gleiche haben die Männer mit den Frauen gemacht. Sie haben sie als »andere« definiert und sie damit auch in eine andere Kaste verbannt: das andere Geschlecht. Eine Frau ist, was ein Mann nicht ist. Der Mann ist die Norm, das Maß aller Dinge, seine Sicht der Dinge die objektive und wahre. Er definiert, wie ein Mann zu sein hat, und wie eine Frau. Er ist als Mann an sich interessant. Die Frau jedoch ist nur interessant in Bezug auf ihn.

Bei theoretischen Diskussionen habe es sie manchmal geärgert, von Männern gesagt zu bekommen: »Sie denken das und das, weil Sie eine Frau sind.« Ihr sei sofort klar gewesen, dass sie darauf keinesfalls entgegnen durfte: »Und Sie denken das Gegenteil, weil Sie ein Mann sind.« Nein, die richtige Antwort konnte nur lauten: »Ich denke es, weil es stimmt.«

Es gibt zwar weibliche und männliche Sichtweisen, aber nicht weibliche und männliche Wahrheiten, sondern immer nur die eine Wahrheit, die jedoch durch die Brille des Mannes anders wahrgenommen wird als durch die Brille der Frau. Das Problem ist nur: Der Mann weiß nicht, dass er die Männerbrille aufhat. Er denkt, dass die Welt objektiv so sei, wie sie sich ihm durch die Brille, von der er nichts weiß, darstellt. Und wenn dann die Frauen mit ihrer Sicht der Wirklichkeit dagegenhalten, sich eingestehend, dass sie die Frauenbrille aufhaben, sagen die Männer: Ja eben, darum könnt ihr die Welt ja nicht so sehen, wie sie ist. Es hat lange gedauert, bis die Männer lernten, dass auch sie Brillenträger sind.

Das Schlimmste aber war, dass zu der Zeit, als Beauvoir ihr Buch schrieb, die Frauen selbst geglaubt hatten, dass ihre weibliche Sicht auf die Welt nicht so objektiv richtig sein konnte wie die männliche. Darum setzten sie sich freiwillig die Männerbrille auf, um die Welt so zu sehen, wie die Männer. Und zwar in einem ganz umfassenden Sinn:

»Die Frau versucht, mit seinen Augen zu sehen. Sie liest die Bücher, die er liest. Sie zieht die Bilder, die Musik vor, die er vorzieht. Sie interessiert sich nur für Landschaften, die sie gemeinsam mit ihm sieht, für Gedanken, die von ihm kommen. Sie übernimmt seine Freundschaften, seine Feindschaften, seine Meinungen.«

Diesem Schicksal wollte Simone de Beauvoir unbedingt entgehen. Daher verweigerte sie Ehe und Mutterschaft, führte ein selbstbestimmtes Leben als Schriftstellerin. Auch wieder ein Skandal. Und als ob ihr das noch nicht reichte, tat sie etwas noch Skandalöseres: Sie war dauernd mit dem Philosophen

Jean Paul Sartre zusammen, wohnte zeitweise bei ihm, dann wieder nicht, unterhielt eine lebenslange Beziehung zu ihm, zeitweise aber auch zu anderen Männern und sogar zu Frauen. Aber kehrte immer wieder zurück zu Sartre, wurde mit ihm ein weltberühmtes Paar und mit diesem Leben erregte sie zunächst viel mehr Aufsehen als mit ihrem Buch.

Kein Wunder. Das Buch ist ein dicker Brummer, nicht einfach zu lesen, und außerdem war ja niemand da, der sich der Sache annehmen und ihr Thema im öffentlichen Bewusstsein hätte halten können. Die Wissenschaft, die Verlage, die Zeitungen, die Zeitschriften, das Radio und später das Fernsehen bestanden aus Männern, die noch nicht wussten, dass sie die Männerbrille tragen.

Ihnen erschien daher Sartre klüger, tiefer, bedeutender als die Frau an seiner Seite, die sie allenfalls als interessantes Beiwerk wahrnahmen, als Sartres unkonventionelle Muse, Geliebte, Verehrerin. Er, Sartre, wurde auch allein, für sich wahrgenommen, sie immer nur in Verbindung mit ihm. Zusammen aber faszinierten sie ihre Umwelt, weil sie sich um bürgerliche Konventionen nicht scherten und ein irgendwie existenzialistisches, exotisches, provokantes Leben führten, das aber nur lebbar war in der Pariser Boheme, nicht für Herrn Hinz und Frau Kunz in den Provinzen dieser Welt.

Beauvoirs Buch wartete unterdessen auf seine Neu-Entdeckung, die dann in den USA erfolgte durch Betty Friedan. In deren Buch über den *Weiblichkeitswahn* stand kaum etwas, was nicht auch schon bei Beauvoir gestanden hätte, nur kürzer, verständlicher und auf einen kleineren Ausschnitt konzentriert.

Friedan hatte sich vor allem auf die Frau in ihrer Rolle als Hausfrau beschränkt und mit ihrem Buch etwas auf den Begriff gebracht, was viele Frauen in den USA, wie auch in anderen wohlhabenden Ländern damals untergründig fühlten, jedoch nicht formulieren konnten. Sie klagten, aber unbestimmt, waren unzufrieden, aber konnten nicht sagen, was ihnen fehlt. Und dabei hatten sie doch alles: Staubsauger, Kühlschrank, Fernseher, Auto, Eigenheim und sämtliche Wasch- und Putzmittel, um dieses Paradies sauber zu halten.

Nur empfanden sie das Paradies als Käfig, und auch wenn dieser golden war, wurden sie geplagt von einem Gefühl der Langeweile und der Leere. Viele verfielen dem Alkohol oder wurden tablettensüchtig. Es war, als ob sie auf jemand warteten, der ihr Leiden auf den Begriff bringt.

Das hat dann Betty Friedan getan. Sie sagte, was ihnen fehlte: Freiheit. Ein selbstbestimmtes Leben. Verwirklichung im Beruf. Unabhängigkeit vom Mann. Ein eigenes Leben auf Augenhöhe mit dem Mann. Dafür öffnete Betty Friedan den Frauen die Augen, und plötzlich sahen sie: Ihr Leben ist eine Vorstadthölle. Und da begann er, der Kampf der Frauen um Gleichberechtigung.

In Deutschland begann dieser Kampf mit einem Tomatenwurf während des Frankfurter Bundeskongresses des SDS (Sozialistischer Studentenbund Deutschland) im Jahr 1968. Das war das berühmte Jahr, in dem weltweit die Student*innen aufbegehrten gegen alte Autoritäten, den *Muff von tausend Jahren unter den Talaren*, gegen Konventionen, Traditionen, den Vietnamkrieg und die globale Vorherrschaft der USA. Man träumte vom Sozialismus. Wieder einmal ging es um die Gleichheit aller Menschen.

Aber die Frauen rochen den Braten, merkten schnell, dass sie von den Männern, ihren Genossen, die von Gleichheit schwadronierten, schon wieder ausersehen waren, die zweite Geige zu spielen, den Kaffee zu kochen, die Stube zu putzen, die Flugblätter zu tippen, die ihnen die Genossen diktierten. Und nach getaner politischer Arbeit hatten sie als Sex-Objekte zur Verfügung zu stehen.

Und da beförderte die Romanistikstudentin Sigrid Damm-Rüger ihre Tomaten dem Theoretiker Hans-Jürgen Krahl ins

Gesicht, beschuldigte ihn als Frauenfeind und schrie: »Genosse, du bist objektiv ein Konterrevolutionär!« (Der Spiegel)

Es ging den Studenten um die Herrschaft im Staat, gerechte Verhältnisse, Gleichheit, ein grundsätzlich anderes Leben. Darum ging es den Studentinnen auch, zusätzlich aber auch um das Verhältnis des weiblichen Wesens zu jenem, das einen Penis trägt. Der »Frankfurter Weiberrat« beantragte, die »sozialistischen Eminenzen« von ihren »bürgerlichen Schwänzen« zu befreien. Der Geschlechterkampf war eröffnet.

Es dauerte dann nicht mehr lange, bis eine andere junge, unbekannte Frau auf den Plan trat, von der man damals nicht genau sagen konnte, was sie eigentlich ist: Studentin, freie Journalistin, Jobberin, Aktivistin der 68er-Szene?

Auch ihr fiel auf: Der männliche Kämpfer für Freiheit, Gleichheit und Solidarität predigt diese Werte immer nur den anderen, weigert sich aber, das gepredigte Wort auch auf sich selbst anzuwenden. »Freiheit für Nicaragua«, ruft dieses Wesen auf der Straße, aber zu Hause in seinen privaten vier Wänden erwartet der Revolutionsheld von seiner weiblichen Partnerin wie selbstverständlich, dass sie seine stinkenden Socken wäscht, regelmäßig etwas zu essen auf den Tisch stellt und ein Mindestmaß an Ordnung und Sauberkeit aufrechterhält.

Plötzlich kann diese Frau in Worte fassen, was ihr seit vielen Jahren nur wortloses Unbehagen bereitet hat: Es gibt ein Machtverhältnis zwischen den Geschlechtern, das sich durch alles zieht, durch ethnische Zugehörigkeit und durch Klassen. Wird es erschüttert, beben auch alle anderen Machtverhältnisse. Die Frau konnte das in Worte fassen, weil sie Simone de Beauvoir gelesen hat.

Und so wird aus dieser jungen Leserin jetzt Alice Schwarzer, die dank der Beauvoir nun ihr Lebensthema gefunden hat und bald auch ein Buch schreibt, das in Deutschland ein Bestseller wird: *Der kleine Unterschied und seine großen Folgen. Frauen über sich – Beginn einer Befreiung.*

Dank dieses von Simone de Beauvoir inspirierten Buches sahen Millionen deutscher Frauen nun klar, was sie bisher nur verschwommen gefühlt hatten: Die Männer ziehen jeden Morgen hinaus in die Welt, während die Frauen zu Hause bleiben müssen, ohne gefragt zu werden, ob sie das eigentlich wollen. Sie sind es, die das Klo putzen, während ihre Männer »das Geld verdienen« und meinen, deshalb die Herren zu sein, aber nicht sehen, dass sie nur halb so viel verdienen könnten, wenn sie auch die Arbeit machen müssten, die ihre Frauen machen.

Der Mann wird dadurch zum Profiteur dieser Rollenaufteilung. Er ist es, der das Geld hat, dem das Haus gehört, das Auto und die Ferienwohnung am Meer. Ihr gehört nichts. Er hat eine Altersversorgung, sie nicht. Bei der Heirat muss sie den Namen ihres Mannes annehmen, und wenn es diesem nach zwanzig Jahren Ehe gefällt, sich eine Jüngere zu nehmen, steht die Ältere da ohne Einkommen, ohne Altersversorgung, und einen Arbeitsplatz bekommt sie nach zwei Jahrzehnten Mutter- und Hausfrauendasein auch nicht mehr.

So wurde die Zeit reif für eine der letzten Freiheitsbewegungen der Weltgeschichte. Selbstbewusst forderten die Frauen die volle Teilhabe am öffentlichen Leben: Frauen in die Parlamente, in die Medien, in die Wirtschaft, in die Wissenschaft und auch in die Bundeswehr. Die Hälfte der Welt für die Frau! Und die Hälfte des Haushalts für den Mann.

Die Zeit, in der die Männer um gnädige Mithilfe im Haushalt und bei der Erziehung der Kinder gebeten wurden, ging vorbei. Ab jetzt wurde nicht mehr gebeten und gebettelt, sondern gefordert, eingeklagt, was längst im Grundgesetz steht: Männer und Frauen sind gleich. Dieser papierne Satz sei endlich mit Leben zu füllen.

Es gehe nicht darum, sich ohne Männer zu emanzipieren, sondern es gehe darum, Männer mit ihren eigenen Einsichten zu konfrontieren, lehrte Alice Schwarzer ihre Geschlechtsgenossinnen. Und jede Frau solle einen Beruf ausüben. Nicht nur, um ihren Aktionsradius zu vergrößern, nicht nur, um soziale Kontakte außerhalb der Familie zu pflegen, nicht nur, um aktiv am öffentlichen Leben teilzunehmen, sondern auch und vor allem, um wirtschaftlich auf eigenen Füßen zu stehen, um sich aus der finanziellen Abhängigkeit vom allein verdienenden Ehemann zu befreien und eine Ehe oder Partnerschaft gefahrlos aufkündigen zu können.

Diese Geschichte ist seitdem in Gang, aber noch lange nicht vorbei. Und sie hat viel Kraft und Tränen gekostet, den Mut vieler Frauen, vor allem den Mut dieser einen: Simone de Beauvoir.

Jahrelang hatte sie sich die übelsten Beschimpfungen anhören müssen, ist sie geschmäht worden von Männern wie von Frauen. Dass sie »unbefriedigt, frigid, nymphoman, lesbisch sei, und hundert Abtreibungen hinter sich und sogar heimlich ein Kind habe, wurde behauptet. Die Kommunisten nannten sie eine »petite bourgeoise«, eine kleine Bürgerliche, deren Analyse für die Arbeiterklasse wertlos sei.

Eine Kritikerin tat den ersten Band ihres Buches als »Geschwafel« ab und prophezeite, der zweite würde sicher nur »Bagatellen« bieten. Als Band zwei dann erschien, drückte ein *Figaro*-Kolumnist »Beschämung« aus über diese »Bacchus-Anhängerin, die über »sexuelle Initiation« schrieb und die Liebe zugunsten der sexuellen Freiheit zerstören wolle. Er schrieb, diese »auf die Stufe des Anderen verbannte Frau verzweifelt an ihrem Minderwertigkeitskomplex«. *L'Epoque* veröffentlichte die Prognose, dass in zehn Jahren niemand mehr über diese »ekelerregende Rechtfertigung von sexueller Umkehr und Abtreibung« sprechen würde.

Noch über ihren Tod hinaus wurde ihr die Anerkennung verwehrt, die ihr zusteht. Wie schon zu ihren Lebzeiten ging es immer nur selten über ihr Werk, sondern meistens um Sartre und ihre Beziehung zu ihm. Als dieser starb, ging es in den Nachrufen nur um ihn, während ihr Name manchmal gar nicht erwähnt wurde. Als sie starb, kam kein Nachruf ohne den Verweis auf Sartre aus, als ob sie sein Geschöpf und nichts gewesen wäre ohne ihn. Die *Washington Post* beschrieb sie als Sartres »Krankenschwester«, Sartres »Biografin« und Sartres »eifersüchtige« Frau.

Es wird vermutlich noch viel Zeit vergehen, bis Simone de Beauvoir Gerechtigkeit widerfahren und die Welt merken wird, dass nicht Sartre der Größere war, sondern sie die Größere ist. Sartre ist heute ein Schriftsteller und Philosoph unter vielen. Was er schrieb, war bedeutend, aber auch nicht bedeutender als das, was andere vor und nach ihm geschrieben haben.

Es gehörte kaum Mut dazu, das Leben zu führen, das er führte, und auch kein Mut, um zu schreiben, was er schrieb.

Seine Wirkung auf die Welt wird sich in dem Maß verlieren, in dem die Zeit fortschreitet, verliert sich schon.

Die Frau an seiner Seite jedoch hätte nicht bestanden ohne ihren großen Mut und hätte nicht schreiben können, was sie geschrieben hat, wenn sie nicht so mutig gelebt hätte. Was sie der Welt gegen alle Widerstände abgetrotzt hatte durch ihr Denken und ihr Leben, wirkt bis heute und wird noch lange weiterwirken.

Sie führte als unsichtbare Patin den Frauen der 60er-, 70er- und 80er-Jahre die Feder, als diese ihre feministische Literatur zu Büchern bündelten. Sie war unsichtbar dabei, als die Romanistikstudentin Sigrid Damm-Rüger mit Tomaten warf. Sie half mit, als überall Frauenbuchläden gegründet wurden. Unter ihrem Einfluss wurde in zahlreichen europäischen Ländern das Abtreibungsrecht reformiert. Und sie war im Geiste dabei, als

- die »Vergewaltigung in der Ehe« trotz höhnischen Gelächters der Männer im Bundestag als Straftatbestand durchgesetzt wurde

- erstmals Frauenquoten eingeführt wurden
- die erste Gleichstellungsbeauftragte berufen wurde
- die erste Frau bei der Heirat ihren Namen behalten durfte
- die erste Frau Kanzlerin wurde
- das Gesetz über einen Rechtsanspruch auf einen Kita-Platz beschlossen wurde
- der erste Vater in Erziehungsurlaub ging

und bei vielen anderen ersten Malen, Gesetzesänderungen und Entwicklungen auch. Letztlich ist sie auch die Geburtshelferin der Schwulen- und Lesbenbewegungen gewesen und der sich gegenwärtig formenden queeren LGBTQIA*-Bewegung. Auch die konnten sich befreien und befreien sich weiter, weil Simone de Beauvoir vorgedacht und ihnen vorgemacht hatte, wie das geht.

Und als im Oktober 2017 in Hollywood der mächtige Filmproduzent Harvey Weinstein beschuldigt wurde, beruflich von ihm abhängige Frauen sexuell belästigt, genötigt und vergewaltigt zu haben, wurde eine neue feministische Welle losgetreten, diesmal mit den Mitteln des Internets und der sozialen Medien unter dem Hashtag #MeToo. Nun machten weltweit Millionen Frauen darauf aufmerksam, wie sehr auch heute noch Frauen sexueller Belästigung und sexuellen Übergriffen ausgesetzt sind.

Seitdem werden die Sexisten vorsichtiger, und auch das ist letztlich jener Frau zu verdanken, die die Abrissbirne gegen die dicken Mauern der längsten Herrschaft der Welt sausen ließ. Deren Mauern bröckeln seit Jahrzehnten vor sich hin, aber seit einiger Zeit wird mit Macht versucht, das Gebäude des Patriarchats vorm Einsturz zu bewahren.

Die Macht besteht aus Männern wie Wladimir Putin und Patriarch Kyrill, Victor Orbán und Donald Trump. Zur Macht gehören die katholische Kirche, die Evangelikalen in den USA und die Orthodoxen im Judentum, Christentum und Islam. Zur Macht gehören die Islamisten und die Taliban, die iranischen Ayatollahs und die arabischen Scheichs samt der Heerscharen von Rechtspopulisten, Rechtsextremisten und Hetzer, die in den sozialen Netzen die Frauen, Lesben, Schwulen und Transmenschen dieser Welt beschimpfen, verächtlich machen, bedrohen und sexistisch beleidigen.

Darum heißt es für die Feministinnen und alle Demokraten: Weiterkämpfen. Mutig sein. Auch ihnen stehen die sozialen Netze zur Verfügung. Sie können aufdecken, aufklären, anklagen, dagegenhalten.

Der Kampf ist nicht aussichtslos. Ist eine Idee erst mal in der Welt, kann man sie nicht mehr aus der Welt schaffen. Man kann ihre Urheber und Verbreiter einschüchtern, bedrohen, einsperren, ermorden – aber nicht die Idee. Schon gar nicht die Idee der Freiheit.

Bartolomé de Las Casas

Entscheidung zwischen Gold oder Evangelium

* 1484 in Sevilla, Spanien — Studium in Salamanca — 1502 tätig als Berater des Gouverneurs in Hispaniola — 1510 Priesterweihe in Santo Domingo als erster Christ der neuen Welt — 1511/12 Teilnahme am spanischen Eroberungskrieg Kubas — 1523 Eintritt in den Dominikanerorden und tätig als Priester in Mexiko, Nicaragua, Peru und Guatemala — 1542 veranlasst Las Casas Schutzgesetze für die Indiosklaven — 1544 Bischof von Chiapas/Mexiko — † 1566 in Madrid im Dominikanerkloster Nuestra Señora de Atocha

»Im Morgengrauen sahen wir nackte Leute, und ich begab mich bewaffnet in einem Boot des Schiffes an Land«, schrieb ein unter spanischer Flagge segelnder Kapitän am 12. Oktober 1492 in sein Bordbuch. Christoph Kolumbus, so hieß der Kapitän, hatte soeben Amerika entdeckt. Er wusste es nur noch nicht.

Einen neuen Seeweg nach Indien hatte er finden wollen. Bisher musste, wer nach Indien wollte, entweder den schwierigen, gefährlichen Landweg durch Kleinasien und Arabien nehmen oder mit dem Schiff ganz Afrika umsegeln. Das war noch gefährlicher, weil ganz unten im Süden, rund um das Kap der Guten Hoffnung, meist gewaltige Stürme toben. In Europa hatte sich gerade herumgesprochen, dass die Erde nicht, wie die Kirche lehrte, eine Scheibe sei, sondern eine Kugel. Wenn das stimmt, dachte Kolumbus, müsste man auch nach Indien kommen, wenn man sich in die entgegengesetzte Richtung aufmachte, nach Westen, statt wie bisher üblich, nach Osten. Und so segelte er auf dem Atlantik nach Westen, um sich dem Fernen Osten von der anderen Seite zu nähern.

Dass sich den Seefahrern auf diesem Weg nach Indien ein Hindernis, groß wie ein Kontinent, in den Weg stellen könnte, damit hat in Europa niemand rechnen können. Man wusste ja nichts von diesem Kontinent.

Nun hatte Kolumbus ihn entdeckt, ihn aber für die andere Seite Indiens gehalten und darum »Westindien« genannt. Tatsächlich war er auf einer Insel in der Karibik gelandet, Hispaniola.

Schön wie im Paradies sei es dort, haben die Seefahrer berichtet, als sie von ihrer Reise wieder zurückgekehrt waren. Und weil es so schön war, fuhren sie schon bald wieder hin, immer öfter. Sie ließen sich dort nieder, immer mehr – und nur zwei Jahrzehnte später hatten sie das Paradies in die Hölle verwandelt und in ein stinkendes Leichenfeld.

Davon ahnten die Angehörigen von zwei völlig unterschiedlichen Kulturen noch nichts, als sie an jenem weltgeschichtlich folgenschweren Tag erstmals einander gegenüberstanden und übereinander staunten. Die Spanier blickten auf Menschen, »die alle so nackt waren, wie ihre Mütter sie geboren hatten«. Nicht weniger staunten die Einheimischen – von den Spaniern sogleich »Indianer« genannt, weil man sich ja in Indien wähnte – über die weißen Männer, die auf riesigen schwimmenden Häusern zu ihnen gekommen waren. »Ich denke, sie bedeuteten uns durch ihre Zeichen, als ob wir vom Himmel kämen«, vermutete Kolumbus und beschrieb die Menschen in seinem Bordbuch als sehr anmutig, groß, schlank, von schöner

Gestalt, mit sehr feinen Gesichtszügen und: freundlich und wohlgesinnt.

»Die Indianer sind sanftmütig und wissen nicht um das Böse. Sie töten niemanden und nehmen niemanden als Gefangenen.« Gelehrig seien sie auch. »Sehr schnell lernen sie jedes ihnen vorgesprochene Gebet und sie machen das Kreuz. Daher müssen sich Eure Hoheiten entschließen, sie zu Christen zu machen«, schrieb Kolumbus an seinen König.

Was die sogenannten Indianer über die Weißen dachten, wissen wir nicht. Wahrscheinlich wussten sie damals noch nicht, was sie von den Fremdlingen halten sollten, aber wenige Jahre haben genügt, um es zu wissen. Als Hatuey, einer der letzten Indianerfürsten von Haiti, auf einen von den Weißen errichteten Scheiterhaufen gebunden wurde und ein Franziskanermönch mit einem Kruzifix in der Hand auf ihn zutrat, um ihn im letzten Moment zu bekehren, damit er in den Himmel komme, fragte Hatuey den Missionar, ob denn auch Christen in den Himmel kämen. Ja, antwortete der Mönch, alle guten Christen kämen dahin. Dann wolle er lieber ewig in der Hölle schmoren, als im Himmel mit den Christen leben zu müssen, habe da der Indianer geantwortet.

Freundlich und wohlgesinnt – so sind die europäischen Seefahrer von den Einheimischen empfangen worden. Grausam und barbarisch wurde diese Freundlichkeit von den Europäern beantwortet.

Was die Stunde geschlagen hatte, kündigte sich in weiteren, zunächst noch harmlos klingenden Eintragungen des Bordbuchs von Kolumbus an: »Ich möchte, dass die Eingeborenen ein freundliches Verhältnis zu uns bekommen, da es sich um einen Stamm handelt, der eher durch Liebe als durch Gewalt zu unserem heiligen Glauben errettet und bekehrt werden kann.«

Dann, schon deutlicher werdend, schreibt er: »Sie dürften wohl gute und geschickte Diener sein, da sie alles, was wir ihnen vorsprechen, sehr schnell wiederholen.« Damit wird deutlich: Diener sah er in ihnen, nicht Ebenbürtige.

Überdeutlich, wenn auch für die Einheimischen nicht verständlich, zeichnete sich alles, was während der nächsten Jahrhunderte geschehen sollte, in jener feierlichen Zeremonie ab, die Kolumbus gleich nach seiner Landung in Szene setzte: Während seine Leute die spanische Flagge hissten, erklärte der Admiral, dass das entdeckte Land offiziell als spanischer Grund und Boden zu gelten habe.

Mit welchem Recht? Das interessierte damals niemanden. Und wozu? Das steht in einem der nächsten Sätze, die Kolumbus an seinen König geschrieben hatte: »Zweifellos gibt es immense Mengen Goldes in diesem Land.«

Gold, nicht Gott, das war der eigentliche Grund der europäischen Könige, Seefahrer in alle Welt zu schicken. Offiziell verkündeten Könige und Päpste, die Heiden zu Christen bekehren zu wollen. Tatsächlich reisten schon bald Mönche und Missionare mit in die fernsten Länder, aber das war nur der Vorwand, unter dem alles, was danach geschah, gerechtfertigt wurde. Die Mönche brachten den Heiden das Evangelium und nahmen ihnen dafür ihr Land, ihre Würde und häufig genug das Leben. Errettet und bekehrt »zu unserem heiligen Glauben« wurden sie nicht, wie Kolumbus zunächst noch dachte, »durch Liebe«, sondern durch Feuer, Schwert und Hiebe.

Zwei Jahre nach seiner ersten Landung regierte Kolumbus schon als Vizekönig »Las Indias«, wie die Spanier noch bis ins 19. Jahrhundert hinein den amerikanischen Kontinent bezeichneten. Und er begann, von Anfang an seinen Plan in die Tat umzusetzen: die Indigenen zu kostenlos schuftenden Untertanen des spanischen Königshauses zu machen. Gold musste gefunden, Perlen mussten gefischt, Plantagen bewirtschaftet werden.

Wie Kolumbus dabei vorging, wissen wir von seinem Sohn Fernando, der aufgeschrieben hatte, dass der Vizekönig die Tributpflicht einführte und damit die Einheimischen gezwungen hatte, Tag und Nacht nach Gold zu schürfen. »Von den Einwohnern Cibaos, wo sich die Goldminen befanden, sollte jede Person über vierzehn Jahre ein großes Gefäß voll Goldstaub entrichten, und alle anderen Leute je fünfundzwanzig Pfund Baumwolle. Um zu wissen, wer diesen Tribut zu zahlen hatte, wurde angeordnet, eine Münze aus Kupfer oder Messing herzustellen, die überallhin gesandt wurde und die jeder um den Hals tragen musste, so daß man sah, daß einer, der diese Münze nicht trug, seinen Tribut nicht entrichtet hatte und man ihn bestrafen konnte.«

Wer diese Anforderung zu erfüllen versuchte, musste seine Familie und seine Gemeinschaft vernachlässigen. Das ganze, seit Jahrhunderten bestehende soziale Gefüge der Indianer wurde damit in kürzester Zeit zerstört. Ihre Dörfer verfielen, der Ackerbau lag brach.

Das kümmerte im fernen Europa niemand, weder den Kaiser noch den Papst noch Könige, die allesamt über das Geschehen in der Neuen Welt schlecht informiert waren. Sie sahen nur die Schiffsladungen voller Gold und Edelsteine, die Gewürze, die exotischen Tiere, Früchte und Pflanzen, welche die Seefahrer von ihren Eroberungen mitbrachten. Der Traum vom schnellen Reichtum lockte zahlreiche Abenteurer und Goldsucher in die fernen Länder, und die mitreisenden Mönche und Missionare waren von den gewöhnlichen Abenteurern schon bald nicht mehr zu unterscheiden.

Im Jahr 1502, zehn Jahre nach Kolumbus' Entdeckung, fährt wieder ein Schiff in Richtung Karibik. Unter den Reisenden befindet sich ein gerade mal 18 Jahre alter »Conquistador« – so nannte man den spanischen und portugiesischen Soldaten, Entdecker und Eroberer – der in der Armee gekämpft und Theologie und Jura studiert hatte: Bartolomé de Las Casas. Er wird – gut ein Jahrzehnt später – als einer der ganz wenigen unter den Europäern das gepredigte Evangelium ernst nehmen, auf sich selber anwenden und das Treiben der Europäer in den Kolonien mit ganz anderen Augen betrachten. Er wird die Dinge beim Namen nennen, dem König berichten, die »Indios« in Schutz nehmen und bis zum Rest seines Lebens gegen die barbarische Unterdrückung der unterjochten Einheimischen kämpfen.

Er wird einen »Kurzgefaßten Bericht über die Zerstörung der Westindischen Länder« schreiben und darin beispielsweise über die Perlenfischer berichten:

»Fast alle können diese abscheuliche Lebensart (Perlenfischerei) nur wenige Tage ertragen. Denn es ist schlechterdings unmöglich, daß Menschen, die ohne Atem zu schöpfen unter Wasser arbeiten müssen, lange leben können. Ihr Körper wird unaufhörlich von Kälte durchdrungen, ihre Brust wird vom häufigen Zurückhalten des Atems zusammengepreßt, mithin bekommen sie Blutspeien und Durchfall und sterben daran. Ihr Haar, das von Natur schwarz ist, bekommt eine ganz andere Farbe und wird brandrot, wie das Fell der Meerwölfe. Auf ihrem Rücken schlägt Salpeter aus; kurz, sie sehen wie Ungeheuer in Menschengestalt aus, oder doch wenigstens wie Menschen von einer ganz anderen Art. Durch diese unerträgliche Arbeit und wahre Höllenqual richteten die Spanier die sämtlichen Bewohner dieser Insel hin.«

Über die Grausamkeit der Conquistadoren schrieb Las Casas:

»Ich sagte bereits, daß die in Indien befindlichen Spanier blutgierige Hunde halten, die darauf abgerichtet sind, die Indianer zu erwürgen und in Stücke zu reißen. Zur Verpflegung dieser Hunde führen sie auf ihren Märschen eine Menge Indianer bei sich, die in Ketten gehen und wie eine Herde Schweine einhergetrieben werden.

Man schlachtet dieselben und bietet Menschenfleisch öffentlich feil. Dann sagt einer zum anderen: Borge mir doch einmal ein Viertel von einem dieser Schurken, ich werde demnächst auch einen schlachten; dann geb ich dir's wieder. Nicht anders, als wenn sie einander ein Viertel von einem Schwein oder Schaf liehen.

Andere gehen des Morgens mit ihren Hunden auf die Jagd; wenn sie dann um die Tischzeit zurückkommen, und man fragt sie: wie ging's? so geben sie zur Antwort: Recht gut! Meine Hunde haben wohl fünfzehn bis zwanzig Schurken auf dem Platz gelassen. Diese und andere teuflische Handlungen sind sogar gerichtlich und durch Prozesse erwiesen, welche diese Tyrannen mit einander führten. Läßt sich wohl etwas grausameres, abscheulicheres und unmenschlicheres denken?«

Geschrieben hat das der alte Las Casas. Der junge wird sich zunächst erst mal genauso verhalten wie alle anderen, nicht so blutrünstig, nicht so gewalttätig, aber er profitiert auch von dem ausbeuterischen, mit Brachialgewalt durchgesetzten System. Er landet in Hispaniola, einer Karibikinsel, die sich heute die Dominikanische Republik und Haiti teilen. Dort bekommt Las Casas den Posten eines Beraters des Gouverneurs Nicolás de Ovando. Er nimmt an mehreren militärischen Strafexpeditionen teil und erhält dafür als Belohnung eine »Encomienda«, also ein Stück Beute. »Encomendar« heißt »anvertrauen«, und anvertraut wird ihm eine bestimmte Zahl an indianischen Zwangsarbeitern.

Zwischendurch kehrt Las Casas 1506 noch einmal nach Europa zurück, um in Spanien das Lizenziat der Rechtswissenschaften zu erwerben und sich in Rom zum Priester weihen zu lassen. Danach widmet er sich wieder seinen Ländereien in der Karibik, führt das Leben eines Grundbesitzers, der sich um die Verwaltung und Vermehrung seines Besitzes kümmert und als Priester die Heilige Messe zelebriert.

Noch sieht er keinen Widerspruch zwischen seiner ausbeuterischen Existenz als Grundbesitzer und seiner Rolle als Verkünder des Evangeliums. Den sehen bis dato nur die ab 1510 nach Hispaniola kommenden Dominikanermönche. Was ihre Landsleute dort angerichtet haben und immer noch weiter anrichten, war auch nicht mehr zu übersehen. In der kurzen Spanne zwischen 1492 bis 1508 ist die Inselbevölkerung von 300 000 auf 60 000 Menschen geschrumpft. Die »Indios« wurden von spanischen Militäraktionen, menschenverschleißender Arbeit, Unterernährung, Krankheiten und von durch Weiße eingeschleppte Seuchen dahingerafft.

Am 4. Adventssonntag 1511 kam dies öffentlich zur Sprache. Der Dominikaner-Pater Antonio Montesino nannte die Dinge erstmals beim Namen und stellte den Widerspruch zum Evangelium dar. Dabei ließ es der Pater nicht mit einer bloßen Anklage bewenden, sondern stellte auch glasklare, harte politische Forderungen: ein Verbot der Sklaverei und die Aufhebung des Encomienda-Systems.

Bei den zuhörenden Conquistadoren zeigte die Predigt zwar Wirkung, aber nicht die erwünschte. »Viele waren sprachlos, einige wie von Sinnen, die anderen verstockt, manche sogar zerknirscht, aber keiner bekehrt«, schrieb Las Casas. Und doch hinterließ sie bei ihm Spuren, die ihm selber noch nicht bewusst waren, aber innerhalb weniger Jahre ihre Wirkung entfalteten. An den anderen jedoch ging alles spurlos vorüber. Für die radikalen Forderungen des Dominikaners hatten sie kein Verständnis.

Wie auch? Die Forderung des Dominikanerpaters zu beherzigen hätte bedeutet, das Unternehmen Kolonialismus zu beenden und auf die Schätze der Neuen Welt weitestgehend zu verzichten. Oder man hätte sie durch eigene Arbeit, also viel mühsamer und langsamer heben und sie womöglich auch noch mit den Einheimischen teilen müssen. Dann aber hätte man ja gleich zu Hause bleiben können. Wozu hat man den weiten Weg, die Strapazen und das Leben fern der Heimat auf sich genommen, wenn nicht um des schnellen Reichtums willen? Unrealistisch, was dieser Dominikaner da faselte. So weltfremd können nur ahnungslose Gutmenschen daherreden. Und wenn es Christus ist, der zu einer Umkehr aufruft, dann ist eben Christus ein ahnungsloser, weltfremder, unverbesserlicher Gutmensch, auf den Realisten nicht hören sollten. Den Dominikanern schlug Hass entgegen.

Die anderen gingen wieder zur Tagesordnung über, auch Las Casas. Als Feldgeistlicher beteiligte er sich in den Jahren 1512 und 1513 an der Eroberung Kubas unter Diego de Velazquez und wurde Zeuge einiger blutiger Massaker der Spanier.

Auch diese Massaker änderten noch nichts an seiner Einstellung. Den weißen Großgrundbesitzern fehlte es an Arbeitskräften. Der Mangel konnte nur beseitigt werden durch weitere Eroberungen, weitere Unterwerfungen der Einheimischen. Kalt beschreibt Las Casas diese einmal in Gang gekommene und nun nicht mehr zu stoppende Eigengesetzlichkeit: »Sich ihrer bedienen ist doch der eigentliche Zweck.« Da man nun schon mal hier ist, muss auf dem eingeschlagenen Weg weitergegangen werden.

Das Ganze lohnt sich einfach zu sehr, als dass man sich jetzt noch Skrupel oder gar ein christliches Gewissen leisten könnte. Auch für Las Casas. Er erhält ein großes Dorf mit Goldminen, Plantagen und die dafür nötige Zahl an »Indios«. Dafür kann man schon mal einem kleinen Massaker hier und da beiwohnen.

Der Las Casas, der sich jetzt bald wandeln wird, schreibt rückblickend über diese letzte Phase seiner Ausbeuter-Existenz und der ihm anvertrauten »Indios«: »Mit ihnen baute der Kleriker Las Casas einen landwirtschaftlichen Betrieb auf, und andere schickte er in die Goldminen. Darauf verwandte er mehr Sorgfalt als darauf, die Indios im Glauben zu unterweisen, was eigentlich seines Amtes gewesen wäre. Doch in dieser Hinsicht war er damals genauso blind wie jene, die er als Pfarrkinder hatte.«

Als Las Casas erneut Zeuge eines Massakers wird, setzt sich der sich anbahnende Sinneswandel fort, der durch die Dominikanerpredigt angeregt worden war. In Caonao wurden rund 2500 Menschen niedergemetzelt, die den Eroberern gar keinen Widerstand entgegengesetzt hatten. Las Casas sah es »mit Grauen und Schauder«.

Warum aber grauste es den anderen nicht? Wo blieb der Schauder bei den Urhebern des Massakers? Was machte sie so roh, mitleidlos und unempfindlich gegenüber all der Brutalität? Wie konnte man im Zeichen des Gekreuzigten morden, quälen und versklaven? Es ist wohl die Macht des Gewohnten und Normalen. Was alle tun, ist normal. Was normal ist, kann nicht schlecht sein. Und das alles geschieht doch hauptsächlich nur, um die Heiden zu bekehren. Das ist der von Papst und Kaiser befohlene Auftrag. Was die sagen, kann nicht falsch sein. Die sind klüger als man selbst. Und außerdem steht es doch geschrieben: »Gehet hin in alle Welt, und lehret alle Völker (...).« Deshalb ist man hier. Das verleiht allem, was geschieht, die letzte Rechtfertigung. Dass man dabei nebenher auch noch sehr schnell sehr reich wird – ist es nicht ein Zeichen für Gottes Segen?

Es sind immer nur Einzelne, besonders Sensible, die sich solch einer Herrschaft des Gewohnten und Normalen entziehen können und das alltäglich Praktizierte infrage stellen. Es sind immer nur Einzelne, die auf ein Wort, eine Predigt, ein Geschehen so sensibel reagieren, dass sie gleichsam von dem Wort infiziert werden und die »Krankheit«, die Abweichung von der »gesunden Norm«, zum Ausbruch kommen lassen.

Im Jahr 1514, zwölf Jahre nach seiner Ankunft in der Karibik, drei Jahre nach der Strafrede des Dominikaners Montesino gegen die spanische Barbarei, kommt die »Krankheit« bei Las Casas zum Ausbruch. Letzter Auslöser ist die an ihn herangetragene Bitte, die Pfingstpredigt zu halten.

Wenn es tatsächlich so etwas wie das Wirken des Heiligen Geistes in der Welt und in der Geschichte geben sollte, dann muss er in jener Pfingstwoche 1514 in der Karibik gewirkt haben. Er muss Bartolomé de Las Casas erstens dazu gebracht haben, für seine Vorbereitung der Predigt das apokryphe alttestamentliche Buch Jesus Sirach heranzuziehen – ein Buch, auf das man nicht unbedingt kommt, wenn man eine Pfingstpredigt zu schreiben hat. Der Heilige Geist muss Las Casas zweitens dazu gebracht haben, das Kapitel 34 aufzuschlagen und die Verse 21–26 zu lesen. Auch diese stehen in keinem erkennbaren Zusammenhang mit dem Pfingstereignis, der Ausschüttung des Heiligen Geistes über die Anhänger Jesu Christi. Und drittens muss der Heilige Geist Las Casas so zermürbt haben, dass er sich für das Gelesene öffnete, sich von der ganzen Wucht des Wortes treffen ließ, es auf sich selbst anwendete und auf das, was er in den letzten zwölf Jahren erlebt, getan und gesehen hatte.

Las Casas liest die folgenden Worte:

»Ein Opferstück von ungerechtem Gut ist ein beflecktes Opfer. Der Frevler Opfer ist ein Greuel, zumal wenn dargebracht in schlechter Absicht. Und Gaben aus der Hand der Bösen sind nicht wohlgefällig. Kein Wohlgefallen hat der Höchste an der Frevler Gaben, und er verzeiht die Sünden selbst für viele Opfer nicht.

Den Sohn vor seines Vaters Augen schlachtet, wer vom Vermögen Armer Opfer darbringt. Nur kärglich Brot ist Lebensunterhalt der Armen, und wer es vorenthält, der ist ein Blutsauger. Den Nächsten mordet, wer den Unterhalt ihm wegnimmt, und Blut vergießt, wer vorenthält den Lohn des Arbeiters.«

Da packt und schüttelt es Las Casas, denn er erkennt: Der Blutsauger und Mörder, das bin ich. Die Armen, das sind die Einheimischen, die für mich in den Minen und auf meinen Plantagen schuften. Und das Brot, das er als Priester Gott in der Messfeier als Opfergabe anbietet, ist den Eigentümern ihres Landes geraubt. Es ist das den Armen genommene Leben. Gott solch ein Opfer anzubieten, ist eigentlich Gotteslästerung. Es klebt Blut an den Händen dessen, der es auf den Altar stellt. Es ist das Blut der Einheimischen, das sich »auf unerträgliche

Weise mit dem Blut Christi vermischt«, so wie sich die ganze Messe »mit dem Götzendienst am Goldenen Kalb« vermischt. »Wer vom Vermögen Armer Opfer darbringt, der schlachtet den Sohn Gottes ein weiteres Mal und immerfort.« Ich, wir, die Spanier sind die Schlächter, erkennt der erschütterte Las Casas. Und: Ich kann so nicht weitermachen. Ich muss umkehren.

Und er kehrt um, tut das Unglaubliche, das in den Augen der anderen absolut Verrückte: Er verzichtet öffentlich auf seinen Grundbesitz, entlässt die indianischen Zwangsarbeiter, kritisiert das Treiben der Spanier als großes Unrecht und schwerste Sünde und fordert sie auf, seinem Beispiel zu folgen. Es gelte, sich zu entscheiden zwischen Gold oder Evangelium, Mammon oder Gott. Beides zusammen sei nicht möglich.

Ein Jahr nach seiner Kehrtwende, 1515, reist er nach Spanien in der Absicht, den König zu informieren und ihn zu einer Änderung der Kolonialpolitik zu bewegen. Er will die vollständige Freiheit der Unterworfenen sicherstellen, erreicht Spanien aber zu einem ungünstigen Zeitpunkt. König Ferdinand stirbt 1516. Die Amtsgeschäfte führt jetzt der einflussreiche Kardinal Cicnero. Dessen Vertrauen gewinnt Las Casas und wird, als Spanien mit Karl I. einen neuen König bekommt, rasch zu diesem vorgelassen. Und der hört ihm auch zu.

Las Casas wird zum »Generalprokurator aller Indios in Westindien« ernannt, und etwas später beauftragt ihn Karl I. – der später als Kaiser Karl V. Geschichte macht und es mit Martin Luther zu tun bekommt –, politische und ökonomische Reformen in den Kolonien einzuleiten.

Das war eigentlich ein großer Erfolg. Von jetzt an sollten nicht mehr nur Spanier durch einen Prokurator vor dem König oder dem Indienrat vertreten werden können, sondern auch die Einheimischen. Diese hatten jetzt königlich verbriefte Rechte. Nur nützten sie ihnen nicht viel.

Die genaue Ausformulierung der Gesetze zog sich über

ein Vierteljahrhundert hin, wurde immer wieder hintertrieben und verzögert. Und die Kolonisten in den fernen Ländern scherten sich wenig um das Recht, handelten nach dem Grundsatz: Gott ist im Himmel, der König ist weit, hier befehle ich.

Aber Las Casas gibt nicht auf, setzt im Mai 1537 durch, innerhalb eines begrenzten Gebiets im heutigen Guatemala unbehelligt von den Conquistadoren mit Dominikanern unter den Indigenen leben zu dürfen. Er möchte dort ein Vertrauensverhältnis zu ihnen aufbauen. Das gelingt. In einem Brief an Karl V. berichtet er dem Monarchen davon und reist im März 1540 erneut nach Spanien, um sein Konzept für das ganze heutige Amerika durchzusetzen. Der Kaiser hört wohlwollend zu, vermutlich weniger aus Menschenfreundlichkeit als vielmehr aus der Überlegung heraus, dass sein Weltreich nicht blühen kann, wenn organisierte Verbrecherbanden ganze Völker ausrotten. Tote Ausgebeutete kann man nicht mehr ausbeuten, tote Heiden kann man nicht mehr bekehren.

Der Kaiser beruft ein Gremium, das die Sache regeln soll. Las Casas wird beratendes Mitglied. Am 20. November 1542 werden die *Leyes Nuevas* (Neue Gesetze) verabschiedet. Sie entspannen die Lage der Indigenen, aber Las Casas gehen die Änderungen nicht weit genug. Im Juni 1543 werden sie nachgebessert. Die schlimmsten Formen der Sklaverei, wie etwa das Perlenfischen oder die Zuteilung leibeigener »Indios« an die Großgrundbesitzer, werden abgeschafft. Bestehende Sklavenverhältnisse sollen mit dem Tod des Besitzers enden. Die Ureinwohner werden den Spaniern gleichgestellt und sie erhalten ein Recht auf Lohn und Eigentum.

Las Casas wird in Sevilla zum Bischof geweiht und kehrt mit einem Marschbefehl in die mexikanische Stadt Chiapa zurück. Sogleich versucht er dort, die neuen Gesetze anzuwenden, aber er trifft auf den erbitterten Widerstand der Kolonialherren, die offen dagegen rebellieren und damit drohen, kein Geld mehr in die Heimat zu schicken.

Das wirkt. Schon zwei Jahre später hebt Karl die *Leyes Nuevas* im Wesentlichen wieder auf. Denn der Kaiser braucht Geld für seine Feldzüge gegen die Türken, neuerdings auch gegen die Protestanten, und bei den deutschen Geldhäusern, vor allem bei den Welsern, hat er Schulden. Eine ganze Kolonie – Venezuela – war schon an die Welser verpfändet.

Las Casas reagiert darauf, er schreibt ein Beichthandbuch, in dem er begründet, warum alle von den Conquistadores geführten Kriege ungerecht gewesen sind. Er schildert, wie die »Indios« ihrer Freiheit und ihrer Güter beraubt wurden und dabei der Name Jesu und der christliche Glaube in den Schmutz gezogen wurden. Da er sieht, dass er mit Büchern und bloßen Worten in Lateinamerika nichts gegen die Kolonialherren ausrichten kann, kehrt er nach Spanien zurück, um dort weiter für die Rechte der Indigenen zu kämpfen.

Wieder zeigt sein Kampf zunächst Wirkung. Wieder wird ein Gremium eingesetzt, das sich intensiv und grundsätzlich wie keine Kommission zuvor oder danach mit der Rechtmäßigkeit des spanischen Kolonialsystems, der Conquista, beschäftigt. Das Gremium ist gespalten. Die eine Hälfte ist der Ansicht, die spanischen Kriege und alle anderen Unternehmungen in Amerika seien gerechtfertigt. Die Gruppe um Las Casas ist dagegen. Durchsetzen kann sich keine.

Las Casas beginnt wieder zu schreiben, eine theologisch-juristische Abhandlung nach der anderen. Manche werden wegen ihrer Brisanz erst nach seinem Tod veröffentlicht. Andere finden noch zu seinen Lebzeiten Beachtung, aber das eigentliche Ziel seines jahrzehntelangen Kampfes, gleiche Rechte für die »Indios«, erreicht er nicht.

Und doch war sein Kampf nicht vergeblich. Allein die Tatsache, dass es nun zwei Gruppen gab, von denen eine die Interessen der Indigenen vertrat, milderte die spanische Herrschaft in Amerika, verhinderte das Schlimmste. Aufhalten jedoch konnte er die Unterjochung der Welt durch die Weißen nicht.

Was 1492 mit Kolumbus begonnen hatte, hat sich anschließend noch oft wiederholt.

Fast drei Jahrhunderte nach Kolumbus berichtet Leutnant William Bligh, jener Kapitän, der durch die Meuterei auf der Bounty berühmt geworden war, von einer Expedition nach Tahiti in der pazifischen Südsee 1787: »Ich verließ diese glücklichen Insulaner mit größtem Bedauern, denn sie haben uns während unseres Aufenthalts die höchste Zuneigung, Achtung und Kameradschaft entgegengebracht (...) Ihr rechtschaffener Sinn und ihre die liebenswerteste Veranlagung widerspiegelnden Bemerkungen über die Welt werden ihnen die Liebe all derer einbringen, die sich ihnen in Freundschaft nähern.«

Entdeckt hatte das Südseeparadies der englische Seefahrer Wallis im Jahr 1767. Kurz darauf besuchten der französische Forschungsreisende de Bougainville und Captain James Cook die Insel. Diese Männer teilten den Pazifik unter sich auf. Alle drei Kapitäne waren von dem Empfang überwältigt, den ihnen die Einwohner Tahitis bereiteten, und von den Geschenken, mit denen sie überhäuft wurden.

Freundlich zugeneigt, rechtschaffen, friedliebend – eigentlich waren diese von Christen entdeckten Menschen so, wie sie der Gott der Christen ursprünglich einmal geplant hatte. Eigentlich hätten die Christen von diesen friedliebenden Menschen etwas lernen können. Aber sie waren nicht gekommen, um zu lernen, sondern um zu belehren und zu bekehren. Sie waren nicht gekommen, um etwas vom freundlichen Wesen jener Menschen anzunehmen, sondern ihnen deren Besitz abzunehmen. Was sie ihnen dafür gaben, war ein Buch, das sie nicht lesen konnten und nicht verstanden: die Bibel. Und mit deren Botschaft konnten sie nichts anfangen, zumal sie ihnen von den christlichen Missionaren in sehr verstümmelter Form nahegebracht wurde.

»Macht euch die Erde untertan«, »Gehet hin in alle Welt und lehret alle Völker«, »Seid untertan der Obrigkeit«, »Wen der Herr liebt, den züchtigt er« – das war es, was sich die christlichen Eroberer aus dem dicken Buch der Bibel herausgepickt hatten. Dass Jesus auch die Feindesliebe gepredigt hatte, die Gewaltlosigkeit, die Friedfertigkeit, die Barmherzigkeit, das Teilen, und dass Liebe der Begriff ist, mit dem sich die ganze christliche Botschaft zusammenfassen lässt, davon gab es im Bewusstsein der Europäer nicht den Hauch einer Spur.

Als Kapitän Cook am Ende seines zweiten Besuchs das Südsee-Paradies verließ, schrieb er in sein Tagebuch: »Wir gingen auf Westkurs und nahmen ein letztes Mal Abschied von diesen glücklichen Inseln und ihren guten Bewohnern.« Ein paar Jahre später schrieb er: »Es wäre für diese armen Menschen weit besser gewesen, wenn sie uns nie kennengelernt hätten.«

Bartolomé de Las Casas verbrachte seine letzten fünf Lebensjahre im Dominikanerkloster Nuestra Señora de Atocha in Madrid. Dort schrieb er seine letzten bedeutenden Werke: den Traktat über die Schätze Perus, in dem er die Rechtmäßigkeit der Ausbeutung der Bodenschätze Perus verneint, und den Traktat über die zwölf Zweifelsfälle, in dem er die Legitimität der Eroberung Perus bezweifelt. Auch über peruanische Schadensersatz-Ansprüche gegenüber Spanien denkt er nach, über die Wiederherstellung vorkolonialer Verhältnisse und den Wiederaufbau des Inka-Reiches.

Die Welt scherte sich nicht darum. Der Kolonialismus ging weiter, schlimmer als unter den Spaniern. Unter ihnen konnten viele Ureinwohner zumindest überleben. In Nordamerika dagegen wurden die Indigenen nahezu ausgerottet.

Bartolomé de Las Casas starb 1566 im Alter von 82 Jahren. Heiliggesprochen hat ihn die katholische Kirche noch nicht. Aber im Jahr 2002 wurde in Sevilla ein Seligsprechungsverfahren eröffnet. Nur: Seitdem sind mehr als 300 Frauen und Männer von drei Päpsten seliggesprochen worden, aber Las Casas ist nicht dabei. Fragt man in der Deutschen Bischofskonferenz oder im Vatikan nach dem Stand der Dinge, findet man niemanden, der die Frage beantworten könnte.

Dafür passierten inzwischen andere Dinge. Christoph Kolumbus, seit 500 Jahren auf ehernen Sockeln stehend als Entdecker der Neuen Welt, wurde in verschiedenen Städten der Welt von eben diesen Sockeln geholt. Dasselbe widerfuhr den Statuen britischer Sklavenhändler.

Diejenigen, die Kolumbus noch immer als »Entdecker Amerikas« feiern, müssen sich jetzt von Indigenen fragen lassen: Habt ihr euch schon einmal überlegt, wie wir uns fühlen, wenn ihr feiert? Seid ihr schon mal von dem Gedanken gestreift worden, dass unsere Vorfahren diese »Entdeckung Amerikas« als etwas ganz anderes erlebt haben? Nämlich als Diebstahl ihres Landes?

Und ist euch schon einmal die Idee gekommen, dass ein nicht geringer Teil eures Reichtums aus dem geraubten Land unserer Vorfahren gewachsen ist? Dass euer Wohlstand auf den Bergen von Knochen der von euch ausgebeuteten Sklaven ruht?

Was die ehemaligen Kolonialmächte einst in der ganzen Welt angerichtet haben, kommt erst jetzt richtig zur Sprache. Erst jetzt fällt die große Lüge unserer sogenannten westlichen Wertegemeinschaft auf: Von der proklamierten Gleichheit aller Menschen wurden die Kolonisierten und Versklavten ausgeschlossen, übrigens auch die Frauen. »Gleich« waren nur die weißen Männer. Dagegen rebellieren jetzt die Nachfahren der Kolonisierten und Versklavten.

Martin Luther

Ein Nobody lässt Papst und Kirche erbeben

* 1483 in Eisleben — 1501–1505 Studium an der Universität Erfurt mit Abschluss Magister Artium der Philosophischen Fakultät, anschließend Studium der Rechtswissenschaften — 1505 Eintritt in das Kloster der Augustiner-Eremiten — 1508 Theologiestudium in Wittenberg — 1512 wurde Luther Doktor der Theologie und hielt Vorlesungen über die Psalmen und Paulusbriefe — 1517 Verfassen der 95 Thesen — 1518 Prozess gegen Luther, danach Flucht aus Augsburg — 1521 wird Luther durch die Bannbulle *Decet Romanum Pontificem* exkommuniziert und kurz darauf für »vogelfrei« erklärt — 1522 Übersetzung des Neuen Testaments ins Deutsche, im Exil auf der Wartburg/Eisenach — 1525 heiratet er die Nonne Katharina von Bora — 1534 vollendet er auch die Übersetzung des Alten Testaments - die Lutherbibel ist komplett — † 1546 in Eisleben

Wir schreiben den zweiten Juli 1505, und die Welt weiß noch nicht, dass gerade das Mittelalter vergeht und die Neuzeit begonnen hat. Ein frischgebackener Magister der Philosophie, 22 Jahre jung, marschiert auf einsamen Wegen in Richtung Erfurt, wo er an der dortigen Universität Philosophie unterrichtet und ein Zweitstudium, Jura, begonnen hat. Er war bei seinen Eltern zu Besuch in Mansfeld, einem kleinen Ort zwischen Magdeburg und Erfurt.

Gleich wird der Blitz neben ihm einschlagen und seinem Leben eine entscheidende Wende geben. Und anderthalb Jahrzehnte später wird diese Wende im Privatleben des Magisters Martin Luder eine weltgeschichtliche Wende einleiten, und Luder wird sich Luther nennen, was von »Eleutherius« kommt und so viel bedeutet wie »der Befreite«. Doch bis dahin ist es noch ein weiter Weg.

Erfurt dagegen ist jetzt nahe. Sechs Kilometer noch. Den größten Teil seines rund hundert Kilometer langen Fußmarsches hat der Magister Luder hinter sich. Hundert Kilometer Einsamkeit. Hundert Kilometer über Felder und Wiesen, durch Brachland und Heidelandschaft, vorbei an unbegradigten Bächen und Flüssen, an Sümpfen, Tümpeln und Weihern, über Berge und durch Täler. Viel Wald. Ab und zu eine dem Wald durch Brandrodung abgetrotzte Lichtung. Hier und da ein Weiler, seltener ein Dorf mit einer Gastwirtschaft, die zum Rasten und Essen und Trinken einlädt, noch seltener eine Ansammlung von Häusern, die man Stadt nennen könnte. Weit und breit nur Natur und Wildnis, von Zivilisation noch kaum eine Spur.

Müde, einsam und gedankenversunken stolpert der junge Mann Erfurt entgegen. Ein Gewitter zieht auf. Er fürchtet Gewitter. Obwohl er doch studiert hat, glaubt er an den Teufel, an Hexen und Dämonen, und dass es bei einem Gewitter Gott ist, der donnert, oder der Teufel. Dieser dem Mittelalter verhaftete, abergläubische Luder wird sich zu einem der Wegbereiter der modernen Welt entwickeln.

Luder versteht Blitz und Donner als Sinnbild für Gottes Zorn über die Unfähigkeit der Menschen, ein Gott wohlgefälliges Leben zu führen. Nein, härter noch: Manchmal, so glaubt Luder, können Blitz und Donner direkt von Gott an Einzelne oder Gruppen gerichtete Warnungen und Drohgebärden sein. Wenn der Blitz einschlägt und das Haus brennt, war es vielleicht die angekündigte Strafe. Es kann aber auch der Teufel gewesen sein, der es hat einschlagen lassen.

Besser so eine Strafe, als ewig in der Hölle schmoren – die schlimmste Strafe, vor der sich alle immerzu fürchten. Dass die Guten in den Himmel kommen, die Bösen in die Hölle und ein großer Teil erst im Fegefeuer für seine Sünden büßen muss, bevor es doch noch den ersehnten Passierschein in den Himmel gibt, das glauben zu jener Zeit fast alle. Wer daran zweifelt, tut es heimlich und ist sehr wahrscheinlich ein Fürst, König oder Kaiser, vielleicht auch ein Bischof, Kardinal oder Papst im fernen Rom.

Das normale Volk aber lebt in der Überzeugung, dass sein Erdenleben nur eine kurze, jedoch entscheidende Zwischenstation auf dem Weg in den Himmel oder zur Hölle ist. Die Erde ist eine Scheibe, darunter verbirgt sich die Hölle, und von dort aus versucht der Teufel, möglichst viele Seelen zu sich nach unten zu ziehen. Aber darüber wölbt sich der Himmel, und von dort aus versuchen Gott, Jesus, der Heilige Geist, Maria und alle Engel und Heiligen, die Seelen zu sich nach oben zu ziehen. Die flache Erdscheibe, sie ist der Ort der Bewährung des Menschen. Hier muss der Mensch sich entscheiden zwischen Gut und Böse, Gott und dem Teufel.

Aber kann er das? Was kann denn der Mensch tun, dass er in den Himmel kommt? Viel, sagen die Priester, die Mittler zwischen Gott und Mensch. Gute Werke soll er tun. Gehorsam gegenüber Papst und Kaiser und allen Obrigkeiten soll er seine Pflichten erfüllen. Vater und Mutter ehren, den Feiertag heiligen, Gott fürchten und beten soll er. Nicht sündigen soll er, das heißt, nicht stehlen, nicht lügen, nicht betrügen, nicht morden, keine Unzucht treiben, nicht schlecht über andere reden und keine sündigen Gedanken hegen. Aber weil besonders Letzteres fast unmöglich ist, soll er regelmäßig beichten, seine Sünden und seine sündigen Gedanken aufzählen, bereuen, büßen, fasten, sich von seinen Sünden loskaufen und sicherheitshalber auch für seine verstorbenen Angehörigen eine Messe lesen lassen, eine Kerze stiften, einen Ablassbrief kaufen. Der

Papst in Rom und die Bischöfe und Kardinäle in ganz Europa leben gut davon.

Aber wenn es hilft? Wenn man sich tatsächlich seine Planstelle im Himmel durch gute Werke auf Erden erarbeiten und, wenn's nicht ganz reichen sollte, den Rest kaufen könnte, dann wäre ja alles gut.

Wenn es aber nicht hilft? Warum überhaupt sollte es helfen? Gott sieht doch ins Herz hinein, grübelt Martin Luder, und da sieht er das unstillbare Verlangen nach Sex, Macht, Reichtum, Ehre, Ansehen, Geltung – ein kochendes, mühsam unter dem Deckel gehaltenes Gebräu, das einer mithilfe eines äußerlich tadellosen Lebens gut vor allen anderen und sogar vor sich selber verbergen kann.

Luder, und das unterscheidet ihn möglicherweise von fast allen seinen Zeitgenossen, blickt offenen Auges in dieses Gebrodel aus unbefriedigten Sehnsüchten, heimlichen Wünschen und Begierden, um zu sehen, was Gott sieht. Wo andere wegsehen, bewusst die Augen schließen oder sogar instinktiv und unwillkürlich den Blick abwenden, da schaut Luder geradezu magisch angezogen hin. Er erblickt einen Abgrund, über den der Mensch keine Macht hat. Vier Jahrhunderte vor Sigmund Freud entdeckt Luther, was Freud später das »Es« nennen wird, jene Wirklichkeit in uns, die uns nicht bewusst ist und über die wir deshalb keine Kontrolle haben.

Wir können zwar tun, was wir wollen, aber nicht wollen, was wir wollen. Wohl kann einer gute Werke tun, aber die heimliche Freude verhindern, die sich automatisch einstellt, wenn er jemandem begegnet, der kleiner, dümmer, hässlicher, ärmer ist als er selbst, kann er nicht. Schneller als man sich einen sündigen Gedanken verbieten kann, ist er schon da. Unsere Wünsche und Gedanken kommen aus einem Reich, das wir nicht kontrollieren können.

Deshalb braucht es die Polizei, Richter, Henker und das Jüngste Gericht. Ohne sie bräche das ganze widerliche Gebräu aus den Menschen hervor, und sie würden einander belügen und betrügen, berauben, vergewaltigen und umbringen.

Luder erschrickt, als ihm klar wird, dass er gegen das Gebrodel kämpft, sich bemüht, es unter Kontrolle zu bringen, aber einsehen muss, dass er sich vergeblich müht. Das und seine Angst vor der fürchterlichen Strafe Gottes treiben Luder in eine Entwicklung, die ihn zu Luther reifen lässt, zum Reformator, zum Kirchenspalter, zum Entdecker des Gewissens, zum Widerständler gegen die höchsten Autoritäten, zum Ketzer. All das hat er eigentlich nie werden wollen. Stets ist es ihm nur darum gegangen, Gewissheit darüber zu erlangen, dass er in den Himmel kommt und nicht in die Hölle. Sein ganzes Leben entwickelt sich aus diesem Kampf um sein Seelenheil. Aber durch eben diesen Kampf macht er Erfahrungen und gewinnt Erkenntnisse, die den kleinen unbekannten Bergmanns-Sohn aus der deutschen Provinz, ohne dass er es will und ohne dass er es gleich merkt, in eine Auseinandersetzung mit einer fast unumschränkt herrschenden Supermacht verwickeln: der römischen Kirche.

Doch davon weiß der junge Mann nichts, der an jenem zweiten Juli 1505 bei Stotternheim das letzte Stück Weges von Mansfeld nach Erfurt zurücklegt. Nicht einmal den Schimmer einer Ahnung hat er davon, dass er als einer der ganz großen Beweger eine Schlüsselrolle im gerade begonnenen Epochenwechsel spielen wird.

Ob er schon damals die Abgründe in sich – das Es – mit voller Schärfe gesehen hat, wissen wir nicht. Angesichts der Entwicklung, die er in den nächsten Jahren und Jahrzehnten durchmachen wird, können wir nur schließen, dass er von den Abgründen zumindest schon etwas ahnt, dass sie ihn beschäftigen.

Es wird aber nicht das Einzige gewesen sein, worüber er gegrübelt hat auf seinem Weg. Über seine berufliche Zukunft wird er nachgedacht haben, die Wünsche seines Vaters, die Suche nach einer Frau und die Gründung einer Familie. Und über das ungeliebte Jurastudium.

Er macht es nur, weil sein Vater es so will und weil er dazu erzogen worden war, dem Vater und überhaupt allen Autoritäten – den Lehrern, den Amtspersonen, dem Bischof, dem Fürsten, dem Kaiser und dem Papst – zu gehorchen. Aber er weiß: Er gehorcht nur äußerlich, nicht innerlich, nicht aus eigenem Wollen und eigener Überzeugung. Der Gehorsam wurde ihm, wie allen anderen, von Kindheit an eingeprügelt. »Denn welchen der Herr lieb hat, den züchtigt er«, sagt Paulus, und das haben jahrhundertelang alle frommen Hausväter auf ihre Rolle als Erzieher übertragen und beherzigt.

Jura also, weil sein Vater es so will und weil er seinen Vater liebt. Weil dieser Vater auf ihn stolz ist und weil er seinem Vater dankbar sein muss für die kostspielige Ausbildung, die er ihm ermöglicht hat. Das verstand sich keineswegs von selbst. Der Vater Hans Luder war einfacher Bauer und Bergmann, allerdings ein strebsamer, sparsamer, fleißiger und ehrgeiziger, der sich vom mühevoll Ersparten später in eine Mine einkaufte, Anteilseigner wurde und es zu einem bescheidenen, hart erarbeiteten Wohlstand brachte und auch zum angesehenen Ratsherrn.

Sein Sohn sollte es einmal leichter haben, etwas Besseres werden als er, der sich im Mergelgestein des Mansfelder Kupferbergwerks krumm arbeitete. Deshalb soll der Sohn Jura studieren. Da kann er dann Staatsbeamter werden und wird eine leichtere und besser bezahlte Arbeit haben als der Vater. »Drei Finger tun's«, sagten die körperlich schwer Arbeitenden über die Beamten, die nur eine Feder halten und damit schreiben müssen.

Groß war daher die Freude des Vaters, als sein Martin am 7. Januar 1505 sein Magister-Examen in Philosophie als Zweitbester von 17 Kandidaten bestanden hatte. Den Magister redete der Vater jetzt nicht mehr mit »du« an, sondern mit »Ihr«, und er überreichte ihm eine ansehnliche Summe für den Kauf der fürs anschließende Jurastudium nötigen Bücher. Auch eine Frau hatte der Vater dem Sohn schon ausgesucht. Der Vater plante das Glück und Wohlergehen seines Sohnes.

Vielleicht wäre Martin diesen Weg gegangen, und die Weltgeschichte hätte einen völlig anderen Verlauf genommen, wir wissen es nicht. Wir wissen nur: Bei dem Gewitter an jenem zweiten Juli 1505 bei Stotternheim kurz vor Erfurt hat plötzlich der Blitz eingeschlagen, direkt neben Martin und derart krachend, dass er sich in Todesangst auf den Boden warf und schrie: »Hilf du, Sankt Anna, ich will ein Mönch werden.« Und Anna, die Schutzpatronin der Bergleute, half. Martin überlebt diesen Anschlag des Teufels auf ihn. Vierzehn Tage später wird er tatsächlich Mönch. Gegen den Willen seines Vaters.

Vielleicht aber wäre Martin auch ohne diese Blitz-und-Donner-»Ausrede« Mönch geworden, denn er hatte bohrende Fragen an Gott. Wo anders als in einem Kloster hätte er die Antwort finden sollen? Vielleicht war es schon länger sein heimlicher Wunsch, in ein Kloster einzutreten, um sich ganz darauf zu konzentrieren, sich einem Gott wohlgefälligen Leben hinzugeben. Vielleicht war es das, was ihn auf seinen hundert Kilometern Fußmarsch vorrangig beschäftigt hat. Vielleicht hat er sein Jurastudium vor allem deshalb so gehasst, weil es ihn vom Wesentlichen ablenkte, weil es ihn daran hinderte, sich ganz auf das zu konzentrieren, was ihn allein interessierte, ihn im Innersten beschäftigte: Wie bekomme ich einen gnädigen Gott? Von dieser Frage war er geradezu besessen.

Vielleicht kam ihm also der Blitzschlag gerade recht und vielleicht wurde der Blitz doch eher von Gott als vom Teufel geschickt. Jedenfalls: Ohne das Stotternheimer Gewitter wäre es Martin viel schwerer gefallen, vor seinen Vater zu treten und zu sagen: Aus mir wird kein Staatsbeamter werden, wie du es wünschst, sondern ein Mönch, wie Gott es wünscht. Oder wie Martin es wünscht?

Vielleicht war es bei Martin nur eine ihm selbst nicht bewusste innerliche Auflehnung vor der Zwangsverheiratung, die ihn ins Kloster flüchten ließ. Oder der Wunsch, endlich der väterlichen Autorität zu entkommen. Oder alles zusammen. So oder so ließ ihn das vor unseren Augen gut dastehen. Aber nicht vor seinen. Er war zutiefst davon überzeugt, dass man seinem Vater gehorchen soll.

In der Nacht des 16. Juli 1505 bittet der Magister Martin Luder um Aufnahme in das Erfurter Augustiner-Eremiten-Kloster. Seinen Eltern teilt er den Entschluss brieflich mit. Er weiß, dass dies den Bruch mit seinem Vater bedeutet, und tatsächlich droht dieser seinem Sohn, ihm »alle Gunst und väterlichen Willen« zu versagen, wenn er seinen Entschluss nicht rückgängig machen wird. Der Sohn denkt nicht daran, seinen Entschluss zu revidieren. Damit tritt erstmals eine typische Charaktereigenschaft dieses Mannes hervor, die sich später noch öfter zeigen wird, und die ihn in seine Rolle als Reformator tragen wird: Obwohl ängstlich, voller Furcht, tut dieser Mann, was er einmal als zu tun richtig und notwendig erkannt hat.

Dass er eigentlich immer eine eher ängstliche Natur gewesen ist, schreibt der spätere Luther im Rückblick auf seine von Furcht vor Strafe und Prügel geprägte Kindheit und Jugend: »Ein Kind, das einmal kleinmütig geworden ist, ist zu allen Dingen untüchtig und verzagt. Es fürchtet sich allezeit, so oft es etwas tun und anfangen soll. Was aber noch ärger ist: Wo eine solche Furcht in der Kindheit einreißt, kann sie schwerlich wieder ausgerottet werden ein Leben lang. Denn weil sie bei einem jeden Worte der Eltern erzittern, so fürchten sie sich auch nachher ihr Leben lang vor einem rauschenden Blatte.«

Er geht also ins Kloster. Jetzt, so denkt er, könne seinem ewigen Heil nichts mehr im Wege stehen, denn nun gehört er Gott ganz, mit Leib und Seele, mit Haut und Haaren. Eifrig erfüllt er alle seine Pflichten. Dass er wie ein Hausknecht gehalten wird, dem der Besen in die Hand gedrückt wird, damit er Demut und Gehorsam erlerne und er sich auf seine universitären Abschlüsse nicht allzu viel einbilde, findet er genau richtig.

Obwohl die Augustiner ein Bettelorden sind, ist das Kloster vermögend. Schenkungen, Erbschaften, Vermächtnisse, Spenden, der Fleiß der Mönche – da hat sich viel angesammelt im Verlauf der Jahrhunderte. Dennoch wird der Novize Martin Luder zum Betteln über die Dörfer geschickt, damit er die Lebensweise Jesu und seiner Jünger am eigenen Leib erfahre. Auch sonst ist das Leben im Kloster streng: eine unbeheizte Sechs-Quadratmeter-Zelle, ein Tisch, ein Schemel, eine Pritsche mit Strohsack, ein Wasserkrug und ein Kruzifix. Zwei karge Mahlzeiten pro Tag, dafür aber sieben Gebete, das erste morgens um drei, das letzte um Mitternacht. Rund hundert Fastentage pro Jahr sind einzuhalten.

Bruder Martinus, wie er jetzt heißt, ordnet sich willig allem unter, steigt in dieses Leben ein, als ob er nie anders gelebt hätte, und absolviert sein Probejahr problemlos. Vom ersten Tag an gab er seinen Oberen und Mitbrüdern zu verstehen, dass es ihm tiefernst ist mit seinem Entschluss. Dieser Mönch wird alles tun, was verlangt wird, um das ewige Seelenheil zu verdienen, und wenn es sein muss, auch ein bisschen mehr.

Im September 1506 wird der nun 23-jährige Bruder für immer in die Ordensgemeinschaft aufgenommen und gelobt Armut, um sich von der Gier nach Reichtum und Besitz loszusagen. Er gelobt Gehorsam, um sich von der Gier nach Macht und Geltung loszusagen. Und er gelobt Keuschheit, um dem sexuellen Begehren zu entsagen.

Das Streben nach Geld, Macht und Sex – diese drei sind es, mit denen die Menschen selten richtig umzugehen wissen. Und aus dem falschen Umgang mit diesen drei Mächten entsteht jene Folge von Verhängnissen und Katastrophen, die wir als Weltgeschichte bezeichnen. Wenn sich nun Menschen an einem Ort versammeln, um diesen Mächten abzuschwören, müsste dann nicht eine ganz andere Welt entstehen? Müsste man in so einer Welt nicht einen Vorgeschmack auf jenes Reich Gottes bekommen, das uns in der Bibel verheißen ist? Und müsste sich die Gewissheit des ewigen Heils nicht wie von selbst einstellen? Genau das ist die allen Ordensgründungen zugrunde liegende gemeinsame Idee. Gott stellt radikale Forderungen an den Menschen. Nur wer diese Forderungen erfüllt, wird etwas vom Reich Gottes schmecken, und Bruder Martinus ist ganz begierig auf diesen Geschmack.

Das Beste an seinem Leben im Schwarzen Kloster in Erfurt ist, dass er jetzt die Bibel studieren kann. Und er studiert sie eifrig. »Als ich jung war, gewöhnte ich mich zur Bibel, las dieselbe oftmals und machte mir den Text vertraut; da ward ich darin so bekannt, dass ich wusste, wo jeglicher Spruch stünde und zu finden war, wenn davon geredet ward.«

Doch je eifriger er die Bibel erforscht, desto mehr schwindet seine Hoffnung, in ihr den ersehnten gnädigen Gott zu finden. Wann immer er das Buch aufschlägt, trifft er auf einen fremden, zornigen, strafenden, fordernden Gott, vor dem kein Mensch bestehen kann. »Keine Zunge kann sagen, keine Feder beschreiben, was der Mensch in solchen Augenblicken erleidet. Da erscheint Gott über alle Begriffe furchtbar in seinem Zorn und mit ihm die ganze Kreatur. Keine Flucht ist möglich, nichts gibt es, was einen trösten könnte. Alles ist eine einzige Anklage.« Vom Reich Gottes ist nichts zu schmecken.

Bruder Martinus reagiert darauf mit gesteigerter Leistung, legt zusätzliche Fastentage ein, schläft auf dem Steinfußboden, sitzt als Dauergast im Beichtstuhl, kniet nieder, bekennt seine Schuld, bereut, erhält Lossprechung, arbeitet die verordneten Bußstrafen ab und besetzt gleich darauf wieder den Stuhl. Kapituliert ein Beichtvater vor diesen stundenlangen Geständnissen, geht Martinus zum nächsten. Und geht damit seinen Beichtvätern allmählich auf die Nerven.

Was tun mit so einem Beichtneurotiker? Was tun mit einem, der Gott mit guten Werken zwingen, ja geradezu erpressen will? Der Mann muss raus, muss unter die Leute, bevor er sich selbst und die anderen verrückt macht. Also bilden sie ihn im Kloster zum Priester aus, damit er in Erfurt und den umliegenden Dörfern die Messe lese, anderen die Beichte abnehme, Seelsorge übe. Das wird ihn ablenken.

Es lenkte ihn nicht ab.

Sie schicken ihn nach Wittenberg. Dort soll er ab dem Jahr 1508 an der Universität Philosophie unterrichten und nebenher Theologie studieren. Theologie studiert er mit großem Eifer, Philosophie unterrichtet er nur ungern. Einerseits ist das eine Beförderung. Andererseits ist es eine Versetzung in die Provinz. Wittenberg mit seinen 2000 Einwohnern ist ein »Nest am Rand der Barbarei«, wo der Marktplatz ein »Dunghaufen« ist, wird Bruder Martinus später sagen.

Mit seinem Theologiestudium schreitet er rasch voran, erhält einen Lehrauftrag für einen biblischen Grundkurs und soll nach dem Willen seiner Ordensoberen promovieren. Die Arbeit daran muss er unterbrechen, als er 1510 im Auftrag seines Klosters nach Rom geschickt wird, um dort, zusammen mit einem Pater Procurator, eine Ordensangelegenheit zu klären. 1200 Kilometer, natürlich zu Fuß. Es ist November. Das heißt, die Alpen sind mitten im Winter zu überqueren. Ein junger Mönch auf seiner ersten großen Reise, unterwegs in die Welthauptstadt Rom und wieder zurück – was gäbe es darüber alles zu erzählen. Aber seltsamerweise findet sich in seinen späteren Aufzeichnungen kaum ein Wort darüber.

Hatte er kein Auge für die Seen, die Berge, die Kirchen, die Klöster, den Schnee, das Eis? In Rom lag damals Michelangelo rücklings auf einem Gerüst und malte in der Sixtinischen Kapelle. Raffael bemalte die Gemächer des Papstes, und für den Bau der Peterskirche wurden gerade die Fundamente gelegt. Kein Wort davon, auch kein Wort über den Papst, aber der war sowieso nicht da, führte Krieg.

Bruder Martinus ist wohl auch auf diesem Fußmarsch so sehr mit sich selbst und seinem Gott beschäftigt, dass er für die Welt, durch die er geht, kein Auge und kein Interesse hat. Sein Blick ist nach innen gerichtet. Mit diesem Blick pilgert er nach Rom und tut dort, was Pilger in Rom so tun, geht den vorgeschriebenen Pilgerweg, beichtet, liest Seelenmessen für verstorbene Freunde und Verwandte und rutscht andächtig auf Knien jene 28 Stufen der Pilatustreppe hinauf, auf der Jesus ins Haus des Pontius Pilatus gegangen sein soll. Mit dem Blut des Erlösers, gerissen von der Dornenkrone und den Geißeln der Soldaten, soll diese Treppe benetzt sein.

Wie die Treppe nach Rom kam? Da gibt es zwei Versionen. Nach der einen wurde sie auf Befehl der heiligen Helena, Mutter des Kaisers Konstantin, von Jerusalem nach Rom gebracht. Nach einer anderen Legende sollen Engel die Treppe nach Rom versetzt haben.

Wer die Treppe erklimmt, dem wird das Fegefeuer erspart. Also rutscht auch Bruder Martinus hoch, spricht auf jeder Stufe ein Gebet, verharrt geduldig, bis sich der Pilger vor ihm eine Stufe höher bewegt. Dreizehn Jahre später wird der Reformator Martin Luther sich nachträglich über sich selbst ärgern, dass er diese Rutscherei mitgemacht hat, und wird sagen: »Ich hab zuvor glauben können allen Scheißdrecken.«

Im Frühjahr 1511 ist er wieder in Wittenberg, macht seine Promotion und gleichzeitig Karriere im Orden. Er wird stellvertretender Prior des Klosters, erhält die geistliche Aufsicht über zwölf Klöster und bekommt im Turm des Klosters eine Vergünstigung: einen eigenen, beheizten Arbeitsraum, das berühmte Turmzimmer, wo er sein »Turmerlebnis« haben wird. Im Oktober 1512 wird er promoviert und kurz vor seinem 29. Geburtstag zum Professor ernannt. Fünf Jahre noch, dann ist Reformation. Aber nichts im Leben des Professors Luder deutet darauf hin, dass er der Urheber sein wird. Die Welt geht ihren gewohnten Gang. Auch in Wittenberg.

Bruder Martinus hat jetzt viel zu tun. Nicht nur sein Lehrauftrag ist zu erfüllen, auch predigen muss er, seine zwölf Klöster muss er verwalten, um deren wirtschaftliche und landwirtschaftliche Angelegenheiten muss er sich kümmern, die Messe muss er lesen, die Beichte abnehmen, Briefe sind zu schreiben, und er lernt auch noch Griechisch und Hebräisch, um die Bibel im Urtext lesen zu können, denn seine lateinische Bibel ist ja nur eine Übersetzung. Bei all den Pflichten, die er zu erfüllen hat, vergisst er nicht die Hauptsache: eine Antwort zu finden auf die Frage, die ihn seit seiner Jugend peinigt. Wie bekomme ich einen gnädigen Gott?

Noch hat er sie nicht gefunden, aber er arbeitet systematisch daran, und in seinen Vorlesungen lässt er seine Studenten an dieser Arbeit teilhaben. Diese spüren, ahnen, dass sie einem Baumeister bei der Arbeit zusehen, dass sie an einem »work in progress« teilnehmen und das fertige Werk möglicherweise etwas aufregend Neues sein wird. Auch die Professorenkollegen sitzen in seinen Vorlesungen und hören gebannt zu.

Dann, irgendwann zwischen 1513 und 1516 muss es gewesen sein, kommt der Durchbruch. Lange schon beschäftigt er sich mit dem Brief des Paulus an die Römer. An einer Stelle bleibt er immer wieder hängen, meint sie zu verstehen und versteht doch wieder nicht. Im Nachdenken über diese Stelle wird Luder zu Luther. An ihm entzündet sich sein »Turmerlebnis«, von dem Luther später selber nicht mehr sicher sagen kann, ob es wirklich ein Gedankenblitz, eine einmalige Erleuchtung war, ob ihm der Gedanke wirklich in seiner Turmstube gekommen ist. Vielleicht auch, wie er in seiner Provozierlust gelegentlich erwogen hat, auf dem Klo, und er weiß auch nicht mehr genau zu sagen, wann es war und ob es vielleicht ein längerer Erkenntnisprozess war.

Er weiß nur: Gleich zu Beginn des Römerbriefes, im ersten Kapitel, Vers 17, steht der schwer verständliche Satz:

»Sintemal darin offenbart wird die Gerechtigkeit, die vor

Gott gilt, welche kommt aus Glauben in Glauben; wie denn geschrieben steht: ›Der Gerechte wird seines Glaubens leben.‹«

Man kann die Sätze der Bibel nicht isoliert von allen anderen verstehen, das weiß schon der junge Mönch. Darum lehrt er seine Studenten, die Bibel werde nur aus ihrem Zusammenhang klar. Man müsse erst mindestens einmal die Bibel ganz gelesen haben. Dann müsse man jeden einzelnen Satz auf das Ganze beziehen, und erst dann könne man das Einzelne verstehen, Wichtiges von Unwichtigerem unterscheiden.

Zum schwer verständlichen Vers 17 des ersten Römerbriefkapitels fallen dem Bibelforscher in der Turmstube die ebenso schwer verständlichen Verse 21 und 22 des dritten Römerbriefkapitels ein:

»Nun aber ist ohne Zutun des Gesetzes die Gerechtigkeit, die vor Gott gilt, offenbart und bezeugt durch das Gesetz und die Propheten. Ich sage aber von solcher Gerechtigkeit vor Gott, die da kommt durch den Glauben an Jesum Christum zu allen und auf alle, die da glauben.«

Sein ganzes Leben lang hatte Martin unter der »Gerechtigkeit Gottes« verstanden, was alle Autoritäten der Kirche gelehrt haben: Gott werde beim Jüngsten Gericht wie ein Richter Recht sprechen, gute und böse Taten jedes Einzelnen in die Waagschale werfen und danach seinen Urteilsspruch fällen: Himmel, Fegefeuer oder Hölle.

Zeitlebens fürchtete er dieses Urteil, und zeitlebens rebellierte er dagegen, denn er wusste: Vor diesem Gericht kann niemand bestehen, auch der Heiligste nicht. Sie werden alle verdammt werden, denn Gott hat den Menschen so gemacht, dass er gar nicht gut sein kann. Wozu aber dann so ein Prozess? Das Urteil steht doch schon fest. Und das soll gerecht sein? Das soll ein fairer Prozess sein?

Eigentlich passt das nicht zu dem Gott, der in der Bibel verkündet wird. Also muss man noch einmal und noch einmal nachlesen, was der Apostel Paulus über Gottes Gerechtigkeit sagt. Auch die Schriften des Augustinus zieht er zurate. Und da plötzlich fällt es ihm wie Schuppen von den Augen. Der Begriff »Gottes Gerechtigkeit« ist wie eine Kippfigur, die zwei sich ergänzende Bilder in sich vereint. Bisher hat man in all den Jahrhunderten immer nur das eine Bild gesehen, das Bild vom gerechten Richter, der gute und böse Taten und Gedanken gegeneinander aufwiegt. Lohn oder Strafe nach Verdienst und Leistung.

Aber jetzt kippt das Bild. Jetzt sieht der Mann in der Turmstube: »Der Gerechte lebt aus Glauben«, bedeutet, die Gerechtigkeit erhält der Glaubende als Geschenk Gottes. Das heißt: Wir sind bereits freigesprochen.

Wir heute, die wir schon Luthers Ringen um einen gnädigen Gott nicht mehr ganz verstehen, tun uns nun noch schwerer, seine Lösung zu verstehen. Aber für Luther war es mehr als eine Lösung, es war die Er-lösung. Sein ewiges Zittern und Zagen vor dem Zorn Gottes hatte ein Ende. Seine religiösen Höchstleistungen, die ihn bis an die Grenze seiner körperlichen und seelischen Belastbarkeit brachten und dennoch nie genügten, waren nicht nur vergeblich, sondern überflüssig. Martinus Luther ist bereits »gerechtfertigt«. Gott hat ihn längst angenommen, und zwar so, wie er ist. Gott liebt den Menschen, obwohl er ist, wie er ist.

Als ihm das aufging, muss ihm gewesen sein, als ob tausend Orgeln spielten und tausend Engelschöre sängen. Er habe sich »völlig neu geboren« gefühlt. Ihm war, als ob er »durch die geöffneten Pforten des Paradieses selbst eingetreten« sei. Befreit verlässt er seine Turmstube und erzählt seinen Studenten und allen, die es hören wollen: Hört auf mit dem religiösen Eifer. Er ist überflüssig. Gott liebt euch auch so. Freut euch darüber, jubelt, dankt ihm und macht euch bewusst: Weil ihr glaubt und weil ihr bereits gerettet seid, seid ihr jetzt frei, in der Welt das Gute und Notwendige zu tun. Verlasst euer religiöses Hamsterrad, geht hinaus in die Welt und dreht dort euer Rad, und zwar eines, das nicht im Leerlauf dreht, sondern die Welt gestaltet.

Ab jetzt hat Luther keine Angst mehr. Und den anderen, die diese Angst noch haben, wird er sie ab jetzt nehmen. Eigentlich ist jetzt schon Reformation.

Bruder Martinus ist viel zu erregt, viel zu froh, um die Tragweite seines Durchbruchs zu erkennen. Dass ihn sein Turmerlebnis schon bald in einen tiefen Konflikt mit seiner Kirche und dem Papst stürzen wird, ahnt er noch nicht, und wenn er es ahnte, würde es ihn auch nicht mehr ängstigen. Eleutherius, der Befreite, fürchtet nun nichts mehr, nicht einmal mehr den Teufel. Der hat seine Macht über ihn für immer verloren. Luther, wie er sich jetzt nennt, verlebt nun ein paar glückliche Jahre in Wittenberg, freut sich seiner Erkenntnis und seines Lebens und übersieht noch nicht, welche Konsequenzen seine Entdeckung für ihn, die Kirche und die Welt haben wird.

Die Entwicklung zum Ketzer beginnt, als er im Jahr 1517, gerade vierunddreißig Jahre alt, in der Wittenberger Stadtkirche die Beichte abnimmt und Scheine präsentiert bekommt, immer mehr. Auf so einem Schein steht beispielsweise: »Wir tun kraft der uns verliehenen Gewalt durch diesen Brief kund und zu wissen, daß der M. Menner von dem von ihm verübten Totschlag freigesprochen ist. Wir befehlen allen und jedem Einzelnen, kirchlichen Amtspersonen und Laien, daß niemand diesen M. Menner irgendwie wegen dieses Totschlages anklage, verurteile oder verdamme. Kostenpunkt: 7 Dukaten.« Unterschrift: der Papst.

Ein Ablassbrief. Gekauft vom Dominikanermönch Johann Tetzel. Luther ist die Ablasspraxis seit Langem bekannt. Es ist auch bekannt, dass mit dem Geld der Bau des Petersdoms in Rom finanziert werden soll. Im Prinzip sei dagegen nichts einzuwenden, wenn der Erwerb eines Ablassbriefs mit wirklicher Reue verbunden ist, glaubt Luther damals noch.

Aber sieben Dukaten für einen Totschlag? Straffreiheit

nicht nur im Himmel, sondern schon auf Erden, nur weil sieben Dukaten bezahlt wurden? Einen Dom zur Ehre Gottes mit Blutgeld erbauen?

Es kommt noch schlimmer. Die Beichtenden sehen keinerlei Anlass zur Reue und zu dem Versprechen, ihre Untaten künftig zu unterlassen. Im Gegenteil. Sie sündigen fröhlich weiter und zahlen. Wenn es dem Herrn Menner einfällt, noch jemanden zu erschlagen, dann spart er so lange, bis er die sieben Dukaten zusammenhat, und schreitet zur nächsten Tat. Und Luther wird zugetragen, Tetzel prahle, er habe vom Papst höchstselbst so viel Gewalt und Gnade, dass er sogar jemandem vergeben könnte, der die Heilige Jungfrau vergewaltigte. Auch der berühmte marktschreierische Spruch, mit dem Tetzel seinen Ablasshandel betreibt, wird Luther zugetragen: »Sobald das Geld im Kasten klingt, die Seele (aus dem Fegefeuer) in den Himmel springt!«

Luther tobt, weigert sich, die Beichtenden von ihren Sünden freizusprechen. Daraufhin gehen diese zu Tetzel und beschweren sich über Luther. Nun ist es Tetzel, der wütet und tobt. Er lässt ein Feuer auf dem Marktplatz anzünden und droht, die Ketzer, die dem Allerheiligsten, dem Papst und seinem Ablass entgegenträten, zu verbrennen.

Luther beschreibt seine Reaktion: »Da ging ich herzu wie ein geblendet Pferd, denn der Tetzel machte es gar zu grob mit seinem Ablaß.«

Aus diesem, wie es scheint, kleinen Mönchsgezänk entwickelte sich die Reformation. Jetzt kam jene Maschinerie in Gang, die zur Kirchenspaltung führte, zur Gegenreformation, in den Dreißigjährigen Krieg, in die Veränderung ganz Europas. Ab jetzt waren die beteiligten Personen nicht mehr Herr der Lage. Luther gerät in einen Sog, aus dem er nicht mehr herauskommt. Nach jeder Teufelei, die sich seine kirchlichen Gegner ausdenken, geht Luther noch mehr »herzu wie ein geblendet Pferd«.

Zunächst reagiert er mit dem berühmten Anschlag seiner 95 Thesen an die Tür der Wittenberger Schlosskirche. Ob er das Papier wirklich eigenhändig am 31. Oktober 1517 an die Tür genagelt hat, ist bis heute umstritten. Aber die 95 Thesen, die hat er wirklich geschrieben, und darum gilt der 31. Oktober 1517 als Beginn der Reformation. Deshalb feiern die Protestanten bis auf den heutigen Tag an jedem 31. Oktober den Reformationstag.

In seinen 95 Thesen setzt sich Luther grundsätzlich mit der Frage nach der Buße und der Ablasspraxis auseinander, noch ganz sachlich, fast naiv, aus rein seelsorgerlichen Motiven. Als Mönch, Geistlicher, Theologe fühlt er sich dafür verantwortlich, die unwissenden Menschen davor zu bewahren, sich falsche Hoffnungen zu machen, unnütz Geld auszugeben, sich der Illusion hinzugeben, sich vom Fegefeuer freikaufen zu können. Er weist darauf hin, dass der Papst es nötiger habe, dass man für ihn bete, als dass man ihm Geld schicke.

Außerdem will Luther eine öffentliche Diskussion über den Ablass, vor allem über die Frage, warum der Papst Geld nimmt für den Sündenerlass. Wenn er schon die Macht hat, Sünden zu vergeben, warum erlässt er sie dann nicht den Menschen aus Liebe und Barmherzigkeit? Oder, und da kündigt sich bereits der spätere, schärfere, den Papst nicht fürchtende Luther an: Warum erbaut der Papst, der reicher ist als die reichsten Leute, nicht die Peterskirche mit seinem eigenen Geld?

Solche Worte hat die Welt noch nicht gehört. Damit erregt Luther Aufsehen zwischen Wittenberg und Magdeburg. Es wäre bei diesem nur regionalen Aufsehen geblieben, wenn nun nicht ein weiterer Mechanismus in das Räderwerk der Reformation eingebaut worden wäre: der Buchdruck, vom Mainzer Johannes Gutenberg um das Jahr 1450 erfunden. In dem halben Jahrhundert, das seitdem verging, sind überall im Land Druckereien entstanden. Auch in Wittenberg gab es eine. Dort hat Luther seine Thesen drucken lassen und unters Volk verbreitet.

Aber auch in Leipzig, Nürnberg und Basel werden sie nachgedruckt und noch weit darüber hinaus. Und wer darüber am meisten erstaunt war, war Luther. »Ehe 14 Tage vergangen waren, hatten diese Thesen das ganze Deutschland und in vier Wochen fast die ganze Christenheit durchlaufen, als wären die Engel selber Botenläufer (...). Es glaubt kein Mensch, was für ein Gerede davon entstand.«

Luther war damals noch politisch naiv, und darum war ihm zunächst nicht bewusst, in welch ein Wespennest er da gestochen hatte. Der Papst war keineswegs, wie er gedacht hatte, einer der reichsten Männer der Welt, sondern war praktisch pleite und hoch verschuldet bei den Fuggern. Zwar floss Geld in Strömen nach Rom, aber noch mehr als hereinkam, gab der Papst aus. Seine Kriege, seine Bauwut, seine Förderung der Kunst, aber auch notwendige Bestechungen, dazu Feste, Gelage, Mätressen, das alles verschlang mehr Geld, als der Papst hatte.

Not macht erfinderisch, und so kam der Papst auf die Idee, Bischofsämter und Kardinalswürden zu verkaufen. Als auch das nicht mehr reichte, um die Schulden zu begleichen, entwickelte man in Rom, vielleicht war es aber auch in Augsburg bei den Fuggern, ein Geschäftsmodell, das auf dem Ablasshandel beruhte. Darum wurden Ablasshändler wie Tetzel von Fugger-Angestellten begleitet und kontrolliert.

Davon wusste Luther nichts. Nur die anderen Gelehrten, Beamten und Würdenträger, an die Luther seine 95 Thesen eigentlich gerichtet hatte und mit denen er darüber diskutieren wollte, schienen in die Zusammenhänge eingeweiht zu sein, denn sie hielten sich seltsam zurück. Widerhall fanden die Thesen nur im Volk. Luthers akademische und klerikale Kollegen hielten schweigend den Atem an und warteten ab, was geschehen würde.

Es geschah aber nichts. Zwar hatte sich Tetzel an höherer Stelle über Luther heftig beschwert und seine Verbrennung als

Ketzer gefordert. Daraufhin beantragte der Dominikanerorden in Rom ein Verfahren gegen Luther, aber so etwas dauert. In der Zwischenzeit dachte Luther intensiver über den Ablass nach, präzisierte seine Gedanken und schrieb sie in den *Sermon von Ablass und Gnade,* den er 1518 in Wittenberg drucken lässt. Dieser verbreitet sich noch schneller und in noch höherer Auflage im ganzen Land. Bis 1520 erscheinen zwanzig Auflagen, Luther wird zum ersten Bestseller-Autor der Welt.

In dem Sermon vereinfacht, verschärft und erweitert er, was er sich in seiner Turmstube erarbeitet hat. Nicht gute Werke helfen dem Menschen, heißt es darin nun klipp und klar, sondern allzeit ist es Gott, der umsonst aus »unschätzlicher Gnad verzeiht«. Ablässe zu kaufen ist also nicht nötig. So kommt Luther den Geschäften des Papstes und der Fugger ein weiteres Mal ganz gewaltig in die Quere.

Gleichzeitig legt er sich mit der kirchlichen Tradition an. Alles, was Päpste in den vergangenen zwölfhundert Jahren verkündet und gelehrt, was Konzilien beschlossen und Kurien verordnet haben, sei Menschenwerk und daher verbindlich nur, wenn es mit der Bibel in Einklang steht. Die Bibel, die Schrift, das Wort Gottes, sei die allein verbindliche Verfassung für den Christenmenschen. Allein die Schrift, allein die Gnade, allein der Glaube – diese drei seien es, auf denen die gesamte Christenheit ruhe.

Wahrscheinlich hat Luther zu jenem Zeitpunkt noch gedacht, dass sich eigentlich der Papst, die Kardinäle und die Bischöfe auch darüber freuen müssten.

Darum schreibt er nun an den Papst, legt ihm dar, was er herausgefunden hat und bietet an, seine Thesen öffentlich zu diskutieren. Er sei durchaus bereit, sich überzeugen zu lassen und einen Irrtum einzugestehen, wenn man ihm den Irrtum nachweisen könne. Mit fast kindlichem Zutrauen geht Luther davon aus, dass man in Rom an so etwas wie Wahrheit oder Theologie interessiert sei.

In Rom aber vermag man in Luther nur einen kleinen Mönch aus einer abgelegenen deutschen Provinz zu sehen, der die päpstlichen Geschäfte stört. Was will dieser Nobody? Wahrscheinlich hat der Papst sein Schreiben nie zu lesen bekommen und wahrscheinlich haben es auch seine Beamten nur kurz überflogen. Als ob man nichts Wichtigeres zu tun hätte, als mit irgendeinem dahergelaufenen Querulanten zu disputieren.

Rom kann, wenn es will, diesen Provinzmönch zertreten wie eine Fliege. Aber noch will man nicht, weil es vielleicht gar nicht nötig ist. Die Kirche ist schon mit ganz anderen Problemen fertiggeworden, da wird sie ja wohl auch mit diesem störrischen Mönch fertigwerden. Und so zeigt sich Rom langmütig und antwortet mit gelassener Arroganz, der Papst als Stellvertreter Gottes auf Erden sei unfehlbar, und folglich sei, »wer im Blick auf Ablässe sagt, die römische Kirche dürfe nicht das tun, was sie tatsächlich tut«, ein Ketzer. Basta.

Jetzt erst fängt Luther an zu erkennen, mit wem er es zu tun hat. Und das kleidet er sofort, wie es seinem Naturell entspricht, in die drastischsten Worte: Der Papst sei der Antichrist, die römische Kurie eine Satansschule. Natürlich dringt das nach Rom, und dort geht es jetzt nur noch um die Frage, ob man ihn gleich verbrennen oder ihm vorher die Gelegenheit zum Widerruf geben soll. Man neigt zum sofortigen Verbrennen.

Andererseits hat man auch in Rom gemerkt, dass Luther Sympathien nicht nur im Volk genießt, sondern auch bei etlichen Fürsten. Die aber braucht man jetzt, weil auf dem Balkan die Türken stehen und weiter nach Europa vordringen werden, wenn ihnen kein Einhalt geboten wird. Deshalb findet 1518 ein Reichstag in Augsburg statt, wo Kaiser Maximilian und eine päpstliche Delegation über die Aufstellung einer Streitmacht verhandeln sollen.

Und so gelangt auf die umfangreiche Tagesordnung des Reichstags auch ein Punkt namens »causa Luther« mit der Maßgabe, das Problem endlich aus der Welt zu schaffen. Dafür zuständig ist der Kardinal Cajetan, der in Augsburg die römischen Interessen wahrzunehmen hat und dort dann auch diesen Luther zum Abschwören seiner Irrlehren zu bringen oder ihn festzunehmen und nach Rom zu bringen hat.

Aber so einfach wird das nicht. Luther hat einen starken Fürsprecher, den Kurfürsten Friedrich. Der sympathisiert nicht nur mit Luthers Thesen, sondern ist auch von dessen fachlicher Qualität als Professor, Ordensmanager und Seelsorger angetan und besonders von der Tatsache, dass sich die Wittenberger Universität eines ungeheuren Zulaufs erfreut, seit Luther dort lehrt. Darum hält der Kurfürst seine schützende Hand über ihn – eine Erfahrung, die Luthers weiteres Denken vermutlich tiefer beeinflusst, als ihm selbst bewusst ist. Die weltliche Obrigkeit muss ihn, den Mönch und Gottesdiener, vor dem angeblichen Stellvertreter Christi und der heiligen Mutter Kirche schützen.

Hinzu kommt: Kaiser Maximilian ist amtsmüde, will König Karl von Spanien inthronisieren. Das aber läge nicht im Interesse des Papstes, da käme zu viel weltliche Macht in einer Hand zusammen, und in Rom fährt man besser mit schwachen Kaisern. Die Wahlfürsten aber sind nicht abgeneigt, Karl zu wählen. Nur der Kurfürst Friedrich hat Bedenken. So hätte man also ausgerechnet den besten Lutherfreund zum Verbündeten bei der Kaiserwahl. Das wird eine komplizierte diplomatische Aufgabe für Cajetan.

Daher beschließt er, Luther freundlich zu behandeln. Er wird widerrufen müssen, das ist klar, aber er soll es möglichst nicht unter den üblichen Voraussetzungen – Drohung, Folter, Zwang – tun müssen. Daher ist Luther, der auf eine harte Konfrontation eingestellt war, ganz überrascht, als ihm der Kardinal am 12. Oktober 1518 freundlich und ehrerbietig mitteilt, er wolle mit ihm nicht disputieren, sondern die leidige Angelegenheit väterlich aus der Welt schaffen.

Und so reden die beiden Männer freundlich aneinander

vorbei. Cajetan argumentiert juristisch, zitiert Erlasse, Verfügungen, Dekrete. Luther argumentiert theologisch, zitiert die Briefe des Paulus, die Evangelien, die Propheten. Schließlich spricht Cajetan Klartext: »Du wirst widerrufen müssen, ob du willst oder nicht.«

Luther bittet sich bis zum nächsten Tag Bedenkzeit aus, sortiert seine Gedanken, geht noch einmal alles durch. Er kommt zu dem Ergebnis: Kirchenrecht, Tradition und Menschenverstand sind für theologische Sachfragen nicht entscheidend. Das ist allein die Bibel. Und mit der Bibel lassen sich der Ablass, die Stellung des Papstes und noch vieles mehr nicht begründen.

Genau das sagt er am nächsten Tag dem verblüfften Kardinal. Und noch etwas macht er deutlich: Er möchte nicht, dass über seine Lehre per Befehl, allein durch päpstliche Macht entschieden wird. Er möchte, dass über die Wahrheit oder Falschheit seiner Thesen an Europas Universitäten öffentlich diskutiert wird.

Der Kardinal und dessen Begleiter sind entsetzt über so viel Sturköpfigkeit und den Leichtsinn, mit dem Luther seinen Kopf riskiert. Sie reden auf ihn ein, bestürmen ihn, er solle doch widerrufen, nur eines einzigen Wörtleins – revoco – bedürfe es, und alles sei wieder im Lot.

Nicht für Luther. »Niemals«, sagt er.

Es kommt zu einem dritten Gespräch mit Cajetan. Es endet wie die beiden Gespräche vorher.

Cajetan probiert es ein viertes Mal. Jetzt legt er alle diplomatische Höflichkeit ab. Jetzt will er die Sache endlich abhaken. Lautstark monologisierend, seine ganze Amtsautorität ausspielend, mit Einschüchterung und Drohung fordert er Luther ein letztes Mal auf, zu widerrufen.

»Fast zehnmal fing ich an zu reden«, berichtet Luther später seinen Freunden, »ebenso oft donnerte er mich nieder und redete allein. Endlich fing auch ich an zu schreien.«

Endlich fing auch er an zu schreien – so geht es jetzt noch ein paar Jahre weiter. Wann immer die mächtige Kirche und der schwache Luther aufeinanderprallen, weicht dieser erst einmal ängstlich zurück, lässt sich in die Defensive drängen, bis er mit dem Rücken zur Wand steht. Dann springt er wie ein wildes Tier seine Gegner an, weicht nicht nur keinen Zentimeter zurück, sondern überschreitet seine Verteidigungslinie, geht zum Gegenangriff über. Je mehr sie ihn zu drangsalieren versuchen, desto entschlossener geht er in die Offensive. Dieser Luther wird sich nichts und niemandem mehr beugen. Er lässt nur noch einen Herrn über sich zu: Gott.

Was so einer fühlt, die große Freiheit, die ihm die alleinige Bindung an Gottes Wort verschafft, die Angstfreiheit, die damit verbunden ist, wird Luther Jahre später in ein Lied kleiden, das als die Reformations-Marsellaise Geschichte machen wird und noch heute in den evangelischen Kirchen am Reformationsfest gesungen wird:

Ein feste Burg ist unser Gott, ein gute Wehr und Waffen.
Er hilft uns frei aus aller Not, die uns jetzt hat betroffen.
…
Und wenn die Welt voll Teufel wär und wollt uns gar verschlingen,
so fürchten wir uns nicht so sehr, es soll uns doch gelingen.
Der Fürst dieser Welt, wie sau'r er sich stellt,
tut er uns doch nicht; das macht, er ist gericht':
ein Wörtlein kann ihn fällen.

Daher sagt er, als er nach dem letzten Gespräch mit Cajetan gefragt wird, wie es denn jetzt weitergehen soll und wo er bleiben wolle: »Unterm Himmel.« Was so viel heißt wie: Ich lege mein Schicksal in Gottes Hand.

An diesem Schicksal wird unterdessen im Hintergrund bereits heftig gearbeitet. Schon laufen die Vorbereitungen für Luthers Verhaftung. Und sein Ordensoberer, Johannes von

Staupitz, wird von der Ordenszentrale aufgefordert, Luther »an Händen und Füßen gefesselt« einzusperren.

Staupitz kennt Luther gut, schätzt ihn, hat ihn über zehn Jahre hinweg begleitet und gefördert, und darum kommt es für den Ordensgeneral nicht infrage, Luther einzusperren. Reagieren aber muss er auf das Begehren der Zentrale. Daher legt er Luther nahe, den Orden zu verlassen.

Luther versteht, dass es wohl anders nicht geht, fügt sich. In der Nacht zum 21. Oktober wird er aus dem Schlaf gerissen. Fremde, Augsburger Bürger, sagen ihm, er solle fliehen, sonst werde er verhaftet. Auf Schleichwegen führen sie ihn durch die Stadt, schmuggeln ihn aus dem Stadttor, setzen ihn auf ein bereitstehendes Pferd. Er reitet in der Kutte los, »ohne Hosen, Stiefel, Sporn und Schwert«, zehn Tage lang, bis er in Wittenberg ankommt.

Obwohl er nun nicht mehr Mitglied seines Ordens ist, kehrt er in sein Kloster zurück, bezieht sein Turmzimmer und macht dort weiter, wo er vor Augsburg aufgehört hat. Niemand hindert ihn daran.

Der Kurfürst erhält schon recht bald einen Brief von Cajetan. Inhalt: Luther sei entweder an Rom auszuliefern oder des Landes zu verweisen. Es ist der 25. Oktober 1518.

Luther will nach Paris gehen. Er ist ernsthaft gewillt, seine Sache vom Exil aus weiterzubetreiben. Ob das gut gehen wird? Wahrscheinlich war Ende 1518 der letzte Zeitpunkt, an dem die Reformation noch zu stoppen gewesen wäre. Hätte die römische Kirche Luther zu diesem Zeitpunkt verbrannt, hätte wahrscheinlich wieder Ruhe geherrscht im Land.

Aber dazu kam es nicht. Es kam auch nicht zu Luthers Exil in Paris. Stattdessen funkt mal wieder die Weltpolitik in die Luther'sche Angelegenheit hinein. Im Januar 1519 stirbt Kaiser Maximilian. Jetzt hat man in Rom keine Zeit mehr für Ketzerfragen und Luther-Ärger. Jetzt muss alles darangesetzt werden, den spanischen König zu verhindern. Und dazu braucht Rom den Wittenberger Fürsten. Damit wird der Fall Luther für zwei Jahre auf Eis gelegt. In diesen zwei Jahren entscheidet sich das Schicksal der Reformation. In diesen zwei Jahren verbreiten sich Luthers Schriften immer weiter und er sorgt für stetigen Nachschub.

Luther gerät jetzt in einen wahren Schaffensrausch, schreibt, redet, predigt, lehrt und diskutiert wortmächtig, für alle verständlich und so aufregend, dass die Zuhörer in Scharen zu ihm kommen. Und Luther genießt es, fühlt sich beim Predigen wie eine Bauersfrau, die ihre Kinder an die Brust legt. »Man soll auf der Kanzel die Zitzen herausziehen und das Volk mit Milch tränken.« Und das Volk trinkt. Es ist nicht nur harmlose Milch, womit Luther sein Volk säugt, auch scharfe, mit allerlei Ausfällen gegen Rom gewürzte Unflätigkeiten gibt er ihm zu trinken. Luther wird immer frecher, immer polemischer, immer rücksichtsloser gegenüber Rom. Dabei entfernt er sich immer weiter aus dem Schoß seiner Kirche.

Den letzten Schritt macht er wohl bei seinem berühmten Streitgespräch mit Johannes Eck. Der süddeutsche Theologe, ein brillanter Intellektueller, vermutlich fürstlich bezahlt von den Fuggern, führte Luther aufs Glatteis. Eck konfrontierte Luther mit Sätzen, die von dem ein Jahrhundert zuvor in Konstanz verbrannten Ketzer Jan Hus stammen. Luther kannte dessen Lehre nicht, wusste nichts von Hus, aber stimmte den Sätzen zu, und damit war er – für Eck – als Ketzer überführt und folglich, wie der Ketzer Hus, zu verbrennen.

Aber Luther nimmt Ecks Triumph die Spitze, indem er gelassen sagt: »Na gut, dann bin ich eben ein Ketzer. Hus hat recht, wenn er sagt, nicht der Papst, sondern Christus sei das Haupt der Kirche.« Eck hält dagegen, sogar ein Konzil habe Hus verdammt. Worauf Luther sagt: »Auch Konzilien können irren und haben geirrt.« Die Zuhörer im Saal schreien auf vor Schreck.

Damit bewegt sich Luther endgültig nicht mehr im Rahmen der katholischen Lehre. Vor so einem Satz wäre er in einer ruhigen Minute vielleicht selber zurückgeschreckt. Aber nun war es heraus, und es war gut so. »Der Eck hat mich munter gemacht«, wird er später sagen. »Er hat mich auf Gedanken gebracht, da ich nimmer sonst hingekommen wäre.«

In aller Radikalität stellt er jetzt den eigenen Glauben und sein Gewissen über alle Autoritäten. Da kann es also sein, »dass der ganze Haufen mit allen großen Hansen irrt und eine ungerechte Sache verteidigt«, während die Wahrheit nur bei ein paar wenigen ist. Schwindelt ihm selbst vor den Konsequenzen dieser Einsicht? Vielleicht. Aber er hält dagegen: »Wenn du Gottes Wort hast, kannst du sagen: Was brauche ich weiter zu fragen, was die Konzilien sagen?«

Dass er damit in Rom als Ketzer gilt, ist ihm klar, aber das schreckt ihn nun nicht mehr. Ist er ein Ketzer, dann ist eben seine Ketzerei jetzt die rechtgläubige Lehre, und der römischen Kirche sagt er: »Frömmere Ketzer habt ihr nie gehabt, werdet sie auch nicht frömmer kriegen. Bittet Gott, daß sie euch mögen erhalten bleiben.«

Innerlich hat er also jetzt den Bruch mit seiner Kirche vollzogen. Bis er ihn auch öffentlich und endgültig vollzieht, vergeht noch eine gewisse Zeit. Während jener Zeit verfasst er eine Streitschrift nach der anderen: *An die Pfarrherrn, wider den Wucher zu predigen; An den christlichen Adel deutscher Nation …; Von der babylonischen Gefangenschaft der Kirche* (1540); *Von der Freiheit eines Christenmenschen* (1520).

Alle sind sie gegen Rom gerichtet. Alle bestreiten die Autorität des Papstes, alle betonen, worauf allein es ankommt in einem Christenleben: Glaube, Gnade, Schrift. Es braucht keine Priester als Mittler zwischen Mensch und Gott, es braucht keine Mönche und Nonnen, keinen Papst, keine Reliquien, keine Prozessionen und keine Wallfahrten. Jeder ist ein Kind Gottes und jeder dient ihm am besten dort, wo er von Gott hingestellt wurde, also in seinem Beruf. Seine Schriften werden Luther aus der Hand gerissen, verbreiten sich wie ein Lauffeuer. Eine Auflage nach der anderen verlässt die Druckerpressen. Jetzt sind Luthers Gedanken in der Welt. Jetzt können sie ihn ruhig verbrennen. Auch seine Schriften können sie verbrennen. Seine Lehre nicht mehr. Die steckt schon in zu vielen Köpfen.

Sie probieren es dann trotzdem noch einmal, Luther zum Schweigen zu bringen, als sich die Sache mit dem neuen Kaiser geklärt hat. Im Juli 1519 war die Wahl und sie fiel nun doch auf den spanischen König. Die Fugger hatten mit sehr hohen Bestechungssummen nachgeholfen. Sie wussten von den sagenhaften Silber- und Goldschätzen, welche die spanischen Schiffe aus Amerika nach Europa brachten, und dachten, mit solchen Leuten ließen sich bessere Geschäfte machen als mit dem päpstlichen Pleitier in Rom. Im Oktober 1520 wurde dann der spanische König in Aachen zum Kaiser gekrönt.

Nun rollen sie den Fall Luther wieder auf in Rom. Der Papst schickt ihm seine Bann-Androhungs-Bulle nach Wittenberg. Luther soll widerrufen. Auch allen Anhängern Luthers wird Widerruf befohlen, und der Obrigkeit wird auferlegt, sämtliche Schriften Luthers zu verbrennen. Sie haben sechzig Tage Zeit dazu.

Am 10. Dezember, einen Tag nach Ablauf der Widerrufsfrist, verbrennt Martin Luther öffentlich die Bulle in Wittenberg. Mehrere Ausgaben des Corpus iuris canonici, Sammlungen des römischen Kirchenrechts, verbrennt er gleich mit. Hunderte von Wittenberger Studenten, Magister, Professoren und Bürger wohnen der Sache bei und jubeln Luther zu.

Darauf folgt unweigerlich der nächste Schritt. Rom spricht den Bann über Luther aus. Die Kirche stößt ihn aus ihrer Gemeinschaft aus und untersagt den Umgang mit ihm. Und nun ist es an dem Kaiser, Luther verhaften zu lassen und nach Rom auszuliefern.

Wieder schaltet sich Kurfürst Friedrich ein. Er macht den Kaiser darauf aufmerksam, dass er verpflichtet sei, jeden, den er zur Ächtung freigeben will, vorher anzuhören. Der Kaiser sagt zu, Luther anzuhören. Er soll nach Worms kommen. Dort ist Reichstag.

Luther reist nach Worms. Wohl ist ihm nicht dabei. Er weiß, dass er dort verbrannt werden kann. Aber er will seine Sache vor dem Kaiser ausfechten. Leider lässt man ihn nicht fechten. Statt mit ihm zu diskutieren, statt auf dem Reichstag seine Thesen zu erörtern, wird er einfach nur gefragt, ob er widerrufen wolle. So hat er sich das nicht vorgestellt. Er soll einfach klein beigeben?

Er bittet sich Bedenkzeit aus.

Am nächsten Tag sagt er, was zu sagen ist: Er sei »wohl bereit, wenn ich gründlich belehrt bin, jeden Irrtum zu widerrufen, und ich werde der Erste sein, der meine Bücher ins Feuer wirft. Aus diesem allen, glaube ich, geht klar hervor, daß ich mich genügend bedacht und die Gefahren und den Streit erwogen habe, die aus Anlaß meiner Lehre auf der Erde erweckt wurden.« Er will also diskutieren.

Doch darauf lassen sich seine Gegner nicht ein. Er solle endlich klar heraus sagen, ob er widerrufe oder nicht.

Worauf Luther sagt: »Mein Gewissen ist in Gottes Wort gefangen. Somit will und kann ich nicht widerrufen. Denn gegen das Gewissen zu handeln ist weder sicher noch heilsam. Hier stehe ich, ich kann nicht anders, Gott helfe mir. Amen.«

Der Reichssprecher: »Martin, laß dein Gewissen fahren! Du bist im Irrtum!«

Im Sitzungssaal wird es nun unruhig, lautes Durcheinander entsteht. Der Kaiser erhebt sich und geht wortlos.

Freunde umringen Martin Luther, drücken ihn an sich. Auf seinem Weg ins Quartier folgen ihm Jubelrufe. Aber auch »Al fuego, al fuego! – Ins Feuer mit ihm!«, wird ihm hinterhergerufen.

Martin aber wirft beide Arme in die Luft und lacht und schreit: »Ich bin hindurch! Ich bin hindurch!«

Vor allem aber ist er jetzt vogelfrei. Das von Kaiser Karl unterschriebene Wormser Edikt vom 8. Mai verfügt: »Wir gebieten euch allen, daß ihr den vorgenannten Martin Luther nicht in euer Haus aufnehmt, ihn nicht bei Hof empfangt, ihm kein Essen noch Trinken gebt, ihn nicht versteckt noch ihm mit Worten oder Werken heimlich oder öffentlich Hilfe, Gefolgschaft, Beistand oder Vorschub gewährt. Wo ihr aber an ihn kommen, ihn ergreifen und seiner habhaft werden könnt, sollt ihr ihn gefangen nehmen und uns wohl verwahrt zusenden, wobei ihr für ein so heiliges Werk, eure Mühen und Kosten angemessen belohnt werden sollt.«

Luthers Leben wäre jetzt normalerweise keinen Pfifferling mehr wert. Aber der Kurfürst greift nun wieder ein. Auf dem Heimweg von Worms nach Wittenberg lässt er ihn entführen und bei Nacht und Nebel auf die Wartburg bringen. Seine Begleiter halten den vorgetäuschten Überfall für echt, fliehen und erzählen, was passiert ist. Die Nachricht verbreitet sich schnell durch ganz Deutschland. Gerüchte sprießen. Luther wird für tot erklärt. Andere wissen von einem Versteck, dritte wähnen ihn in Rom.

Aber nur ganz wenige Vertraute des Kurfürsten wissen, dass es sich bei dem ominösen Junker Jörg, einem Mann mit vollem Haar und Vollbart auf der Wartburg, um Martin Luther handelt. Dort vollbringt er eine weitere Großtat. Er übersetzt das Neue Testament ins Deutsche, das es noch gar nicht gibt, das er erst aus den vielen vorhandenen deutschen Dialekten und seinem genialen Sprachgefühl erschaffen muss.

Im Reich aber zeigt sich nun, dass Luthers Ideen auch ohne ihn weiterwirken, wenn auch nicht in seinem Sinne. Es kommt zu gewaltsamen Bauernaufständen, zu Bilderstürmereien, zu Klosterplünderungen. Luther hält es nicht mehr auf seiner Burg. Er kehrt zurück nach Wittenberg, predigt Gewaltfreiheit. In Wittenberg hören sie auf ihn, anderswo nicht. Die Soldaten rücken aus und schlagen brutal zu.

Luther bezieht wieder sein Turmzimmer und schreibt, predigt, lehrt. Und er zieht die Mönchskutte aus, ruft die anderen Klosterbrüder auf, es ihm gleichzutun, denn die Möncherei sei unnütz und von der Bibel nicht verlangt. Scharenweise folgen Mönche und Nonnen seinem Aufruf.

Am 13. Juni 1525 heiratet der entlaufene Mönch Martin Luther die entlaufene Nonne Katharina von Bora. Der Skandal ist perfekt. Noch einmal erregt der Mönch allergrößtes Aufsehen, gehen die Wogen hoch, wird landauf landab diskutiert über diesen Luther, der über seine Heirat sagt, dass er es »dem Teufel mit seinen Schuppen, den großen Hansen, Fürsten und Bischöfen zum Trotz getan« habe. Er wolle »auch gern noch mehr Ärgernisse anrichten, wenn ich nur noch mehr wüßte, was Gott gefiele und sie verdrösse (…) Denn ich gebe nicht auf und fahre immer fort und treibe es umso toller, je weniger sie es wollen.«

Luther, wie er leibt und lebt. In dieser treffenden Selbstbeschreibung klingt aber auch schon an, dass Luther nun nicht mehr viel einfällt, die Reformation im Grunde abgeschlossen ist. Alles, was zu sagen war, ist nun gesagt, alles was zu tun war, getan. Das Alte Testament gilt es noch zu übersetzen. Und Kirchenlieder dichtet und komponiert er jetzt. Gleichzeitig leistet er mit der Erarbeitung eines Katchechismus eine wichtige Grundlage für die christliche Erziehung und Schulbildung.

So etwas wie eine Kirchenordnung für seine Anhänger muss noch gemacht werden, denn überall im Land verlassen Gläubige die katholische Kirche und bekennen sich zu Luther. Auch Fürsten wechseln in sein Lager. Es ist ein gutes Geschäft für sie, denn die Kirchen und Klöster und mit ihnen deren Vermögen fällt nun in den Besitz der Fürsten.

Die allumfassende Macht der römischen Kirche ist gebrochen. Sie kann Luther nichts mehr anhaben. Die nächsten zwanzig Jahre bis zu seinem Tod verbringt Luther mit seiner Frau Käthe, zahlreichen Kindern und vielen Gästen in seinem

Pfarrhaus redend, streitend, schreibend, diskutierend und lehrend in Wittenberg.

Die Heirat zwischen Mönch und Nonne war Luthers vorletzte reformatorische Tat. Die letzte Tat vollbringt er gemeinsam mit seiner Frau Katharina: Die Art, wie beide das Pfarrhaus führen, wird zum Urbild protestantischer Pfarrhäuser in Deutschland. Hier werden nun die Kinder erzogen, findet christliches Familienleben statt, zieht Luther seine Schlüsse über Ehe und Familie. Hier gehen Gäste ein und aus, finden Luthers berühmte Tischgespräche statt, wird fröhlich gegessen, getrunken, gestritten, politisiert, polemisiert. Aus diesem Urbild entwickelt sich das protestantische Pfarrhaus als Institution. In ihr verbringt Luther die letzten zwei Jahrzehnte seines Lebens.

Er stirbt 1546 in Eisleben, dem Ort seiner Geburt. Sechs Jahre später stirbt seine Frau. Sie hinterlassen vier Kinder.

Im Jahr 1555 ist Deutschland zu neunzig Prozent evangelisch. Der Augsburger Religionsfriede vereinbart ein Stillhalteabkommen zwischen beiden Konfessionen.

Es gibt jetzt offiziell zwei Kirchen. Also auch zwei Wahrheiten. Wenn es aber zwei Wahrheiten gibt, kann es dann nicht auch drei, vier, viele Wahrheiten geben? Oder vielleicht gar keine, jedenfalls keine absolute?

Diese Fragen sind nun da. Andere gesellen sich dazu. Da gab es diesen Astronomen Nikolaus Kopernikus, der sich allein aufgrund irgendwelcher Berechnungen zu der Behauptung verstiegen hat, die Erde sei keine Scheibe, sondern eine Kugel, und sie stehe nicht im Mittelpunkt des Weltalls, wie es die Kirche lehrt, sondern kreise um die Sonne. Beweisen konnte er es nicht, aber hat es nicht Kolumbus mit seinem Seeweg nach Indien bewiesen? Wenn die Kirche also in diesem Punkte irrt, irrt sie dann möglicherweise auch in anderen Punkten?

Und in Nürnberg gibt es einen Maler, Albrecht Dürer, der nicht mehr Heiligenbildchen und biblische Szenen malt, sondern sich, seine Mutter, Nürnberger Patrizier und ganz gewöhnliche Zeitgenossen. Was hat das zu bedeuten? Werden da etwa – wie in einer Wohnung die Möbel – die Dinge der Welt so lange hin und her gerückt, bis nichts mehr an seinem seit Jahrhunderten angestammten Platz steht? Kopernikus rückte die Erde aus dem Mittelpunkt des Weltalls an den Rand, dafür rückt nun dieser Dürer den Menschen ins Zentrum der Erde. Gehört er da wirklich hin? Wird da an der Wende vom 15. zum 16. Jahrhundert die ganze Welt ver-rückt?

Etwas unaufhaltsam Neues kündigt sich an in solchen Fragen und Entwicklungen. Die Kirche stemmt sich mit all ihrer verbliebenen Macht dagegen, leitet die Gegenreformation ein, reformiert sich auch selbst, lässt Krieg führen, Hexen verbrennen, Ketzer foltern – allein, es hilft nicht. Ihre Macht reicht nicht mehr, um den Strom aufzuhalten, der seit Kopernikus, Gutenberg, Kolumbus, Dürer und Luther alles wegspült und vorwärtsdrängt, vorwärts in eine neue Zeit, vorwärts in die Aufklärung und in eine Entwicklung, die auch die Lutherische Kirche alt aussehen lässt und beide Kirchen zwingt, sich noch einmal und immerzu zu verändern.

Beide Kirchen leiden unter ihrer Spaltung, versuchen sie zu überwinden. Aber es ging wohl nicht anders. Der katholischen Kirche geht es vor allem um ihre Einheit. Dafür opfert sie, wenn es sein muss, schon mal die Freiheit und die Wahrheit, über die in Streitfragen der Papst als letzte Instanz entscheidet. In seiner Person verkörpert sich die Einheit der Kirche. Wenn er spricht, dann hört die Welt in ihm die Stimme der Christen. Aber dieser Vorteil ist erkauft mit einer verringerten Glaubwürdigkeit nach außen und einer verringerten Freiheit nach innen, denn die absolute Wahrheit des modernen Menschen lautet, dass es keine absolute Wahrheit gibt. Und wenn es sie doch geben sollte, dann ist kein Sterblicher in ihrem Besitz, auch der Papst nicht.

Den Evangelischen geht es vor allem um diese Wahrheit.

Daher spalten sie sich lieber, wenn sie sich auf eine Wahrheit nicht einigen können, als dass sie sich die Wahrheit von einem Einzelnen autoritär verordnen ließen. In diesem evangelischen Ringen um die Wahrheit in Freiheit liegt die Stärke der evangelischen Kirchen. Darüber verlieren sie aber ihre Einheit. Darin liegt ihre Schwäche. Niemand vermag heute noch verbindlich zu sagen, wofür die Evangelischen eigentlich stehen, und daher wird ihre Stimme kaum noch gehört in der Welt.

Darum spricht der Papst, wenn er zur Welt spricht, und nicht gerade über Pille, Zölibat, weibliche Priester und die Evangelischen spricht, immer auch ein bisschen für die Evangelischen mit. Spricht er aber über Pille, Zölibat und weibliche Priester, widersprechen die Protestanten und widersprechen dabei immer auch ein bisschen für die Katholiken mit. Vielleicht ist das ja ganz gut so. Vielleicht ist es sogar weise.

Oder, so müsste man inzwischen sagen, vielleicht *war* das weise, denn heute schwindet das Interesse an beiden Kirchen in einem solch hohem Tempo, dass es fast schon egal ist, wie sich beide voneinander unterscheiden. Dafür gibt es mehrere Gründe. Bei der katholischen Kirche liegt das am sexuellen Missbrauch von Kindern durch Priester, auch an grausamer Gewalt gegen Kinder, jahrelang, in verschiedensten Ländern, in zahlreichen Fällen.

Was das Schlimme noch schlimmer macht: Viele Verantwortliche wussten über all die Jahre Bescheid, aber haben weggeschaut, nichts unternommen und alles vertuscht. Ihre größte Sorge war, dass davon etwas an die Öffentlichkeit gelangte. Und als dann doch vieles publik und das Ausmaß immer größer wurde, galt ihre größte Sorge wiederum der Schadensbegrenzung für die Kirche und dem eigenen Renommee, statt den Opfern.

Dazu kommt noch, dass der Papst und seine Bischöfe und Kardinäle dem normalen Kirchenvolk nicht mehr verständlich und überzeugend erklären können, warum Frauen nicht fürs

Priesteramt taugen sollen, Evangelische nicht an der Kommunion teilnehmen dürfen, Homosexuellen die kirchliche Trauung verwehrt wird und Frauen eine Sünde begehen, wenn sie eine Pille nehmen, um nicht schwanger zu werden.

All diese Probleme hat die lutherische Kirche nicht, und trotzdem laufen auch ihr die Mitglieder davon. Das Lutherjubiläumsjahr 2017, so hofften die Verantwortlichen, werde den Trend brechen. Luthers Thesenanschlag vor 500 Jahren ist dann auch über ein ganzes Jahr im ganzen Land groß gefeiert worden. Das Jubiläum zog auch viel Aufmerksamkeit auf sich, und alle feierten gerne mit. Aber der Mitgliederschwund ließ sich trotzdem nicht aufhalten.

Hinzu kam, und das ehrt die Kirche, eine kritische Aufarbeitung der kirchlichen Vergangenheit, die auch vor dem Jubilar nicht haltmachte, vor Luther höchstselbst. Noch nie in der 500-jährigen Geschichte wurde so offen, so selbstkritisch und mit so viel Scham Luthers Judenhass thematisiert. Der alte Luther wollte die Juden aus dem ganzen Land vertreiben und ihre Synagogen niederbrennen. Plötzlich zog sich eine gerade Linie von Luther zu Hitler und zur Reichspogromnacht am 9. November 1938.

Fünf Jahre später ist es dieser Judenhass, der von den Reformationsfeierlichkeiten geblieben zu sein scheint.

Der große Reformator, der wortmächtige Bibelübersetzer, Schöpfer der deutschen Sprache, todesmutige Ketzer scheint seit 2017 zunehmend in den Hintergrund zu treten. Kommt man heute auf Luther zu sprechen, dauert es kaum eine Sekunde, bis einer, der von der Reformation, der Geschichte und der innerkirchlichen Aufarbeitung rein gar nichts weiß, scheinklug einwirft, aber er war doch ein Antisemit. So viel – oder eigentlich: so wenig – ist hängen geblieben vom Reformationsjahr 2017.

Es bräuchte einen neuen Luther, oder besser noch eine Lutherin, der/die beide Kirchen wieder vereint, historischen und vor allem dogmatischen Ballast abwirft und beiden Kirchen eine neue Zukunft gibt. Doch solch ein Mensch ist weit und breit nicht zu sehen. Es wird diesmal schon Gott selbst sein müssen, der sein Volk vor dem Untergang rettet.

Nelson Mandela

Von der Macht eines einsamen Häftlings

* 1918 in Mvezo, Südafrika, als Rolihlahla Dalibhunga Mandela — 1934 Besuch des Clarkebury Boarding Institute und danach der methodistischen Missionsschule, Healdtown — 1939 Jurastudium am Missions-College von Fort-Hare — Weiterführung des Jurastudiums an der Witwatersrand-Universität nach einer Flucht nach Johannesburg — 1944 Gründung der Jugendorganisation des ANC (African National Congress) — ab 1948 sehr engagiert in Anti-Apartheid-Aktivitäten — 1956 Anklage wegen Hochverrats — 1961 Anführer des bewaffneten Flügels des ANC — 1964 Verurteilung zu lebenslanger Haft wegen Planung eines bewaffneten Kampfes — 1990 Freilassung — 1993 Friedensnobelpreis — 1994 Wahl zum ersten schwarzen Präsidenten Südafrikas, im Amt bis 1999 — August 1999: Gründung der Nelson-Mandela-Stiftung — † 2013 in Johannesburg

Mit der Freiheit verhält es sich ähnlich wie mit dem Humor. Jeder behauptet, er habe ihn, nur wenige haben ihn wirklich. Jeder behauptet, er sei für Freiheit, sogar die Unterdrücker behaupten es. Aber nur wenige sind wirklich frei. Und nur wenige haben ein so großes Verlangen nach Freiheit, dass sie dafür unter Einsatz ihres Lebens kämpfen, ihre Gesundheit gefährden, gefürchteten Autoritäten widersprechen, Zivilcourage zeigen oder Nachteile – bei der Karriere, der

Versorgung mit Gütern, dem Zugang zur Bildung – in Kauf nehmen.

Freiheit hat etwas mit Würde zu tun, mit Charakter, mit aufrechtem Gang. Wer schon von Kindheit an zur gebeugten Haltung erzogen wurde, zum Gehorsam, Duckmäusertum und zur Angst vor jeglicher Macht und Autorität, wem von Kindheit an von Eltern, Lehrer*innen, Funktionär*innen, Geistlichen und den Medien eingebläut, ja eingeprügelt wurde, die Teilung der Menschen in Herren und Knechte sei gut, vernünftig, gottgewollt und unveränderlich, der wird sich mit hoher Wahrscheinlichkeit in sein Schicksal fügen und sein Leben als Knecht führen und beenden. Warum sollte er aufbegehren? Was sollte einer, der die Freiheit nie gelernt und nie geschmeckt hat, mit der Freiheit anfangen?

Und doch gibt es unter hundert Knechten, manchmal auch nur unter tausend oder zehntausend, zuverlässig den einen, der irgendwann anfängt zu fragen, ob die Herr-Knecht-Ordnung so natürlich oder gar gottgewollt sei, wie sie sich darstellt. Zuerst fragt er sich das meist nur im Geheimen, in seinen Gedanken, dann spricht er die Frage im Kreis von Freunden oder der Familie aus und macht die Erfahrung: Er ist mit seinen Gedanken nicht allein. Andere zweifeln ebenfalls. Meistens bleibt es dabei.

Manchmal aber entwickelt sich daraus Rebellion. Und manchmal entsteht daraus eine Revolution, welche die alte Ordnung umstürzt und eine neue, gerechtere Ordnung etabliert. Dann erklimmt die Gesellschaft, in der das passiert, eine höhere Stufe der Zivilisation.

Wann aber und unter welchen Bedingungen kommt es dazu, dass aus freien Gedanken freie Worte und daraus Taten werden, die in gemeinsame und organisierte Handlungen münden? Und die dann den Umsturz herbeiführen? Das herauszufinden wäre ein interessantes Forschungsprojekt, denn es gibt darauf noch keine allgemeingültige Antwort. Vielleicht wird es sie auch nie geben, denn die Entfaltung freier Gedanken in einem geknechteten Hirn ist etwas sehr Individuelles, wahrscheinlich oft von äußeren Zufällen Gesteuertes, sodass ein Freiheitskämpfer rückblickend beispielsweise sagt:

»Ich kann nicht genau angeben, wann ich politisiert wurde, wann ich wusste, dass ich mein Leben völlig dem Freiheitskampf verschreiben würde (…) Ich hatte keine Erleuchtung, keine einzigartige Offenbarung, keinen Augenblick der Wahrheit; es war eine ständige Anhäufung von tausend verschiedenen Dingen, tausend Kränkungen, tausend unerinnerten Momenten, die Wut in mir erzeugten, rebellische Haltung, das Verlangen, das System zu bekämpfen, das mein Volk einkerkerte. Da war kein bestimmter Tag, an dem ich mir sagte, von nun an will ich mich der Befreiung meines Volkes widmen, sondern statt dessen tat ich es einfach, weil ich nicht anders konnte.«

Der Mann, der das sagte, ist einer der größten Freiheitskämpfer der Welt, ein Popstar, ein Mythos schon zu Lebzeiten, beliebt, verehrt und berühmt wie sonst vielleicht nur noch der Papst und der Dalai Lama: Nelson Mandela, der Befreier Südafrikas. Siebenundzwanzig Jahre hat er in Gefängnissen verbracht. Siebenundzwanzig Jahre hat er dort seinen Traum von der Befreiung der Schwarzen von weißer Vorherrschaft geträumt. Siebenundzwanzig Jahre hat er vom Gefängnis aus, scheinbar untätig, wesentlich zur Befreiung Südafrikas beigetragen. Und dann ist sein Traum in Erfüllung gegangen.

Wann er ihn zum ersten Mal geträumt hat? Eben das konnte er später nicht mehr sagen. Und doch lässt sich aus seiner Biografie ein Ereignis benennen, in dem erstmals aufscheint, dass Nelson Mandela ein Mensch ist, dessen Drang nach Freiheit, Würde und Selbstbestimmung größer ist als seine Bereitschaft, sich mit der Wirklichkeit, wie sie nun mal ist, abzufinden.

Es ist ein Ereignis, ein Schicksal, das vor ihm schon Millionen, ja Milliarden anderen jungen Männern und Frauen widerfahren ist und heute noch immer widerfährt, ein Schicksal, dem die meisten sich gefügt haben und immer noch fügen. Für die wenigen, die dagegen rebellierten und rebellieren, war, ist und kann es oft der Ausgangspunkt einer Lebenswende mit weitreichenden Folgen sein: An einem Morgen des Jahres 1940 – Nelson Mandela ist 22 Jahre alt und studiert in einem Missions-College in Fort-Hare in der östlichen Kapprovinz – wird er zu seinem Vormund gerufen. Der hatte gemäß der in seinem Volk herrschenden Tradition eine Braut für ihn ausgesucht.

Mandela hatte im Alter von neun Jahren seinen Vater verloren. Seine Mutter konnte nicht mehr angemessen für ihn sorgen, daher gab sie ihn zu Jongintaba, dem Regenten der Xhosa, der zur Annahme der Vormundschaft politisch verpflichtet war.

Im Haus des Regenten wächst er mit dessen leiblichem Sohn Justice heran. Es geht ihm gut dort, beide Söhne werden gleich behandelt und es entwickelt sich ein brüderliches Verhältnis unter ihnen. Gemeinsam studieren sie in Fort-Hare und gemeinsam trifft sie nun das für sie bestimmte Schicksal: die Zwangsverheiratung. Der Brautpreis war schon bezahlt, die Sache festgezurrt und nicht mehr rückgängig zu machen.

Und da passiert es. Sie riskieren um ihrer Freiheit willen den Bruch mit ihrer Tradition, ihrer Familie, ihrer Herkunft und mit all den Menschen, die ihnen lieb und teuer sind. Sie verlassen den für sie vorgezeichneten Weg, brechen aus, hauen ab, denken nicht lange darüber nach. Sie verhandeln auch nicht mit dem Regenten, weil sie wissen, dass es zwecklos ist. Es ist ihnen klar, dass dieser Bruch mit der Tradition auch den Bruch mit dem Regenten bedeutet und damit verbunden auch dessen Einstellung der Zahlungen, den Verlust aller Sicherheit. Jetzt müssen sie selber für sich sorgen. Das nehmen sie in Kauf. Das ist der Preis für ihre Selbstbestimmung. Kein geringer Preis, denn es wird nicht einfach für die beiden.

Sie wollen nach Johannesburg. Heimlich verkaufen sie zwei Ochsen des Regenten, um zu Geld zu kommen. Dann müssen sie sich noch einige Lügen und Tricks einfallen lassen, denn ein Schwarzer Afrikaner darf seinen Bezirk nicht ohne Genehmigung des Arbeitgebers oder des Vormunds verlassen. In Johannesburg suchen sie voller Optimismus ihre Zukunft. Dort wollen sie ihr Glück machen.

Zunächst scheint das ganz leicht zu gehen. In den Crown Mines, der größten Goldmine der Welt, suchen sie sich einen Job. Dort arbeitet Piliso, ein Bekannter von ihnen, als Aufseher. Von ihrer Flucht vor der Zwangsheirat erzählen sie ihm nichts. Stattdessen tischen sie ihm Lügengeschichten auf, die er ihnen glaubt. Er verschafft Justice einen guten, sauberen Bürojob, und Nelson wird Minenpolizist, was ihm gut gefällt. Mit Stiefeln und Helm, Trillerpfeife und Schlagstock ausgerüstet, steht er gut gelaunt vor dem Eingang zum Minengelände und kontrolliert die Ausweise all jener, die kommen oder gehen. Neben ihm ein Schild: Achtung! Hier Zutritt für Eingeborene!

Piliso lädt die jungen Männer freundlich ein, bei ihm zu wohnen. Dadurch bleibt es ihnen erspart, mit ein paar Hundert anderen in einer der deprimierenden Baracken für Wanderarbeiter zu schlafen. Sie verdienen nicht viel, aber haben nun doch mehr Geld als jemals zuvor. Und es ist eigenes, selbst verdientes Geld. Sie kommen sich großartig vor. Den Regenten haben sie schon vergessen.

Aber er nicht sie. Er hat herausgefunden, wo sie stecken, und an Piliso telegrafiert: »Die Jungen sofort nach Hause schicken!« Wutschnaubend hält Piliso ihnen das Telegramm unter die Nase. Sie haben ihn belogen, seine Gastlichkeit und sein Vertrauen missbraucht. Er schmeißt sie raus.

Nun erst wird es schwierig mit der Freiheit. Was tun ohne Job und ohne Geld? Worauf man sich in Afrika immer verlassen kann, ist die Verwandtschaft, der Clan, der Stamm. Der hält zusammen. Nelson treibt einen Vetter auf, Garlick Mbekeni. Bei dem kann er erst mal wohnen. Mbekeni verschafft ihm auch einen Job bei einem Immobilienhändler, dem Nelson erzählt, er wolle sein unterbrochenes Jurastudium fortsetzen und Rechtsanwalt werden. Der Immobilienhändler hilft ihm und verschafft ihm ein Praktikum bei Witkin, Sidelsky und Eidelmann, einer jüdischen Anwaltskanzlei.

Wieder hat Nelson Glück, denn dass eine weiße Kanzlei einen Schwarzen im Büro beschäftigt, ist in Südafrika eine große Ausnahme. Und Nelson wird gut behandelt in dieser Kanzlei. Er verdient zwar nur zwei Pfund im Monat, aber er muss froh sein, dass er davon kein Lehrgeld zahlen muss, das man ihm eigentlich abverlangen könnte. Und einer der Anwälte, Sidelsky, nimmt sich viel Zeit, um Mandela alle Aufgaben genau zu erklären, leiht ihm Geld für die Universitätsgebühren und schenkt ihm einen alten Anzug, den Nelson jahrelang tragen wird.

Vielleicht liegt es an seinem relativen Glück, dass sich in Nelson noch immer kein Geist der Auflehnung regt, denn eigentlich sind die Gründe für eine Rebellion nicht zu übersehen. Die Weißen wohnen in den guten Wohngebieten in komfortablen Häusern mit großen Gärten inmitten gepflegter Anlagen. Die Schwarzen wohnen nahe bei den Minen und Kläranlagen in kleinen Häusern ohne Sanitäranlagen und ohne Strom.

Weiße haben die verantwortungsvollen gut bezahlten Jobs, Schwarze kehren die Bürgersteige, chauffieren ihre Chefs, erledigen die Handlanger- und Botendienste oder dienen in den Häusern der Weißen als Putzfrau, Nanny, Koch, Gärtner oder Butler. Weiße sind gut gekleidet, Schwarze ärmlich. Und überall in der City hängen vor den Cafés, Restaurants, Hotels und Ämtern Schilder mit der Aufschrift »Nur für Weiße«.

Es ist alles tatsächlich so in Südafrika, wie es Nelson Jahre zuvor schon einmal gehört hat, aber nicht hören wollte. Es war auf dem Fest, bei dem er und die anderen Jungen seines Alters beschnitten wurden. Er war gerade sechzehn und wollte ausgelassen feiern, als ein alter Häuptling eine Rede hielt und damit die Stimmung killte: »Dort sitzen unsere Söhne, jung, gesund und stattlich, die Blüte des Xhosa-Stammes, der Stolz unserer Nation. Wir haben sie gerade beschnitten in einem Ritual, das Mannbarkeit verheißt, aber ich bin hier, um euch zu sagen, daß das eine leere, illusorische Verheißung ist (...) Denn wir Xhosas und alle schwarzen Südafrikaner sind (...) Sklaven in unserem eigenen Land, Pächter auf unserer eigenen Erde. Wir haben keine Kraft, keine Macht, keine Kontrolle über unser eigenes Geschick im Land unserer Geburt. Für den Rest ihres Lebens werden sich diese jungen Männer die Lunge raushusten tief in den Eingeweiden der Minen des weißen Mannes, ihre Gesundheit zerstörend, niemals die Sonne sehend, damit der weiße Mann ein Leben in einzigartigem Wohlstand führen kann. Sie werden in große Städte ziehen, wo sie in Verschlägen hausen und billigen Alkohol trinken werden, und all dies, weil wir kein Land haben, das wir ihnen geben könnten, damit sie darauf gedeihen und sich vermehren.«

Später, viel später wird sich Nelson erinnern, dass er diese Anklagen nicht hören wollte und gedacht hatte: Haben die Weißen nicht auch viele gute Dinge ins Land gebracht? Sind sie nicht Wohltäter, die Schulen einrichten und große Fabriken bauen, in denen die Menschen Arbeit finden?

Diesen Wesenszug, den weißen Unterdrücker nicht zu hassen, ihm trotz seiner unleugbaren Fehler immer gerecht werden zu wollen, wird Nelson beibehalten und ihn auch später nicht ablegen, als er aktiv für die Freiheit der Schwarzen kämpft. Dieser Wesenszug wird es sein, der ihn später geradezu vorbestimmt, das befreite Südafrika zu regieren und zu einem Land zu machen, in dem die Menschen aller Hautfarben friedlich zusammenleben, auch mit den Weißen, den ehemaligen Unterdrückern.

Andere seiner Generation sind wesentlich ungeduldiger mit den Verhältnissen und gegenüber den Weißen zumindest in Gedanken wesentlich aggressiver. In der Anwaltskanzlei von Sidelsky hat Nelson einen Kollegen, der seinen Chef eines Tages anfährt: »Hören Sie, Sie sitzen da wie ein Lord, während mein Häuptling Botengänge für Sie erledigt. Die Situation sollte genau umgekehrt sein, und eines Tages wird sie das auch, und wir werden euch alle ins Meer werfen.« Nelson ist dieser Zwischenfall unangenehm. Wie lange noch?

Nelsons Bewusstsein beginnt sich zu ändern, als es 1946 zu einem der größten Streiks in der südafrikanischen Geschichte kommt. Zu jener Zeit schuften 400 000 Afrikaner für zwei Shilling pro Tag in den Minen. Die Gewerkschaft kämpft für einen Mindestlohn von zehn Shilling pro Tag, für Familienunterkünfte, einen zweiwöchigen bezahlten Urlaub und bessere Verpflegung. Doch die Minengesellschaften kommen ihnen keinen Fingerbreit entgegen. Daraufhin legen 70 000 Beschäftigte für eine Woche die Arbeit nieder. Vergeblich. Jetzt greift der Staat ein. Polizisten drängen die Arbeiter mit Bajonetten in die Schächte zurück und töten dabei neun von ihnen. Die Polizei umstellt die Unterkünfte der Arbeiter und durchsucht die Büros der Gewerkschaft. Alle Streikführer landen im Gefängnis, der Streik bricht zusammen und die Regierung zerschlägt auch noch die Gewerkschaft.

Jetzt ist Nelson empört, bestürzt und tief bewegt. Er besucht die Streikenden in den Minen und führt Gespräche mit Gewerkschaftern.

Dann wird er auf die indische Volksgruppe in Südafrika aufmerksam. Auch sie begehren auf. Seit 1869 kam sie ins Land auf der Suche nach Arbeit. Wer kam, musste sich damals für drei Jahre verpflichten. Danach konnten sie entscheiden, ob sie in ihre Heimat zurückkehren wollten oder nicht. Viele von ihnen blieben, machten sich als Kleinbauern oder Händler selbstständig, erhielten in Natal sogar Bürgerrechte. Außerhalb Natals jedoch galten sie als Nicht-Weiße und waren daher genauso rechtlos wie die Schwarzen.

Im Jahr 1946, dem Jahr des Streiks der Minenarbeiter, erließ die Regierung ein Gesetz, das die eingeschränkten Rechte der indischstämmigen Beschäftigten noch weiter beschnitt. Sie durften jetzt nur noch in bestimmten, ihnen zugewiesenen Gebieten leben und Handel treiben, und der Erwerb von Grundbesitz wurde erschwert.

Das ließen sie sich nicht gefallen. Für Nelson interessant war, wie sie sich widersetzten, nämlich nach den Plänen eines jungen Rechtsanwalts namens Mahatma Gandhi. »Gewaltfreier Widerstand« lautete dessen Parole in Indien wie in Südafrika.

In Südafrika sah dieser gewaltfreie Widerstand so aus, dass die Indischstämmigen zwei Jahre lang das Land besetzten, das ihnen die Regierung genommen hatte. Sie hielten verbotene Versammlungen ab, und wenn die Polizei kam, ließen sie sich einsperren, massenhaft. Die Anführer wurden mit monatelanger Zwangsarbeit bestraft. Wenn sie wieder zurückkamen aus ihren Arbeitslagern, machten sie genau dort weiter, wo sie vor ihrer Bestrafung hatten aufhören müssen.

Nelson Mandela war tief davon beeindruckt, wie indische Hausfrauen, Anwälte, Studenten, Ärzte, Priester, Händler und Arbeiter aus Protest ins Gefängnis gingen, denn es »erinnerte uns daran, daß der Freiheitskampf nicht nur darin bestehen konnte, auf Versammlungen Reden zu halten, Resolutionen zu verabschieden und Abordnungen zu entsenden. Entscheidend waren vielmehr präzise Organisation, militante Massenaktion und vor allem die Bereitschaft, Leiden und Opfer auf sich zu nehmen.«

In Indien führte diese Art von Widerstand 1947 zum Erfolg. Indien wurde unabhängig. Und Indien wurde das erste Land der Welt, das gleich nach seiner Unabhängigkeit, lange vor allen anderen demokratischen Ländern, wegen der südafrikanischen Rassenpolitik Sanktionen gegen die dortige Regierung verhängte.

Eigentlich hätte es nun auch in Südafrika besser werden

müssen, denn damals, nach dem Zweiten Weltkrieg, standen die Zeichen auf Entkolonialisierung. Eine Kolonie nach der anderen wurde in die Unabhängigkeit entlassen, teils in friedlicher Übereinkunft mit den Kolonialmächten, teils erst nach Rebellionen und kriegerischen Auseinandersetzungen. Wo die weiße Vorherrschaft nicht schon vor dem Krieg beendet war, endete sie jetzt in den Jahren zwischen 1947 und 1967.

Nur in Südafrika liefen die Uhren rückwärts. Statt besser wurde es schlimmer. Das hatte mehrere Ursachen. Eine davon ist in der Geschichte dieses Landes zu suchen. Seine Besiedlung durch Weiße begann 1652 mit der Gründung von Kapstadt als Proviantstadt auf dem Seeweg nach Ostindien.

Bei den Einwanderern handelte es sich überwiegend um Holländer, Deutsche und Hugenotten. Aus ihnen entwickelten sich später die Buren, die sich immer weiter ins Landesinnere ausbreiteten und sich kriegerische Konflikte mit den dort ansässigen Nomaden, Ackerbauern und Rinderzüchtern lieferten. Ab 1779 bekamen es die Buren mit den Xhosa zu tun, einem kriegerischen Volk, das sich lange und ausdauernd gegen die weißen Eroberer wehrte, am Ende vergeblich. Es ist das Volk, dem auch Nelson Mandela entstammt.

Später kamen die Briten und besetzten die holländische Kapkolonie. Viele Buren wanderten aus und gründeten neue Republiken wie Natal, den Oranje-Freistaat und Transvaal. Die Briten versuchten, auch diese Länder unter ihre Kontrolle zu bringen, mit wechselndem Erfolg, bis zwischen 1869 und 1871 riesige Gold- und Diamantenvorkommen entdeckt wurden. Nun kämpfte das britische Empire mit seiner ganzen Macht um die Vorherrschaft am Kap. Es kam zum Burenkrieg, den die Buren verloren. Der südliche Zipfel Afrikas wurde britisch.

Im Friedensvertrag mit den Buren wurde diesen von den Briten das Recht auf Selbstverwaltung eingeräumt. Daraus entstand dann 1910 jenes merkwürdige Gebilde namens »Union of South Africa«. Das war einerseits eine britische Kolonie, andererseits ein sich selbst regierender Staat innerhalb des britischen Empire, bewohnt und regiert von Briten und Buren, die zwei konkurrierende politische Parteien gründeten:

Die englandfreundliche South African Party (SAP) und die englandkritische, von den Buren getragene National Party (NP). Diese versuchte, den britischen Einfluss in Politik, Wirtschaft und Kultur zurückzudrängen. Sie forderte die »nationale Befreiung« des »weißen Afrikanertums«. Bei aller Gegensätzlichkeit waren sie sich aber in einem Punkt einig: Sie, die weiße Minderheit allein, sei zur Führung des Landes berechtigt. Die Schwarze Mehrheit habe zu gehorchen und billig zu arbeiten.

Und so wurde schon drei Jahre nach Staatsgründung jenes Gesetz verabschiedet, das man als Grundstein der späteren Rassentrennungspolitik (Apartheid) betrachten kann: Durch den Native Lands Act wurde es Schwarzen untersagt, Land zu erwerben, außer in eigens dafür ausgewiesenen Stammesgebieten. Alle südafrikanischen Regierungen haben seitdem das Ziel verfolgt, dem »Kaffer« seinen Platz zuzuweisen, nämlich ganz unten.

Natürlich hatten die Schwarzen kein Wahlrecht. Das Land wurde aufgeteilt in weiße Wohngebiete, in denen Schwarze kein Wohnrecht hatten, und in den Rest für Schwarze. Mischehen wurden verboten. Die Welt nahm daran lange keinen Anstoß, denn so war das auch in den anderen Kolonien.

Erst mit dem Beginn der Entkolonisierung wurde diese Praxis fragwürdig. Darum begannen die weißen Herren in Südafrika nun mit brutaler Härte, ihren Machtanspruch zu zementieren. Das Mittel dazu war die Apartheid, eine Verschärfung der seit Jahrzehnten bestehenden Diskriminierung der Schwarzen.

Sie begann mit dem Wahlsieg der burischen National Party 1948. Nun wurden sämtliche Bewohner Südafrikas vier »Rassen« zugeordnet. Man war entweder Weißer, Schwarzer, Asiate (Inder) oder »Farbiger«. Zu Letzteren rechnete man alle diejenigen, die den drei anderen Gruppen nicht angehörten.

Gemäß dieser Einteilung wurde nun das Leben dieser vier Gruppen mit einer Fülle von Gesetzen und Verordnungen entflochten, bis hin zur Reservierung von Parkbänken, Stränden, Eingängen in Geschäften und Ämtern für die einzelnen »Rassen«. Die Menschen wurden nach ihrer Hautfarbe getrennt in öffentlichen Einrichtungen, Hotels, Restaurants, Kinos, Theatern, Bussen, Straßenbahnen, Flughäfen, ja sogar auf Friedhöfen. Es war nun »ein Verbrechen, durch eine ›Nur-für-Weiße-Tür‹ zu gehen, ein Verbrechen, in einem ›Nur-für-Weiße-Bus‹ zu fahren (…) ein Verbrechen, kein Paßbuch bei sich zu haben, ein Verbrechen, in dem Buch die falsche Unterschrift zu haben (…) ein Verbrechen, nicht den richtigen Arbeitsplatz zu haben, ein Verbrechen, an bestimmten Orten zu leben, und ein Verbrechen, keinen Platz zum Leben zu haben«, sagt Mandela über diese Zeit.

Mithilfe von Passgesetzen versuchte der Staat, die Kontrolle über die Wanderbewegungen zwischen Stadt und Land zu gewinnen und die Schwarzen von den Städten fernzuhalten. Die Reservierung von Facharbeiterstellen für Weiße schmälerte die Aufstiegschancen aller anderen und beeinträchtigte die gesellschaftliche Mobilität. Rassentrennung bedeutete darum keineswegs nur die geografisch-räumliche Trennung. Sie zielte auch auf eine soziale Blockade für Schwarze und war insgesamt ein System, das die Privilegien für Weiße sichern sollte. Vier Millionen Weiße unterdrückten fünfzehn Millionen Schwarze, beuteten sie aus, sperrten sie ein, beraubten sie ihrer Rechte.

Auch die Schulen wurden getrennt. Die staatlichen Ausgaben für Schwarze Schulen betrugen nur einen Bruchteil der Ausgaben für weiße Schulen. Viele Lehrer*innen, die Schwarze Kinder unterrichteten, waren selbst kaum über einen Grundschulabschluss hinausgekommen und versuchten ihre fehlende Kompetenz auszugleichen, indem sie in den überfüllten Klassenräumen durch Prügel Disziplin herzustellen suchten. Die Schwarzen sollten dauerhaft von Bildung und sozialem Aufstieg ausgeschlossen werden.

Aber nicht alles hatten die weißen Herrenmenschen unter Kontrolle. Es gab auch kirchliche Schulen, Missionsschulen verschiedener christlicher Glaubensgemeinschaften. Manche von ihnen, wie etwa die calvinistische »Niederländische Reformierte Kirche«, trugen die Rassenpolitik mit, rechtfertigten sie sogar und unterstützten sie nach Kräften. Aber es gab auch andere, vor allem britisch-anglikanische und methodistische Kirchen, die zwar letztlich auch rassistisch waren. Sie erkannten aber in den Schwarzen Geschöpfe Gottes, die ebenfalls gottgeliebt sind und darum über Würde verfügen. Auf Schulen dieser Kirchen wurden die Schwarzen anders behandelt und besser ausgebildet. Allerdings nahmen sie Schulgeld, sodass meist nur eine kleine, schmale Oberschicht der wohlhabenderen Schwarzen ihre Kinder auf solche Schulen schicken konnte. Aus den Absolventen dieser Schulen rekrutierten sich später die schwarzen Oppositionellen und Kämpfer gegen die Apartheid.

Nelson Mandela hatte das Glück, auf eine solch teure Schule der Methodisten geschickt zu werden. Das Internat Clarkebury, 1825 von Methodisten gegründet, dient gleichzeitig als höhere Schule, als Lehrerseminar und als Ausbildungsstätte für verschiedene Handwerksberufe. Schuldirektor Reverend C. Harris ist der erste Weiße, dem Nelson Mandela die Hand schüttelt und über den sein Vormund, der Regent Jongintaba gesagt hatte, er sei ein großartiger Mensch, ein Mann, der die Schwarzen liebe.

Dort, in Clarkebury, erhält Mandela seinen Vornamen Nelson. Eigentlich hört er auf den Xhosa-Namen Rolihlahla, dem eine hohe voraussagende Kraft innewohnt, denn Rolihlahla heißt Unruhestifter, und genau das sollte aus Nelson Mandela werden. Aber die Lehrer*innen in den Missionsschulen können die afrikanischen Namen nur schwer aussprechen, darum erhalten die Schüler von ihnen englische Namen. So wird aus Rolihlahla Nelson – was auch nicht schlecht war, denn Mandela wird zu einer Art Lord Nelson der Schwarzen.

In Clarkebury unterrichten vorzüglich ausgebildete Schwarze Lehrer*innen. Nelson bewundert sie, begreift aber auch, dass ein Schwarzer immer unter einem Weißen steht, egal wie gebildet er ist. Das ändert sich auch nicht, als Nelson in ein College nach Healdtown wechselt, ebenfalls eine Einrichtung der Methodistischen Kirche und die größte afrikanische Oberschule südlich des Äquators.

Das Ziel der meisten Schwarzen Studenten in Healdtown ist es, black Englishmen zu werden. Die Überlegenheit der weißen Kultur, allen voran der englischen, ist ihnen seit Beginn ihrer Schulzeit eingeimpft worden und wird nicht infrage gestellt. Black Englishmen können als Beamte in der Kolonialverwaltung gut dienen und eingesetzt werden, da sie besser bezahlte und angenehmere Arbeiten verrichten als die normalen Schwarzen. Dabei sind sie ihren Oberen ergeben, loyal und hoffen demütig darauf, von den Weißen als kultiviert und zivilisiert anerkannt zu werden.

Im Jahr 1943, Nelson ist 25 Jahre alt, erkennt er beschämt, dass er auf dem besten Weg ist, so ein black Englishman zu werden. Auslöser ist ein Vortrag des charismatischen Anton Lembede, einem der großen afrikanischen Führer des Jahrhunderts. Er hämmert seinen Zuhörern ein: weg mit den Minderwertigkeitskomplexen der Schwarzen, »die Farbe meiner Haut ist schön, wie die schwarze Erde von Mutter Afrika«. Wer zweifelt etwa daran, dass Schwarze dasselbe Potenzial haben wie Weiße? Selbstvertrauen sei der Weg zur Selbstbestimmung.

Es gibt längst eine politische Kraft in Südafrika, die solche Ideen verbreitet, eine Kraft, die gegen die Apartheid und für Freiheit und Selbstbestimmung der Schwarzen kämpft: der

ANC, der African National Congress. Er war schon 1912 als gewaltfreie Bürgerrechtsorganisation gegründet worden, um für die Schwarze Bevölkerungsmehrheit die vollen Bürgerrechte durchzusetzen. Anfangs bestand der ANC vorwiegend aus Vertretern der Schwarzen Mittelschicht und opponierte friedfertig durch Boykotte, Streiks Petitionen und öffentliche Proteste. Erfolgreich war er damit jedoch nicht.

In den 40er-Jahren bemühte sich der damalige Vorsitzende, Alfred B. Xuma, um jüngere, engagierte Mitglieder und konnte so auch Nelson Mandela gewinnen, dazu Oliver Tambo und Walter Sisulu, die bald schon alle drei führende Rollen im ANC übernehmen sollten. Die immer schärferen Gesetze der Regierung trieben dem ANC in den 40er- und 50er-Jahren scharenweise Mitglieder zu. So konnte er sich zur Massenorganisation und zum Träger und Organisator des Widerstandes gegen die Apartheid entwickeln.

Und mittendrin Nelson Mandela. Er ist jetzt Anwalt, verdient schon ganz gut, aber immer mehr seiner Zeit verbringt er jetzt mit der Arbeit für den ANC. Und je mehr er für den ANC arbeitet, desto mehr wird dessen Sache zu seiner eigenen.

Am 1. Mai 1950 streikt die Hälfte aller Minenarbeiter. Nelson besucht eine Protestkundgebung streikender Arbeiter und wird Zeuge eines brutalen Angriffs. Die berittene Polizei galoppiert ohne Warnung in die aufgebrachte Menge hinein und schlägt mit Stöcken um sich. Mandela und seine Freunde können gerade noch weglaufen, bevor die Polizei völlig unkontrolliert auf die Menschen schießt.

»Dieser Tag war ein Wendepunkt in meinem Leben, ich erlebte das brutale Vorgehen der Polizei aus erster Hand, und ich war beeindruckt von der Unterstützung des 1.-Mai-Aufrufs durch die afrikanischen Arbeiter«, schreibt Mandela später. 18 Schwarze werden getötet, viele schwer verletzt. Der Protest über das Verhalten der Polizei hat Folgen: Die Unterdrückung wird noch brutaler.

Ende Mai reagiert die Regierung mit einem neuen Gesetz. Darin wird alles als »Kommunismus« verboten, was darauf abzielt, »durch die Förderung von Unruhen oder Unordnung, durch unrechtmäßiges Handeln oder Unterlassungen oder durch die Androhung solcher Handlungen oder Unterlassungen, politische, industrielle, gesellschaftliche oder wirtschaftliche Veränderungen in der Union herbeizuführen«. Mit anderen Worten: Die Regierung kann jetzt alles verbieten, was ihr nicht passt.

Und Mandela sieht nun ein, was andere lange vor ihm verstanden haben: Es hat keinen Sinn, sich von anderen Gruppen zu distanzieren, solange die Regierung alle Freiheitsbewegungen gleichermaßen unterdrückt. Indische, kommunistische, nicht-weiße und schwarze Befreiung kann nur gemeinsam erreicht werden. Er hat nichts mehr dagegen, dass es Kommunisten im ANC gibt. Die Kommunisten behandeln die Schwarzen als Menschen mit gleichen Rechten und nehmen sie ernst. Sie verschanzen sich nicht hinter ihren Privilegien als Weiße und haben den Kampf gegen die Unterdrückung der »Rassen« zu ihrem eigenen gemacht.

Der ANC plant deshalb die erste gemeinsame Aktion mit den indischen Organisationen, den Kommunisten und der African People's Organization (APO), einem Zusammenschluss von Nichtweißen. Für den 26. Juni 1950 wird ein Tag des nationalen Protests ausgerufen: gegen die Ermordung von 18 Afrikanern am 1. Mai und gegen das Verbot der Kommunistischen Partei. Mandela betreut das ANC-Büro in Johannesburg und ist ohne Unterbrechung damit beschäftigt, diesen wichtigen Tag vorzubereiten. Das Ergebnis ist nicht umwerfend, aber es stärkt das Selbstbewusstsein: Die Mehrheit der Arbeiter bleibt zu Hause, 5000 Menschen demonstrieren. Bis heute wird der 26. Juni als Gedenktag der Freiheitsbewegung gefeiert.

Im Dezember 1951 verabschiedet der ANC eine Resolution, in der er die Regierung auffordert, die schlimmsten

Apartheidsgesetze aufzuheben. Sollte das nicht geschehen, so drohen der ANC, die indische Freiheitsbewegung und die Kommunistische Partei mit einer landesweiten Missachtungskampagne. Natürlich lehnt die Regierung ab.

Der ANC macht seine Drohung wahr. Nelson Mandela steht im Zentrum der Planungen und wirkt nun bereits wie ein nationaler Anführer, strahlt Zuversicht und Siegeswillen aus. Am 22. Juni 1952, dem »Day of Volunteers«, spricht er zum ersten Mal in seiner Laufbahn als einer der Hauptredner vor einer riesigen Menschenmenge. Über 10 000 Menschen jubeln ihm zu.

Und sie beteiligen sich an der Missachtungskampagne. Überall im Land übertreten kleine Gruppen von Freiwilligen die Apartheidsgesetze: Sie setzen sich in Eisenbahnabteile oder Wartezimmer, die für Weiße reserviert sind, benutzen für Weiße vorgesehene Eingänge zu Postämtern oder öffentliche Toiletten, gehen in die verbotenen Stadtviertel und übertreten die Sperrstunde. Jede Gruppe hat einen Anführer, der die örtliche Polizei vorab über die geplanten Aktionen informiert und dafür Sorge trägt, dass von den Freiwilligen keine Gewalt ausgeht, nicht einmal wenn die Polizei sie angreift. Singend lassen die Freiwilligen sich verhaften, aus den vergitterten Gefangenentransportern der Polizei tönt ihr hoffnungsvolles Rufen: »Mayibue Afrika!« – Lasst Afrika zurückkehren!

Auch Mandela wird verhaftet, zu den anderen in einen Transporter gepfercht und ins Gefängnis gebracht. Es ist das erste Mal, dass er im Gefängnis sitzt.

In den nächsten fünf Monaten wird die Missachtungskampagne in ganz Südafrika von 8500 Menschen unterstützt, quer durch alle Berufe. Die Mitgliederzahl des ANC steigt. Mit wachsendem Unmut registriert die Regierung den Protest der Allianz aus Schwarzen, Kommunisten und Indern. Aber statt daraus Konsequenzen zu ziehen und den Schwarzen entgegenzukommen, greift die Regierung zu einem anderen Mittel:

massive Einschüchterung, weitere Verschärfung der Gesetze, Eskalation. Der *Public Safety Act* und der *Criminal Laws Act* von 1953 ermächtigen die Regierung dazu, jederzeit das Kriegsrecht zu verkünden, Menschen ohne Prozess einzusperren und körperliche Strafen wie das Auspeitschen anzuwenden. Auf jegliche Form von Widerstand gegen das Regime steht eine Gefängnisstrafe von bis zu drei Jahren.

Ihre Macht kann die weiße Herrschaft damit noch für ein paar Jahrzehnte retten, aber damit sät sie nun vor allem eines: Zerstörung, Gewalt, Hass, tödlichen Hass, der den Untergang der Regierung überdauern und noch lange – bis zum heutigen Tag – die Realität in Südafrika bestimmen wird.

Damals, in den 50er-Jahren, wurden einige in die Resignation getrieben, andere in den bewaffneten Widerstand. Aber bei vielen mündete die anfängliche Fassungslosigkeit in selbstbewusste Hoffnung und Stärke, zum Beispiel bei Nelson Mandela, denn »jetzt hatte der weiße Mann die Kraft meiner Schläge zu spüren bekommen, und jetzt konnte ich aufrecht gehen wie ein Mann und jedem ins Auge blicken mit der Würde dessen, der sich der Unterdrückung und der Angst nicht ergeben hat«.

Nelson steigt in den nächsten Jahren immer höher in der Hierarchie des ANC, organisiert Widerstandsaktionen und verteidigt Schwarze Angeklagte vor Gericht. Noch öfter aber landet er selber vor Gericht und wird mal verurteilt, mal freigesprochen, schikaniert, misshandelt, bedroht. So geht das nun immer wieder, bis im März 1960 in Sharpeville unbewaffnete Demonstranten erschossen und in der Folge der ANC und andere Anti-Apartheid-Gruppen verboten werden.

Mandela und seine Mitstreiter im ANC erkennen, was das bedeutet: Der gewaltlose Widerstand wird vermutlich nie zum Ziel führen und ohne Gewalt geht es offenbar nicht im Kampf gegen dieses Regime, das leider auch von zahlreichen westlichen Staaten, besonders von den USA und England, aber auch von

Deutschland gestützt wird. Es herrscht Kalter Krieg zwischen zwei verfeindeten Systemen, dem von Russland dominierten kommunistischen Ostblock und den westlichen Demokratien unter Führung der USA. Dieser Krieg macht beide Parteien kurzsichtig. Sie handeln nach dem Motto: Gut ist, was dem Gegner schadet. Russland unterstützt daher den ANC, der Westen dagegen sieht zwangsläufig in der Regierung von Südafrika ein Bollwerk gegen den Kommunismus und im ANC eine kommunistisch gesteuerte, moskaufreundliche Truppe. Also stützt man die weißen Unterdrücker und nimmt billigend in Kauf, dass man damit die Apartheid stabilisiert.

In dieser Situation beschließen die Mitglieder des ANC, sich zu bewaffnen. Sie gründen eine Organisation namens Umkonto we Sizwe, was übersetzt so viel wie »Speer der Nation« bedeutet. Es ist Nelson Mandela, der die Leitung übernimmt und deshalb nun in den Untergrund geht. Er weiß, dass er ab jetzt in Lebensgefahr ist, denn gewaltsamer Widerstand gilt als Terrorismus und wird mit der Todesstrafe geahndet. Über diesen Entschluss sagt er: »Ich wußte, daß ich es tun mußte. Es würde ein gefährliches Leben sein, und es würde mich fernhalten von meiner Familie, doch wenn einem Menschen verweigert wird, das Leben zu leben, an das er glaubt, bleibt ihm keine andere Wahl, als ein Gesetzloser zu werden.«

Unter seiner Führung werden nun Sabotageakte geplant und realisiert. Stromleitungen und Umspannwerke werden gesprengt, Telefonleitungen gekappt, Kraftwerke ausgeschaltet, Transportwege unterbrochen, militärische Einrichtungen und Polizeistationen angegriffen. »Dieses Land muss unregierbar werden«, schreibt Nelson an den ANC-Führer Oliver Tambo. Die Saboteure hoffen, damit ausländische Investoren abzuschrecken, die trotz des Rassismus weiter in Scharen ins Land strömen und damit das System stabilisieren. Irgendwann, so hoffen Nelson und seine Mitstreiter, werde die Regierung mit ihnen verhandeln müssen.

Die aber denkt nicht daran, sucht fieberhaft nach den Tätern und ahndet nun sogar kleinste Sabotageakte mit der Todesstrafe. Nelson Mandela bleiben gerade einmal siebzehn Monate für seine Arbeit im Untergrund, dann wird er verraten – es ist bis heute nicht klar, von wem – und verhaftet. Das hätte eigentlich das Todesurteil bedeutet.

Aber zunächst hat er Glück. Weder die Regierung noch der Geheimdienst ahnen zu diesem Zeitpunkt etwas von seiner Rolle als Drahtzieher. Er wird nur angeklagt, ohne Pass das Land verlassen und zu Streiks aufgerufen zu haben, eigentlich Lappalien. Dennoch verhängt das Gericht fünf Jahre Haft.

Aber dann kommt es noch schlimmer. Das Versteck, von dem aus Nelson und seine Mitstreiter die Sabotageakte geplant hatten, fliegt auf, und mit ihm die Pläne, Namenslisten, Orte, Daten, alles, was für den Kampf im Untergrund von Belang war. Nun geht den Behörden auf, dass Mandela der Kopf dieses Kampfes war. Das hätte nun normalerweise den sicheren Tod bedeutet.

Zwei Dinge retten seinen Kopf: die plötzliche Aufmerksamkeit des Auslands und er selbst. In den 60er-Jahren interessierte sich erstmals die Weltöffentlichkeit für die Vorgänge in Südafrika. Die Sache kam vor die UNO, und deren Vollversammlung hatte Ende 1962 für Sanktionen gegen Südafrika gestimmt. Seitdem steht das Thema immer wieder auf der Tagesordnung, wenn sich hochrangige Politiker irgendwo treffen.

Unter dieser öffentlichen Aufmerksamkeit nutzte Mandela nun den Prozess in Rivonia gegen ihn als Bühne. Dort durfte er sich vor dem Gericht verteidigen. Seine vierstündige Verteidigungsrede ging in die Geschichte ein als eine der gelungensten, klarsichtigsten politischen Grundsatzerklärungen, die der Schwarze Befreiungskampf hervorgebracht hat. Mit dieser Rede machte sich der Angeklagte Nelson Mandela zum Ankläger gegen den Staat Südafrika.

Er gab die vom Gericht vorgebrachten Anklagepunkte zu,

aber: »Die Gewalt, zu der wir griffen, war kein Terrorismus. Die Gründungsmitglieder von Umkonto waren, wie ich, alle Mitglieder des Afrikanischen Nationalkongresses und standen in der Tradition des ANC, der für Gewaltlosigkeit und Verhandlungen zur Lösung politischer Konflikte eintrat. Wir glauben, daß Südafrika allen Menschen gehört, die darin leben, und nicht nur einer Gruppe, sei sie nun schwarz oder weiß. Wir wollten keinen Rassenkrieg, und wir versuchten ihn bis zur letzten Minute zu vermeiden. Jedoch: 50 Jahre des gewaltlosen Widerstandes gegen die Unterdrückung hätten den schwarzen Afrikanern nichts gebracht als immer schärfere Gesetze, so daß schon früh Stimmen laut wurden, die zum bewaffneten Kampf riefen. Doch über viele Jahre hinweg habe der ANC immer wieder dazu aufgerufen, friedliche Mittel einzusetzen. Erst, als alles andere gescheitert war, als uns alle Möglichkeiten des friedlichen Protestes verbaut waren, faßten wir den Beschluß, zu gewaltsamen Formen des politischen Kampfes überzugehen.«

Auch auf den Kommunismus kommt er zu sprechen. Er selbst sei niemals Kommunist gewesen, lehne ihn sogar ab, aber theoretische Differenzen zwischen denen, die gegen die Unterdrückung kämpfen, sind ein Luxus, den wir uns in diesem Stadium nicht erlauben können. Außerdem seien viele Jahrzehnte lang die Kommunisten die einzige politische Gruppe in Südafrika gewesen, die bereit war, »Afrikaner als Menschen und als ihresgleichen zu behandeln«.

Dann schildert Mandela die unwürdigen Lebensbedingungen der Schwarzen, ihre Armut, ihre Krankheiten, den Schmutz, die mangelnde hygienische Versorgung, das schlechte Schulsystem und die Wohngesetze. Und er kommt zu dem Urteil: »Die von den Afrikanern erfahrene Mißachtung ihrer Menschenwürde ist das direkte Ergebnis der Politik der weißen Vorherrschaft. Weiße Vorherrschaft setzt Schwarze Unterlegenheit voraus (...) Aufgrund dieser Einstellung neigen die Weißen dazu, Afrikaner als eine besondere Gattung Mensch zu betrachten. Sie sehen sie nicht als Menschen an, die ihre eigenen Familien zu versorgen haben; sie nehmen nicht zur Kenntnis, daß sie Gefühle haben – daß sie sich ebenso wie Weiße verlieben, daß sie ebenso wie die Weißen mit ihren Frauen und Kindern zusammenleben möchten; daß sie genug Geld verdienen möchten, um ihre Kinder anständig zu versorgen, zu ernähren, zu kleiden und zur Schule zu schicken (...) Afrikaner brauchen für ihre Arbeit einen Lohn, von dem sie leben können. Afrikaner wollen Arbeiten verrichten, zu denen sie fähig sind, und keine Arbeiten, zu denen sie die Regierung für fähig erklärt (...) Afrikaner möchten Teil der allgemeinen Bevölkerung und nicht gezwungen sein, in Gettos zu leben. Afrikanische Männer möchten mit ihren Frauen und Kindern dort zusammenleben, wo sie arbeiten, und nicht zu einem unnatürlichen Leben in Männerwohnheimen gezwungen werden (...) Afrikaner möchten auch nach elf Uhr abends noch ausgehen dürfen und nicht wie kleine Kinder auf ihren Zimmern bleiben müssen (...) Afrikaner möchten einen gerechten Anteil an ganz Südafrika; sie möchten Sicherheit und eine anerkannte Stellung in der Gesellschaft. Vor allem wollen wir gleiche politische Rechte, weil sich ohne diese an unserer Benachteiligung nichts ändern wird (...) Es ist nicht wahr, daß das Wahlrecht für alle zur Vorherrschaft einer Rasse führen wird. Unterschiedliche politische Rechte, die auf der Hautfarbe basieren, sind etwas völlig Künstliches, und wenn sie abgeschafft werden, so wird auch die Herrschaft einer Rasse über die andere verschwinden. Dafür kämpft der ANC. Das ist ein wahrhaft nationaler Kampf. Es ist der Kampf des afrikanischen Volkes, der aus eigenen Leiden und eigenen Erfahrungen hervorgegangen ist. Es ist ein Kampf für das Recht auf Leben.«

Mandela schweigt und legt die Papiere weg. Dann blickt er dem Richter in die Augen und spricht seinen Schlusssatz frei: »Ich habe mein Leben dem Kampf des afrikanischen Volkes geweiht. Ich habe gegen weiße Vorherrschaft und ich habe gegen schwarze Vorherrschaft gekämpft. Ich bin stets dem Ideal einer demokratischen und freien Gesellschaft gefolgt, in der alle Menschen friedlich und mit gleichen Möglichkeiten zusammenleben. Für dieses Ideal lebe und kämpfe ich. Aber wenn es sein muß, bin ich bereit, dafür zu sterben.«

Nelson Mandela hat gerade Geschichte geschrieben. Die Rede findet weltweit Beachtung und Anerkennung und die Welt reagiert.

Protestbriefe aus aller Welt erreichen die südafrikanische Regierung. Der UN-Sicherheitsrat fordert bei nur vier Stimmenthaltungen die südafrikanische Regierung dazu auf, den Rivonia-Prozess zu beenden und die Angeklagten zu begnadigen. Internationale Gewerkschaften zeigen Solidarität. Hafenarbeiter in der ganzen Welt weigern sich, Schiffe mit Ladungen aus Südafrika zu entladen. Der russische Präsident Leonid Breschnew bittet den damals regierenden Premierminister Hendrik Verwoerd in einem persönlichen Brief um Milde. Mitglieder des amerikanischen Kongresses protestieren, Angehörige des britischen Parlaments ziehen in einem Protestmarsch durch die Londoner City. Der amerikanische UN-Botschafter bemüht sich um Gnade für die Angeklagten, ebenso der britische Außenminister.

Das alles wirkt. Die Angeklagten werden nicht zum Tode verurteilt, sondern bekommen lebenslänglich. Nelson Mandela und seine Mitangeklagten verschwinden nun für mehr als ein Vierteljahrhundert im Gefängnis. Aber sie gehen erhobenen Hauptes, als Symbole für Freiheit und Gerechtigkeit, als Vertreter eines Volkes, das frei sein will und eben deshalb seine Häftlinge im Gefängnis nicht vergisst.

Das Leben im Gefängnis ist hart, darauf ausgerichtet, den Willen der Gefangenen zu brechen, sie zu demoralisieren und zu demütigen. An Nelson Mandela zerschellt diese Strategie. Er verliert niemals seine Würde. Er entwickelt auch nicht, wie es normal wäre, Hass gegen seine Peiniger, sondern bleibt innerlich ein freier Mensch, beweist die Wahrheit des Satzes von Friedrich Schiller: »Der Mensch ist frei, und wäre er in Ketten.«

Mandela erkennt in den Gefängnisaufsehern, die den Gefangenen das Leben zur Hölle machen, nicht den Feind, sondern den Mitmenschen. Und der ist, genau wie er selbst, ein Opfer des Systems, scheinbar mächtiger als er, mental jedoch unfreier als er. Daher begegnet er den Aufsehern höflich, ja freundlich, niemals die Hoffnung aufgebend, dass sie sich ändern können, denn, so schreibt er in seiner Biografie: »Niemand wird geboren, um einen anderen Menschen wegen seiner Hautfarbe, seiner Lebensgeschichte oder seiner Religion zu hassen. Menschen müssen zu hassen lernen, und wenn sie zu hassen lernen können, dann kann ihnen auch gelehrt werden zu lieben, denn Liebe empfindet das menschliche Herz viel natürlicher als ihr Gegenteil.«

Während er im Gefängnis sitzt, gehen draußen die Auseinandersetzungen weiter. Arbeiter*innen und Student*innen streiken und demonstrieren gemeinsam gegen das Regime. Von außen nimmt der Druck auf die weiße Herrschaft immer mehr zu. 1976 wird in Soweto bei Johannesburg eine Demonstration von Schüler*innen und Student*innen gewaltsam niedergeschlagen, etwa 250 Schwarze werden getötet. Das führt zu noch härteren Auseinandersetzungen und lässt die Mitgliederzahl des ANC trotz seines Verbots noch weiter ansteigen. Südafrika entwickelt sich nun endgültig zu einem Polizeistaat.

Die Entwicklung treibt auf bürgerkriegsähnliche Zustände zu. Die Regierung verliert trotz ihres brutalen Vorgehens immer mehr die Kontrolle und auch den Rückhalt im Ausland, das mit wachsendem Druck die Freilassung Nelson Mandelas und der übrigen politischen Gefangenen verlangt. Im Februar 1985 bietet die Regierung Mandela die Freilassung an unter der Bedingung, auf den bewaffneten Kampf zu verzichten.

Das lehnt er ab. »Ihr wollt nur Ruhe«, sagt er, »ich aber will Frieden.«

Aber das Regime bekommt keine Ruhe mehr, seine Zeit läuft ab. Endgültig zu Ende geht es mit der weißen Diktatur, als in Berlin die Mauer fällt und der Kommunismus zusammenbricht. Die kommunistische Gefahr ist damit aus der Welt, antikommunistische Bollwerke wie Südafrika braucht es nun nicht mehr. Aber nun ist auch dem letzten Amerikaner klar, dass vom ANC in Südafrika keinerlei Gefahr für den Weltfrieden ausgehen kann. Südafrika verliert damit auch den letzten noch vorhandenen Rückhalt in England und den USA und hält dem internationalen Druck nur noch wenige Monate stand.

Im Februar 1990 wird Nelson Mandela aus dem Gefängnis entlassen und das Verbot des ANC aufgehoben. Am Tag seiner Freilassung leitet Mandela in einer Rede vor 120 000 jubelnden Zuhörern im Stadion von Soweto öffentlich seine Politik der Versöhnung (reconciliation) ein, indem er »alle Menschen, die die Apartheid aufgegeben haben«, zur Mitarbeit an einem »nichtrassistischen, geeinten und demokratischen Südafrika mit allgemeinen, freien Wahlen und Stimmrecht für alle« einlud.

Nun kommt es erstmals zu echten Verhandlungen unter Gleichen – Schwarzen und Weißen – über die Zukunft Südafrikas. Freie und allgemeine Wahlen sind das Ziel. Ein friedliches Zusammenleben aller »Rassen«, auch der Weißen, wird angestrebt. Der Jubel der Schwarzen über diese Entwicklung war vergleichbar mit dem Jubel der Deutschen nach dem Fall der Mauer.

Und auch der den beiden Ereignissen folgende Katzenjammer war vergleichbar, denn der überschäumenden Freude folgte die ernüchternde Erkenntnis: Freiheit ist nicht dasselbe wie Ordnung, Wohlstand und Glück. Freiheit verleiht den Menschen zwar Würde und ist eine Voraussetzung für Ordnung,

Wohlstand und Glück. Aber diese müssen erst noch gemacht werden, und das ist mühsam, besonders für Menschen, die nie gelernt hatten, ihr Leben in Freiheit zu gestalten.

Der Verhandlungsprozess in Südafrika wurde daher immer wieder von blutigen Anschlägen einer nie gefassten »Dritten Kraft« überschattet und stand oft kurz vor dem Scheitern. All die jungen Menschen, die ohne jede Chance aufgewachsen sind, denen jede Bildung verwehrt wurde, was sollten sie tun? Wohin mit dem Hass, der sich in einem halben Jahrhundert Apartheid aufgestaut hatte? Wohin mit der Ungeduld und den enttäuschten Hoffnungen der Menschen, die sich nun ganz schnell eine spürbare Verbesserung aller Verhältnisse erwartet hatten?

Die zunehmende Gewalt im Land, die Ermordung von Chris Hani, dem Generalsekretär der Kommunistischen Partei (SACP), und die Unzufriedenheit der Schwarzen Bevölkerung wegen ausbleibender sozialer Reformen zwangen die Verhandlungspartner zu raschem Handeln: Sie einigten sich darauf, die ersten allgemeinen Wahlen schon im April 1994 abzuhalten.

Diese Wahlen waren für die Schwarze Bevölkerung so etwas wie ein Hochamt. Mit fast weihevoller Andacht schritten sie zu den Urnen. Die internationale Wahlkommission erklärte die Wahlen für »frei und fair«. Mandelas ANC verfehlte knapp die Zweidrittelmehrheit, die burische NP erhielt 20,4 Prozent, die streng antikommunistische Inkatha-Freiheitspartei IFP 10,5 Prozent. Am 2. Mai 1994 wurde Nelson Mandela Präsident der Südafrikanischen Union.

Wie versprochen, setzte Nelson Mandela den Schwerpunkt seiner Politik auf Aussöhnung und Einbindung aller Bevölkerungsgruppen. Erzbischof Desmond Tutu, Friedensnobelpreisträger und prominenter Apartheidgegner, fand das Symbol, mit dem sich alle Südafrikaner identifizieren konnten. Er nannte sie »das Regenbogen-Volk Gottes«.

Die Verbrechen der Vergangenheit wurden mithilfe der

»Wahrheits- und Versöhnungskommission« unter dem Vorsitz Desmond Tutus aufgearbeitet. Unter dem Motto »Vergeben, aber nicht Vergessen« sollten die Vergehen aller Parteien aufgedeckt, geständigen Tätern Amnestie gewährt und Opfern zumindest eine symbolische Entschädigung gezahlt werden. Bei der Kommission erfuhren viele Opfer der Apartheid zum ersten Mal etwas über den Verbleib und das Schicksal ihrer vermissten Angehörigen. Der dreijährige – oft schmerzhafte – Prozess scheint für viele Menschen eine reinigende Wirkung gehabt zu haben.

Die Aussöhnungspolitik Mandelas fiel auf fruchtbaren Boden. 70 Prozent der Bevölkerung bewerten die ethnische Vielfalt des Landes als positiv, wie aktuelle Umfragen zeigen. Freie Wahlen sind selbstverständlich geworden, aber zahlreiche Probleme sind bis heute ungelöst. Nach wie vor gibt es große soziale Unterschiede und Defizite bei der Bildung. Die Armut und Arbeitslosigkeit, insbesondere in den ehemaligen Schwarzen Townships, ist hoch. Südafrika gehört zu den Ländern mit der höchsten Kriminalitätsrate. Wohlhabende ziehen sich daher in abgesicherte Siedlungen zurück, weniger Wohlhabende leben gefährlicher. Der ehemalige »Rassen«konflikt ist einem Klassenkonflikt gewichen. Armut, Aids, Gewalt sind die größten Probleme der jungen Republik.

Und dennoch: Die Regierung bemüht sich, mittels sozialer Programme, Weiterbildungs- und Arbeitsbeschaffungsmaßnahmen den sozialen Konflikt abzuschwächen. Der von vielen erwartete politische und wirtschaftliche Niedergang ist ausgeblieben. Der Einsatz des Unruhestifters Rolihlahla Nelson Mandela trägt Früchte.

1999 hat sich Mandela aus dem offiziellen politischen Leben zurückgezogen, arbeitete jedoch noch als Anwalt für soziale und Menschenrechts-Organisationen. Seine Abschiedsrede am 29. März 1999 beendete er mit den Worten: »Der lange Weg geht weiter.«

Sein langer Weg endete am 5. Dezember 2013. Im Alter von 95 Jahren starb er im Kreis seiner Familie in seinem Haus in Johannesburg. Die ganze Welt hielt inne, als sich die Todesnachricht verbreitete. Die Menschen auf den Straßen in Südafrika weinten. Aber vor allem: Sie sangen und tanzten. Zehn Tage lang – von Mandelas Todestag bis zu seinem Begräbnis – waren die Straßen Johannesburgs erfüllt von den Gesängen und Tänzen der Trauernden. Sie beklagten nicht den Tod ihres Idols, sondern feierten sein Leben und das, was er für sie getan hatte.

Sein Begräbnis geriet zum Symbol seines Lebens aus Kampf, Konflikt, Triumph und Versöhnung. Dass er es in seinem hohen Alter und in der kurzen Spanne seines Lebens in Freiheit in Südafrika nicht mehr so richten konnte, wie er es sich eigentlich erträumt hatte, sein Land nach wie vor gespalten ist in arm und reich, und seine politischen Nachfolger Zwerge sind im Vergleich zu ihm, das wurde offenbar, als Jacob Zuma, der damals amtierende Präsident, zur Trauerfeier ins Soccer-City-Stadion von Johannesburg kam. Nur kurz brandete Beifall auf, dann setzten sich die Buhrufe durch, die während der gesamten Trauerfeier nicht aufhörten.

Das Volk ist enttäuscht von Mandelas Nachfolgern in der Regierungspartei ANC, die diesen Staat, dessen Fundament Nelson Mandela gelegt hatte, als Selbstbedienungsladen missbrauchen. Es wird neue Kämpfer brauchen, die im Geist Mandelas den korrupten Herrschern das Handwerk legen.

Aber selbst im Tod hatte Mandela auch noch die Kraft, Menschen friedlich zusammenzubringen, die eigentlich Gegner sind, sogar Feinde. Bei seiner Trauerfeier mussten sie einander die Hand geben: US-Präsident Barack Obama schüttelte dem kubanischen Präsidenten Raúl Castro die Hand, dem Bruder des Erzfeindes Fidel Castro. Der französische Präsident François Hollande reichte seinem innenpolitischen Gegner Nicolas Sarkozy die Hand.

Dass Obama hier war, ließ vergessen, wie hilfreich die CIA bei der Festnahme Mandelas einst gewesen ist und Mandela in den USA erst im Jahr 2008 von der Liste der internationalen Terroristen gestrichen wurde. Die Anwesenheit des britischen Premiers David Cameron ließ vergessen, dass die frühere britische Premierministerin Margaret Thatcher Mandelas ANC als »Terrororganisation« bezeichnet hatte. So beschämte Mandela noch im Tod die Gegner, mit denen er sich längst versöhnt hatte.

Die Botschaft Nelson Mandelas werde »weiterhin Freiheitskämpfer inspirieren und Völkern in der Verteidigung gerechter Anliegen und universeller Rechte Zuversicht geben«, sagte François Hollande. »Er überwand Rasse und Klasse in seinen persönlichen Taten, durch seine Wärme und durch seinen Willen, zuzuhören und sich in andere hineinzufühlen«, sagte der Erzbischof Emeritus Desmond Tutu.

Es wird lange dauern, bis es wieder einen Menschen geben wird wie Nelson Mandela.

Rosa Parks

Die Welt stand auf, als eine Frau sitzen blieb

* 1913 in Tuskegee, Alabama — Besuch der afroamerikanischen Montgomery Industrial School for Girls und der Booker T. Washington High School — 1932 Heirat mit Raymond Parks — 1943 ehrenamtliche Sekretärin bei NAACP (National Association for the Advancement of Colored People) — 1955 Verhaftung wegen zivilem Ungehorsam, Auslöser des Montgomery Busboykotts von Martin Luther King — 1999 Verleihung der Goldenen Ehrenmedaille des Kongresses durch den US-Präsidenten Bill Clinton — 2001 Eröffnung des *Rosa Parks Library and Museum* in Montgomery — † 2005 in Detroit, Michigan

Wer Großes erreichen will, muss Großes leisten. Wer sich nicht anstrengen will, wird meistens auch nicht viel erreichen im Leben. Kleine Ursache, kleine Wirkung. Große Ursache, große Wirkung. So lautet das Gesetz der Wirklichkeit.

Manchmal allerdings strengt sich einer fast übermenschlich an und erreicht dennoch nichts. Wiederum führt manchmal eine sehr kleine Ursache zu einer großen Wirkung. Auf das Gesetz der Wirklichkeit ist also nicht immer Verlass. Es hängt von der Gesamtkonstellation ab, wie viel Aufwand nötig ist, um große oder kleine oder gar keine Folgen zu erzielen.

Ist also die Gesamtkonstellation günstig, kann ein kleiner Funke einen Flächenbrand, ein kleines Ereignis eine Revolution herbeiführen. Ist die Konstellation ungünstig, hilft es auch nicht, ein Großfeuer anzuzünden. Es wird schnell wieder gelöscht.

So eine ungünstige Konstellation muss im Juni 1955 in Südafrika geherrscht haben. Dort haben sich am 25. und 26. Juni 3000 Weiße, Schwarze, Inder*innen und andere People of Color südlich von Johannesburg in Kliptown getroffen, um eine Freiheits-Charta zu verabschieden. Darin hieß es: »Wir, das Volk von Südafrika, erklären vor dem ganzen Land und vor aller Welt: daß Südafrika allen gehört, die darin leben, Schwarzen und Weißen, und daß wir die Autorität keiner Regierung anerkennen, die sich nicht auf den Willen des Volkes stützt (...) daß nur ein demokratischer Staat, der auf dem Volkswillen beruht, das unveräußerliche Recht jedes einzelnen unabhängig von Hautfarbe, Rasse, Geschlecht oder Überzeugung sichern kann (...).«

Die Charta forderte eine demokratische Regierung, das Wahlrecht für alle, die Möglichkeit für jeden Bürger, an der demokratischen Verwaltung des Landes mitzuwirken, die Gleichberechtigung in Schulen, vor Gerichten und allen staatlichen Einrichtungen, Gesetze zum Schutz gegen Rassismus und die Abschaffung der Apartheid.

Als sich die Menge am Ende der Veranstaltung gerade auflösen wollte, stürmte die Polizei das Podium, riss die Mikrofone an sich, hielt die Menschen fest und beschlagnahmte Papiere, Fotos, Akten und Flugblätter. Es sollte noch vier Jahrzehnte dauern, bis die in der Freiheitscharta formulierten Forderungen Realität wurden.

Ungefähr zur selben Zeit, nur wenige Monate später, muss circa 12000 Kilometer nordwestlich von Südafrika, in den USA, eine günstigere Konstellation geherrscht haben. Dort hatte es nur eines sehr kleinen Ereignisses bedurft, um eine historische Wende einzuleiten. Es war der 1. Dezember 1955, als sich die 42-jährige Schwarze Näherin Rosa Parks in Montgomery im US-Staat Alabama abends nach der Arbeit in den Bus gesetzt hatte, um heimzufahren. Sie ahnte nicht, dass diese Fahrt in die Geschichte eingehen würde.

In den USA, besonders in Südstaaten wie Alabama, herrschten damals ganz ähnliche Zustände wie in Südafrika. So gut wie alles gab es in doppelter Ausführung für Weiße und Nichtweiße: Schulen, Universitäten, Wohnviertel, Plätze in Restaurants und Warteräumen, Kinositzplätze, Toiletten und Waschbecken, Parkbänke, Trinkbrunnen, Bibliotheken, Supermärkte, Krankenhäuser, Umkleidekabinen in Geschäften, Schwimmbäder und Fahrstühle. Sogar auf den Bürgersteigen galt das Prinzip der Rassentrennung. Schwarze mussten beim Passieren den Weißen Platz machen und in manchen Städten sogar auf die Straße oder die andere Seite ausweichen. Ehen zwischen Schwarzen und Weißen waren verboten. Das gesamte öffentliche Leben spielte sich in getrennten Sphären ab. Schwarze und weiße Christen beteten zum selben Gott, aber in getrennten Kirchen. Zwar regierte kein Apartheidsregime wie in Südafrika, dennoch war der weiße Rassismus allgegenwärtig, zum Beispiel auch in den öffentlichen Verkehrsmitteln wie etwa in jenem Bus, in dem Rosa Parks immer nach der Arbeit heimfuhr.

In jedem Bus waren die ersten vier Reihen für Weiße reserviert. Kein Schwarzer durfte dort Platz nehmen, auch wenn dort kein Weißer saß und der Rest des Busses überfüllt war. Die Schwarzen mussten hinten sitzen, und wenn dort alles besetzt war, durften sie in die Mitte vorrücken. Diese mittleren Plätze waren aber wieder zu räumen, sobald ein Weißer den Bus betrat und Anspruch auf einen Mittelplatz erhob. Dann mussten die Nichtweißen aufstehen und hinten Stehplätze einnehmen.

So wurde den Schwarzen von Kindheit an und von morgens bis abends demonstriert, dass sie, die ehemaligen Sklaven, Menschen minderer Qualität sind. Und um diese alltägliche Demütigung auf die Spitze zu treiben, gab es noch eine kleine Zusatzregel: Zunächst mussten sie vorne einsteigen, um beim Fahrer ihre Fahrkarte zu lösen. Dann durften sie aber nicht an den Sitzplätzen der Weißen vorbei nach hinten gehen, sondern mussten wieder aussteigen, um den Bus durch die hintere Tür erneut zu betreten. Nicht selten soll es vorgekommen sein, dass ein Busfahrer dann die Türen zu früh schloss und die Schwarzen mit ihren soeben gelösten Fahrkarten einfach stehen ließ.

Rosa Parks saß an jenem 1. Dezember 1955 zunächst ordnungsgemäß im hinteren Teil des Busses. Aber dieser Teil war variabel. Er wurde vom Busfahrer je nach Bedarf mit einem Blechschild markiert. Als an der dritten Haltestelle mehrere Weiße einstiegen, hat der Busfahrer James Blake mit seinem wandernden Blechschild das Schwarzenabteil verkleinert, und plötzlich saß Rosa Parks in der Mitte. Daher forderte der Busfahrer die dort sitzenden Schwarzen auf, ihre Sitzplätze zu räumen. Drei Männer gehorchten und rückten nach hinten. Rosa Parks blieb sitzen.

Ob sie nicht aufstehen wolle, wurde sie nun vom Busfahrer gefragt. Nein, das werde sie nicht, hat sie geantwortet. Darauf sagte er: »Gut, wenn Sie nicht aufstehen, werde ich die Polizei rufen müssen und Sie festnehmen lassen.« Worauf sie sagte: »Das können Sie gerne tun.«

Und so kam die Polizei. Rosa Parks wurde verhaftet, erkennungsdienstlich behandelt – samt Fingerabdrücken und Verhaftungsfoto (Nummer 7053) – und vier Tage später wegen »ungebührlichen Verhaltens« und »Verstoßes gegen örtliche Verordnungen« zu einer Geldstrafe von 14 Dollar verurteilt. In ihrer 1992 veröffentlichten Autobiografie *My Story* trat Rosa Parks dem Mythos entgegen, sie sei damals nur deshalb nicht aufgestanden, weil sie nach einem langen Arbeitsalltag zu müde gewesen sei: »Aber das ist nicht wahr. Ich war nicht physisch müde, jedenfalls nicht mehr als gewöhnlich nach dem Ende eines Arbeitstages. Ich war auch nicht alt, obwohl manche von mir die Vorstellung haben, ich sei damals alt gewesen. Ich war 42. Nein, das einzige, dessen ich müde war, war nachzugeben.«

Dieser kleine private Widerstands-Akt einer einzelnen Frau hatte nun aber weitreichende Folgen. Ihre Geschichte sprach sich herum in der 120000-Einwohnerstadt Montgomery, in der 40 Prozent Schwarze lebten. Unter diesen knapp 50000 Schwarzen herrschte schon seit Längerem eine Stimmung, die sich mit der Stimmung von Rosa Parks deckte. Nicht nur sie, auch viele andere waren es müde, den alltäglichen Schikanen und Demütigungen nachzugeben.

Rosa Parks war auch nicht die Erste und Einzige, die im Bus sitzen blieb. Schon 50 Jahre zuvor hatte es in Montgomery einen Busboykott gegeben, der prompt zur Lockerung einiger Verbote geführt hatte. In Baton Rouge war zwei Jahre zuvor ein Busboykott bedingt erfolgreich. Und in Montgomery hatten sich in den letzten zehn Monaten schon drei andere Schwarze gegen die Sitzordnung in den Bussen aufgelehnt und wurden ins Gefängnis gesteckt, darunter eine fünfzehnjährige Schülerin. Schon damals kamen einige in der Schwarzen Gemeinde auf die Idee, es mal wieder mit einem Busboykott zu probieren. Aber es blieb bei der Idee. Es gelang nicht, die Schwarzen zum gemeinsamen und organisierten Widerstand zu mobilisieren. Die Zahl derer, die dazu bereit gewesen wären, war zu gering. Die Konstellation war noch nicht da. Aber eine weitverbreitete Stimmung unter den Schwarzen war da.

Unter dieser Stimmung bildete und vollendete sich unsichtbar jene Konstellation, die dann nur noch eines Zündfunkens bedurfte, um sich zum Flächenbrand auszuweiten. In dieser Stimmung war unter den Schwarzen die Aufmerksamkeit für Schikanen und einzelne Akte des Widerstands dagegen besonders groß. In dieser Stimmung bildeten sich kleine Zirkel, Nester der Bewusstseinsbildung, Versammlungen von Gleichgesinnten, die darüber berieten, was man tun könne. In dieser Stimmung waren die Schwarzen sensibilisiert für rassistische Aktionen der Weißen.

Schon seit Längerem gab es in Montgomery eine kleine Bürgerrechtsorganisation, das »Women's Political Council«, das bereits etliche Male die Rassentrennung in städtischen Bussen angeprangert und auch mit Boykott gedroht hatte. Und es gab den NAACP (National Association for the Advancement of Colored People), der auch eine Ortsgruppe in Montgomery hatte. Rosa Parks war seit zwölf Jahren Mitglied.

Das »Women's Political Council« hatte, angeregt von den Bus-Vorfällen der letzten Monate, ein Flugblatt vorbereitet. Nach Rosa Parks' Sitzstreik musste es nur noch massenhaft gedruckt und unter den Schwarzen verteilt werden. Und genau das geschah in den Tagen nach dem 1. Dezember.

In dem Flugblatt wurde zum Busboykott aufgerufen, und zwar für den 5. Dezember, dem Tag des Gerichtsverfahrens gegen Rosa Parks. Die Schwarze Bevölkerung wurde aufgefordert, Fahrgemeinschaften zu bilden, Taxis zu nutzen oder zu Fuß zu gehen. Und diesmal hat es geklappt. Die vier Tage hatten gereicht, um die Schwarze Bevölkerung fast vollständig zu mobilisieren. Beinahe 100 Prozent der Schwarzen Bürger Montgomerys haben sich an dem Boykott beteiligt.

Und dann vervollständigte sich die Konstellation, kam das letzte fehlende Tüpfelchen zu seinem i: Ein junger Pastor war gerade neu zugezogen. Seit knapp einem Jahr predigte er an der Dexter Avenue Baptist Church in Montgomery. Einigen fiel er auf wegen seiner Wortgewandtheit. An ihn erinnerten sich die Demonstranten an jenem ersten Boykott-Tag, als es galt, sich irgendwo zu versammeln und über das weitere Vorgehen zu beraten. Man brauchte einen Redner, der zu den

Massen sprach, denn es kamen über fünftausend Menschen zusammen. Jener Pfarrer sollte in seiner Kirche zu diesen fünftausend Menschen sprechen.

Und er sprach. Er sprach so, dass er jedem aus dem Herzen sprach. Plötzlich hatten die fünftausend, und nicht nur sie, sondern alle Schwarzen der ganzen Stadt, eine Stimme, die endlich aussprach und auf den Punkt brachte, was bisher nur wortlos gefühlt und erlitten wurde. Schon bald sprach diese Stimme für alle Schwarzen der USA. Die Stimme gehörte dem 26 Jahre jungen Reverend Martin Luther King. So wie damals, sollte er in seiner unverwechselbaren Art von nun an noch oft reden.

Jetzt, bei seiner ersten öffentlichen Rede in Montgomery, formulierte er bereits sein Programm des gewaltfreien Widerstands, wie es ungefähr zeitgleich Nelson Mandela in Südafrika getan hatte. Denn auch Martin Luther King war inspiriert von dem Inder Mahatma Gandhi. Daher ging es King von Anfang an darum, den Gegner nicht mit Gewalt anzugreifen und dennoch dem Bösen Widerstand entgegenzusetzen. Auf einen Schlag soll kein Gegenschlag folgen, auf Angriff nicht Vergeltung, auf Hass nicht Hass, sondern Liebe. Es geht nicht darum, den ehemaligen Unterdrücker selber zu unterdrücken. Während Gewalt auf Unterwerfung aus ist, ist Gewaltfreiheit auf Versöhnung aus, auf Frieden, aber auf einen echten Frieden und nicht auf faule Kompromisse. Schwarze und Weiße auf gleicher Augenhöhe, das war das Ziel.

Ein Ziel, das ohne Kampf nicht zu haben sein wird, auch das predigte King: Der gewaltfreie Widerstand sei keine Methode für Feiglinge, keine träge Passivität. Wer gewaltlosen Widerstand leiste, müsse oft durch Boykotte oder dadurch, dass er seine Mitarbeit verweigert, protestieren. Passiv sei der Widerständler nur insofern, als er einen Gegner nicht physisch angreift; sein Geist und seine Gefühle aber seien immer aktiv. Seinen militanten Gegnern, die für Gewalt plädierten, sagt er: Mittel und Zweck sind nicht voneinander zu trennen, denn die Mittel verkörpern das Ideal im Werden, das Ziel im Entstehen, daher könne man gute Ziele nicht mit bösen Mitteln erreichen. »Wir müssen friedliche Ziele mit friedlichen Mitteln verfolgen.«

Und darum sagte King bei seiner ersten Rede in Montgomery:

»Ihr wißt, meine Freunde, es kommt eine Zeit, in der Menschen es leid sind, vom ehernen Fuß der Unterdrückung niedergetreten zu werden. Es kommt eine Zeit, meine Freunde, in der Menschen es leid sind, in den Abgrund der Demütigung gestoßen zu werden, wo sie die Trostlosigkeit nagender Verzweiflung erfahren. Es kommt eine Zeit, in der Menschen es leid sind, aus dem glänzenden Sonnenlicht im Juli des Lebens gestoßen zu werden, um stehen gelassen zu werden in der schneidenden Kälte eines November im Gebirge. Wir sind heute Abend hier, weil wir es jetzt leid sind.

Nun lasst uns betonen, dass wir nicht hier sind, um der Gewalt das Wort zu reden. Das haben wir überwunden. Ich möchte, dass es überall in Montgomery und in dieser Nation bekannt wird, daß wir Christen sind. Wir glauben an die christliche Religion. Wir glauben an die Lehren Jesu. Die einzige Waffe, die wir heute Abend in unseren Händen halten, ist die Waffe des Protests. Und nicht zuletzt ist dies das Ruhmesblatt Amerikas, ungeachtet all seiner Mängel. Dies ist das Ruhmesblatt unserer Demokratie (...).«

Dann zog er einen Vergleich zum Ku-Klux-Klan, jenem weißen rassistischen Geheimbund, der während der 50er- und 60er-Jahre des letzten Jahrhunderts versucht hatte, durch öffentlichen Druck, Einschüchterung, Gewalt bis hin zum Mord den aufkeimenden Widerstandsgeist der Schwarzen zu ersticken. King stellte klar, dass die Schwarzen nicht Gleiches mit Gleichem vergelten wollen. »Es werden keine Weißen aus ihren Häusern gezerrt, an eine abgelegene Straße gebracht und ermordet. Es wird niemanden unter uns geben, der sich erheben und sich der Verfassung unserer Nation widersetzen wird.«

Im Gegenteil, man wolle lediglich dieser Verfassung Geltung verschaffen. Die Verfassung selbst gebe den Widerstandsaktionen recht. Und darum sei man nicht im Unrecht bei dem, was jetzt getan wird.

»Sollten wir im Unrecht sein, dann ist auch der Oberste Gerichtshof dieser Nation im Unrecht. Sind wir im Unrecht, ist auch die Verfassung der Vereinigten Staaten im Unrecht. Sind wir im Unrecht, ist auch Gott der Allmächtige im Unrecht. Sind wir im Unrecht, war Jesus von Nazaret nur ein utopischer Träumer und ist nie zur Erde gekommen. Sind wir im Unrecht, ist Gerechtigkeit eine Farce.«

Das waren die Worte, auf die man gewartet hatte unter den Schwarzen. Die Rede Martin Luther Kings wurde immer wieder durch Beifall unterbrochen. Und als er geendet hatte, erhoben sich die Zuhörerinnen und Zuhörer und applaudierten stürmisch. Das Selbstbewusstsein der Schwarzen war gestärkt, die weißen Mitbürger*innen nicht herabgesetzt worden. Ein Weg war sichtbar geworden und ein Ziel. King hatte es geschafft, Mut zu machen, um etwas Unerhörtes zu beginnen.

Nach Kings Ansprache forderte die Massenversammlung einstimmig:

1. Die Busunternehmer garantieren höfliche Behandlung.
2. Die Fahrgäste setzen sich in der Reihenfolge, in der sie kommen – die Schwarzen von hinten nach vorn, die Weißen von vorn nach hinten.
3. Auf den Linien, die vornehmlich Schwarze benutzen, werden Schwarze Busfahrer eingesetzt.

Das waren bescheidene Ziele und doch war es der erste Schritt zur Veränderung. Der zweite Schritt folgte schon am nächsten Tag und an 381 weiteren Tagen: Die Schwarzen Bürger Montgomerys setzten ihren Boykott fort. Tag für Tag, mehr als ein ganzes Jahr lang, gingen sie zu Fuß, statt den Bus zu nehmen. Sie organisierten Fahrgemeinschaften. Autobesitzer übernahmen freiwillige Fahrten.

Die Weißen aber dachten nicht daran, den bescheidenen Forderungen der Schwarzen auch nur um einen Hauch entgegenzukommen. Sie betrachteten deren Widerstand als Kriegserklärung und zogen alle Register, um den Schwarzen eine Niederlage zu bereiten. Als Schwarze Taxiunternehmen die Boykotteure zu 10 Cent fuhren, zwang die Stadtverwaltung die Taxifahrer per Verordnung zu einem Mindestfahrpreis von 45 Cent. Daraufhin taten sich bis zu 300 Autofahrer zu einem Auto-Pool zusammen und richteten eigene »Haltestellen« ein, an denen sie ihre Fahrdienste anboten. Unterstützt wurde die Aktion durch Spenden aus dem ganzen Land.

Weiße Gegner versuchten mit Falschmeldungen von einem Ende des Boykotts, mit willkürlichen Anzeigen und offener Gewalt, den Widerstand zu brechen. Die Stadtverwaltung verlangte von den Versicherungen der Schwarzen Autofahrer, deren Verträge zu kündigen. Dagegen organisierten die Schwarzen Aktivist*innen eine Übernahme der Policen durch die Versicherung Lloyd's of London. Auch kam es immer wieder zu Aktionen: polizeiliche Festnahmen der Boykotteure, Bußgeldzahlungen wurden verhängt, Prozesse angestrengt, und auch Martin Luther King wurde verurteilt, 500 Dollar Strafe zu zahlen, weil er gegen das Anti-Boykott-Gesetz verstoßen habe. Aber die Einschüchterungsversuche liefen ins Leere.

Martin Luther King und seine Familie wurden nun zunehmend mehr terrorisiert. Es gab Drohungen über das Telefon: »Hör, Nigger, unsere Geduld ist am Ende. Noch in dieser Woche wirst du es bereuen, dass du je nach Montgomery gekommen bist.« Je länger der Busboykott dauerte, umso heftiger wurden die Reaktionen. Der Hass gegen King wuchs. Und Ende Januar 1956 gab es sogar einen Anschlag auf sein Wohnhaus. Zum Glück wurde durch die Bombenexplosion niemand verletzt. Später sollten weitere Anschläge folgen.

Und Rosa Parks? Auch sie bekam den Hass zu spüren. Sie verlor ihren Job und musste nach Detroit umziehen.

Aber das alles änderte nichts. Die Schwarzen ließen nicht mehr locker, boykottierten die Busse immer weiter und diese Hartnäckigkeit traf die städtischen Verkehrsbetriebe wie ein Hammer. Sie fuhren immer größere Verluste ein. Drei Viertel ihrer Kundschaft waren den Verkehrsbetrieben von einem Tag auf den anderen abhandengekommen, und das über ein Jahr lang. Die Behörden und die Busgesellschaft hatten damit gerechnet, dass der Busstreik spätestens am ersten regnerischen Tag zusammenbrechen würde. Aber sie hatten sich getäuscht. Das war kein Schönwetter-Aufstand. Der Widerstand ging weiter, auch bei Regen. Der neue Geist, von dem die Schwarzen Menschen Montgomerys ergriffen waren, ließ sich nicht mehr aufhalten.

Dieser erste gelungene Boykott in der Geschichte der Schwarzen Bürgerrechtsbewegung signalisierte aller Welt: Jetzt ist Schluss. Wir Schwarzen sind nicht mehr länger gewillt, uns von euch Weißen herumschubsen zu lassen. Ab jetzt proben wir den aufrechten Gang.

Beendet haben die Schwarzen Bürger Montgomerys ihren Boykott erst, nachdem der Oberste Gerichtshof der USA die Rassentrennung in den Bussen der Stadt verboten hatte. Es war ein sensationeller Erfolg, der eine Kettenreaktion auslöste. Überall in den USA kam es jetzt zu mehr oder weniger großen Widerstandsaktionen gegen den Rassismus. Die Schwarzen begannen, sich zu organisieren. Eine Bürgerrechtsbewegung entstand, die nun jahrelang und erfolgreich für die Gleichberechtigung zwischen Schwarz und Weiß kämpfte. Auch Schwarze Künstler engagierten sich, gaben Konzerte und spendeten den Erlös den Bürgerrechtsgruppen oder sammelten, wie etwa Harry Belafonte, Geld bei den wohlhabenderen Schwarzen ein.

Der in die Geschichte eingegangene Montgomery Bus Boycott ermutigte die Schwarzen der USA überall im Land zur Nachahmung und Variation. In einigen Städten wurden nun die Lunch Counters, kleine, nur für Weiße vorgesehene Imbissecken in Kaufhäusern, durch friedliche Sitzproteste blockiert. Von weißen Geschäftsleuten geführte Kaufhäuser wurden boykottiert. Immer mehr Schwarze blieben in den öffentlichen Verkehrsmitteln einfach sitzen wie Rosa Parks.

Und um jede solcher organisierten Aktionen rankten sich Versammlungen, bei denen die Aktivist*innen die Neulinge mit den Methoden des gewaltfreien Widerstands vertraut machten. Abends feierte man in den Kirchen, hörte sich Reden von Martin Luther King an, man musizierte und tanzte bis in die Nacht und tankte Mut und Kraft für die nächsten Widerstandsaktionen. Und dabei sangen sie das Lied »We shall overcome« – die Hymne der Schwarzen Bürgerrechtler, die später zur Hymne anderer Freiheitsbewegungen wurde.

Dennoch: Diese Geschichte war so wenig eine große Party wie ein gemütlicher Spaziergang. Es war ein Kampf. Ein Kampf, der auf den erbitterten Widerstand der weißen Herrschaft stieß. Immer wieder wurde King verhaftet. Immer wieder kam es zu weißen Gewalttaten und polizeilichen Übergriffen gegen Schwarze Bürgerrechtler. King kam irgendwann auf die waghalsige, aber letztlich erfolgreiche Idee, auch Kinder und Jugendliche in den Protest einzubinden. Er wollte sehen, ob die Staatsmacht es wagt, auch gegen Kinder und Jugendliche so brutal einzuschreiten, wie sie es bisher bei den Erwachsenen tat.

Sie tat es. Und setzte sich damit öffentlich ins Unrecht, denn sie verschaffte den Demonstrant*innen weltweit Aufmerksamkeit und Sympathien, auch bei liberalen Weißen und in liberalen Medien. Am 2. Mai 1963 gab es in Birmingham über 1000 Verhaftungen und einen Tag später kam es zum ersten Mal zu massiver Gewalt vonseiten der Polizei. Am 4. Mai wurden die Bilder von den Ausmaßen der Brutalität landesweit gedruckt und gesendet.

Daraufhin schickte Präsident Kennedy einen Referenten des Justizministeriums nach Birmingham, der geheim und parallel zu den Protesten Verhandlungen zwischen den Leitern der Demonstrationen und weißen, mächtigen Geschäftsleuten sowie dem Komitee der Stadtältesten einleiten sollte. Während dieser Verhandlungen gingen die Demonstrationen unvermindert weiter und dieser Druck führte zu einer ersten vorläufigen Einigung. Dabei sagten die weißen Politiker*innen und Geschäftsleute zu, ab sofort die Gleichberechtigung zu fördern und freigelassenen Demonstrant*innen zu helfen – ein weiterer Etappensieg.

Ein Sieg, der schon einen Tag später überschattet wurde von zwei Bombenattentaten, eins war gegen Martin Luther King gerichtet, das andere gegen seinen jüngeren Bruder Alfred Daniel. Verletzt wurde niemand. Dadurch kam es jedoch zu weiteren Unruhen, bei denen 50 Menschen verletzt wurden. Erst als Kennedy 3000 Bundessoldaten zur Beruhigung in das Krisengebiet entsandte, entspannte sich die Lage.

Die weiße Gewalt aber hörte nicht auf. Zahlreiche Morde an Schwarzen und auch weißen Bürgerrechtlern im Süden der USA erschütterten immer wieder die Öffentlichkeit. Bei einem Bombenanschlag auf die 16th St. Baptist Church in Birmingham im September 1963 wurden vier Mädchen getötet.

Solche Opfer führten zu weiterer Solidarisierung unter den Schwarzen und der Bildung eines Schwarzen Selbstbewusstseins, das in dem Slogan »Black is beautiful« seinen Ausdruck fand. Überall in den USA gingen sie jetzt auf die Straße. Im Sommer 1963 wurde innerhalb von vier Monaten in 196 Städten 841 Mal demonstriert, und im August 1963 marschierten 250 000 Menschen, darunter 60 000 Weiße, nach Washington, um der Forderung nach einer gesetzlich festgeschriebenen

Gleichberechtigung Nachdruck zu verleihen. Hier hielt King seine wohl bekannteste Rede: »I Have a Dream.«

Präsident Kennedy war den Schwarzen wohlgesonnen. Er ließ Gesetzesvorlagen vorbereiten, in denen den Forderungen der Bürgerrechtler*innen weitgehend entsprochen wurde.

Sein Nachfolger, Präsident Lyndon B. Johnson, zog die Sache weiter durch, und so wurde am 19. Juni 1964 das Bürgerrechtsgesetz verkündet und mit ihm die Aufhebung der Rassentrennung.

Martin Luther Kings gewaltfreier Widerstand genoss Sympathien in der ganzen Welt und so erhielt er 1964 den Friedensnobelpreis. Das amerikanische Nachrichtenmagazin *Time* ernannte den Bürgerrechtler zum »Mann des Jahres 1964«.

Trotzdem war der weiße Widerstand noch lange nicht erlahmt. Die Morddrohungen gegen Martin Luther King hörten nicht auf, sondern nahmen noch zu. Der Schwarze Kampf ging weiter, bis das geschah, womit Kings Gegner immer gedroht hatten: Am 4. April 1968 abends um sechs krachte ein Schuss in Memphis, und die Kugel aus dem Lauf eines Gewehrs schoss auf einen Mann zu, der auf dem Balkon eines Hotels stand: Martin Luther King.

Am 9. April 1968 wurde Martin Luther King unter der Anteilnahme von 50 000 Menschen in Atlanta auf dem South View Cemetery, einem Friedhof für Schwarze, beerdigt. Der Träumer war tot. Aber sein Traum blieb am Leben. Seine Sache ging weiter.

Begonnen aber hatte sie, als jene Näherin im Bus den Mut hatte, sitzen zu bleiben. »Die Welt stand auf, als Rosa Parks sitzen blieb«, heißt es seitdem. Rosa Parks hatte einen Preis zu zahlen für ihren Mut. Nach dem Boykott erhielt sie unzählige Drohanrufe. Sie hielt das aus. Nicht aber ihr Mann, Raymond Parks. Der erlitt einen Nervenzusammenbruch. Daraufhin zog das Paar 1957 nach Detroit, wo ein Bruder von Rosa Parks lebte. Zunächst verdiente sie wieder als Näherin Geld, gleichzeitig trat sie bei Veranstaltungen der Bürgerrechtsbewegung auf. 1965 bot ihr der Kongressabgeordnete von Detroit, John Conyers, der auch ein führender Bürgerrechtler war, Arbeit in seinem Büro an.

Zehn Jahre nach dem Tod ihres Mannes gründete Rosa Parks 1987 in Detroit das »Rosa and Raymond Parks Institute for Self-Development«, eine Einrichtung für Jugendliche. Unter anderem bekommen Jugendliche in dem Programm »Pathways to Freedom« die Möglichkeit, bei einer Busreise durch das Land die Geschichte der Bürgerrechtsbewegung in Amerika näher kennenzulernen.

Rosa Parks wurde 1996 mit der Freiheitsmedaille, der höchsten zivilen Auszeichnung der USA, geehrt und 1999 vom *Time*-Magazin zu den 100 bedeutendsten Menschen des 20. Jahrhunderts gewählt. Im Mai 1999 wurde der damals 86-jährigen Rosa Parks von US-Präsident Bill Clinton die Goldene Medaille des US-Kongresses verliehen.

In ihren letzten Jahren litt Rosa Parks an fortschreitender Demenz. Im Oktober 2005 starb sie 92-jährig in Detroit. Danach wurde ihr als erster Frau die Ehre zuteil, in der Rotunde des Kapitols zu Washington aufgebahrt zu werden. Alle diese Ehrungen kamen spät, sehr spät, was zeigt, wie lange der weiße Teil der US-Nation gebraucht hatte, um den Mut einer einfachen farbigen Näherin anzuerkennen.

Woher hatte sie den Mut? Er ist ihr nicht über Nacht zugeflogen, sondern ist während vieler Jahre in ihr herangereift. An jenem Tag, an dem sie im Bus sitzen blieb, war sie bereits 12 Jahre im NAACP von Montgomery aktiv, zeitweise auch als Sekretärin. Zwölf Jahre NAACP, das heißt: zwölf Jahre bescheidene, ehrenamtliche, oft frustrierende Arbeit ohne vorzeigbare Ergebnisse. Zwölf Jahre reden, jammern, klagen, zornig sein heißt aber auch: nichts tun können, seine Ohnmacht fühlen und hoffen, dass die Trägheit und Resignation der schweigenden Mehrheit aufhört. Es heißt auch: dafür arbeiten, dass diese Passivität nicht ewig anhält, sondern die Mehrheit irgendwann einsieht: Nur wir selbst können unser Schicksal ändern, durch gemeinsames, organisiertes Handeln.

Im Sommer vor ihrer Verhaftung hatte Rosa Parks ein zehntägiges Trainingsprogramm im Highlander Center absolviert. Das Center war eine Einrichtung der Arbeiter- und Bürgerrechtsbewegung in Tennessee. Dort traf Parks auf ältere Bürgerrechtler*innen, diskutierte mit ihnen, lernte viel. Sie machte sich mit früheren Kämpfen gegen die Rassentrennung vertraut, beschäftigte sich mit der Geschichte der Sklaverei und der Geschichte des Rassismus in den USA. Auf diese Weise wurde sie Teil einer Bewegung, die damals noch klein und so gut wie unsichtbar war.

Parks' mutiger Entschluss im Bus hatte also eine lange, unspektakuläre Vorgeschichte, an der viele Unbekannte mitgewirkt hatten, ganz normale, einfache, oft ungebildete Menschen, die sich irgendwann für eine Sache engagierten, hartnäckig dabeiblieben und sich durch nichts entmutigen ließen. Ohne dieses beharrliche Engagement im Kleinen wäre eine Rosa Parks nicht möglich gewesen. Hätte sie nach elf Jahren aufgegeben, hätte Martin Luther King keinen Anlass für seine große Rede gehabt. Ohne die Rede Kings hätten die Schwarzen von Montgomery wiederum ihren Boykott nicht 381 Tage lang durchgehalten. Und ohne die Entschlossenheit der vielen, diese Sache jetzt dauerhaft gegen alle Widerstände gemeinsam durchzustehen, wären die USA noch heute rassistisch.

Man lernt daraus: Der große spektakuläre Mut großer Einzelner braucht den kleinen unspektakulären Mut der vielen. Schon der Entschluss, sich für eine Sache zu engagieren, ist der erste Schritt zu solch einem Mut.

Daraus lernt man zweitens: Die weniger Mutigen müssen an ihrem Kleinmut nicht verzweifeln, müssen auch nicht die ganz Mutigen auf ein Podest stellen. Es reicht meistens schon, den kleinen Mut der vielen auf einen großen Haufen zu werfen und zu sehen, wie daraus großer Mut von selbst entsteht.

Man muss also nicht darauf warten, dass sich eine für Veränderung günstige Konstellation irgendwann quasi schicksalhaft von selbst einstellt. Nein, jede*r Einzelne kann durch ein Engagement, das seinen Möglichkeiten entspricht, dazu beitragen, dass sich die günstige Konstellation ergibt.

Eine Frage ist nun aber noch offen: Warum wurde die Sache der Schwarzen in den USA so viel schneller erfolgreich als die Sache der Schwarzen in Südafrika? Zwischen Rosa Parks' Sitzblockade im Bus 1955 und der gesetzlichen Aufhebung der Rassentrennung 1964 in den USA lagen nur neun Jahre. Die Schwarzen Südafrikas dagegen haben über vier Jahrzehnte kämpfen müssen, ehe sie als gleichberechtigte Menschen anerkannt wurden.

Warum? Sie haben doch beide ungefähr zeitgleich angefangen, für ihre Rechte zu kämpfen. Beide hatten mit Martin Luther King und Nelson Mandela starke Führer, und an Mut und Engagement hat es ihnen ebenfalls nicht gefehlt. In Südafrika waren dieser Mut und dieses Engagement sogar eher noch größer, denn wer dort aufbegehrte, hatte die Todesstrafe oder jahrzehntelange Gefängnisstrafen zu fürchten.

Die Antwort findet man in einem Satz, der dem irischen Literaturnobelpreisträger George Bernard Shaw zugeschrieben wird. Der soll gesagt haben: »Man nennt mich allenthalben einen Meister der Ironie, aber auf die Idee, ausgerechnet im Hafen von New York eine Freiheitsstatue zu errichten, wäre nicht einmal ich gekommen.«

Shaw spielte damit auf die Lebenslüge der US-Nation an, die in der Freiheitsstatue ihren sichtbarsten Ausdruck hat. Sie war ein Geschenk Frankreichs an die Vereinigten Staaten zur Hundertjahrfeier der amerikanischen Unabhängigkeitserklärung von 1776.

In dieser Gründungsurkunde der USA wird feierlich verkündet: »Wir halten diese Wahrheiten für ausgemacht, daß alle Menschen gleich erschaffen wurden, daß sie von ihrem Schöpfer mit gewissen unveräußerlichen Rechten begabt wurden, worunter Leben, Freiheit und das Streben nach Glückseligkeit sind.«

Hätten die Schöpfer dieses Textes geschrieben, dass »alle weißen Menschen gleich erschaffen wurden«, wäre es ehrlich gewesen, denn tatsächlich hat sich die Verheißung der Freiheit für die meisten europäischen Neuankömmlinge erfüllt. All jenen aber, die nicht ausblenden können, dass erst einmal die Ureinwohner Amerikas fast vollständig ausgerottet werden mussten, ehe das weiße Land der Freiheit dort errichtet werden konnte, klingt die Unabhängigkeitserklärung hohl in den Ohren.

Komm nach Amerika, in das Land der unbegrenzten Möglichkeiten, komm in das Land der Freiheit – das ist die Botschaft, welche die Freiheitsstatue den Neuankömmlingen bei ihrer Einfahrt in den Hafen von New York signalisieren soll. Für jene 15 bis 20 Millionen Männer, Frauen und Kinder, die zwischen 1536 und 1848 aus ganz Westafrika zu Sklaven gemacht und in die Neue Welt verschifft wurden, hatte das Land der Freiheit ein ganz anderes Schicksal parat.

Sechs Millionen von ihnen sind nie angekommen, weil schon auf der Überfahrt gestorben. Wer zu entkommen versuchte und ins Meer sprang, wurde ein Opfer der Haie. Die Raubfische waren angelockt, weil die Händler nicht selten Schwache und Kranke ins Meer warfen. Wer unter 60 Kilogramm wog, wurde wie ein Tier gemästet, bis er das Idealgewicht erreicht hatte. Der Preis eines Sklaven richtete sich bei Männern nach der Muskulatur; Frauen wurden nach ihren Brüsten und Kinder nach dem Gebiss taxiert.

Und die Nachkommen dieser Sklavengenerationen? Erfuhren sie Wiedergutmachung? Missachtung war ihr Los. Als

Menschen zweiter Klasse wurden sie von den Nachkommen der Sklavenhalter behandelt.

Aber dann entdeckten diese Nachkommen der Sklaven etwas, was ihr Schicksal ändern sollte, schneller als in Südafrika. Das, was sie entdeckten und worauf sie sich berufen konnten, gab es in Südafrika nicht: eben jene feierlich-verlogene Verkündung der Gleichheit aller Menschen. Südafrika hatte solch einen Text nicht. Die südafrikanischen Schwarzen haben für solch einen Text erst kämpfen müssen.

In den USA war er vorhanden seit 1776. Die Schwarzen mussten den Weißen nur sagen: Da steht es. Und was da steht, ist eine Lüge angesichts der Art und Weise, wie wir hier leben müssen und wie ihr uns behandelt. Martin Luther King hat es ausgesprochen: »Sind wir im Unrecht, ist auch die Verfassung der Vereinigten Staaten im Unrecht.«

Dem hatten die Regierungen und Behörden auf Dauer nichts entgegenzusetzen. Die Rechtmäßigkeit der Forderungen konnten auch die Weißen nicht leugnen. Zwischen dem Anspruch und der Wirklichkeit der amerikanischen Verfassung gab es eine gewaltige Lücke. Diese Lücke musste geschlossen werden.

Die Schließung begann, als Rosa Parks im Bus einfach sitzen blieb.

Die Lücke ist bis heute nicht geschlossen. Auch heute noch landen Schwarze in den USA öfter im Gefängnis und erhalten längere Haftstrafen als Weiße. Sie haben eine deutlich höhere Rate von Schulabbrechern und Teenager-Schwangerschaften und eine kürzere Lebenserwartung. Die schwarze Mittelklasse, die einst Kings Bewegung ihre Kraft verlieh, driftet ab in die Armut. Die Rassentrennung ist zwar gesetzlich aufgehoben, im wirklichen Leben aber gehen sich Schwarze und Weiße aus dem Weg. Sie leben in getrennten Wohngebieten und sie beten weiterhin getrennt zum selben Gott.

Einmal, kurze acht Jahre lang, erwachte die Hoffnung, dass

es nun aber endgültig und wirklich besser werde, zu neuem Leben. Das war, als Barack Obama im Jahr 2008 zum ersten Schwarzen Präsidenten der Vereinigten Staaten von Amerika gewählt wurde. Und 2012 ein zweites Mal. Obama nutzte seine Präsidentschaft, um Rosa Parks als erster Afroamerikanerin mit einer Statue in der Ehrenhalle des Capitols in Washington ein Denkmal zu setzen.

Alle dachten, nun werde es bald aufhören mit dem Rassismus in den USA, denn eine Schwarze Familie im Weißen Haus, das bedeutet doch, dass Schwarzen alle Möglichkeiten offenstehen bis hin ins höchste Staatsamt. Aber gerade deshalb, weil voreilig der Schluss gezogen wurde, nun sei es nur noch eine Frage der Zeit, bis das Problem aus der Welt verschwindet, stagnierte die Sache der Schwarzen. Was aufhörte, war nicht der Rassismus, sondern die Rassismusdebatte.

Und als nach Obama Donald Trump Präsident wurde, drehte sich das Rad wieder rückwärts. Wie sehr, das offenbarte sich vor aller Welt am 25. Mai 2020 in Minneapolis im US-Bundesstaat Minnesota. An jenem Tag nahm der weiße Polizist Derek Chauvin den 46-jährigen Afroamerikaner George Perry Floyd fest, drückte ihn auf den Boden und kniete neun quälende Minuten und 29 Sekunden lang mit vollem Körpergewicht auf dessen Hals. Floyd flehte den Polizisten an, damit aufzuhören, er bekomme keine Luft. Auch umstehende Zeugen baten den Polizisten, aufzuhören. Drei weitere Polizisten schritten nicht ein.

So erstickte ein Schwarzer unter einem auf ihm knieenden weißen Polizisten. Ein Passant filmte den Vorgang. Das Video ging um die Welt.

Danach kam es weltweit auf Straßen und Plätzen und im Netz zu Protesten, Demonstrationen, Ausschreitungen, auch Plünderungen, Verletzten und Toten, und weiterer Polizeigewalt, die als unverhältnismäßig kritisiert wurde. *Amnesty international* dokumentierte in einem Bericht vom August

2020 »vielfache und schwere Menschenrechtsverletzungen« durch die Polizei.

Der weltweite Protest rückte eine Bewegung in den Fokus, die es schon länger gab, aber erst jetzt – durch den Tod von George Perry Floyd – richtig populär wurde: »Black Lives Matter« (BLM), auf Deutsch: »Schwarze Leben zählen.« Gegründet wurde sie 2013, also noch in Obamas Amtszeit, von drei Frauen: Alicia Garza, Opal Tometi und Patrisse Cullors.

Anlass für die Gründung war der Tod des 17-jährigen afroamerikanischen Highschool-Schülers Trayvon Martin, erschossen am 26. Februar 2012 in Florida von dem privaten Wachmann George Zimmerman, der vorgab, in Notwehr gehandelt zu haben. Der unbewaffnete Teenager hatte sich in einem Laden eine Dose Fruchtsaft gekauft und ging danach zum Haus der Freundin seines Vaters. Das kam dem Wachmann, warum auch immer, verdächtig vor, er verfolgte den Jugendlichen. Der merkte, dass er verfolgt wird und rannte deshalb – aus Angst – davon, was wiederum den Wachmann in seinem Verdacht bestätigte. Er verfolgte Martin nun erst recht, holte ihn ein, es kam zu einem Handgemenge, in dessen Verlauf der Wachmann den völlig unschuldig-harmlosen Trayvon Martin erschoss. Zimmerman, den die Polizei zunächst laufen ließ, und den der Staatsanwalt nicht anklagen wollte, kam dann nach Protesten doch noch vor Gericht und – wurde freigesprochen.

Die Schwarzen in den USA waren entsetzt. Die Aktivistin Alicia Garza veröffentlichte im Internet einen Ausdruck ihrer Betroffenheit. Ihre Freundin Patrisse Cullors teilte den Text unter dem Hashtag #BlackLivesMatter, der wiederum mehrfach geteilt wurde. Eine dritte, die Aktivistin Opal Tometi, kreierte Internetseiten, über die Straßenproteste organisiert wurden. Und auf einmal war #BlackLivesMatter in der Welt, bald schon nicht mehr nur in den USA, sondern weltweit. Die Bewegung wuchs mit jedem weiteren Schwarzen Toten und wurde endgültig international nach dem Tod von George Floyd.

Mehr als ein halbes Jahrhundert nach Rosa Parks Weigerung, im Bus ihren Sitzplatz zu wechseln, gibt es sie immer noch, die Diskriminierung von Schwarzen und anderen Minderheiten, nicht nur in den USA, sondern weltweit. Ihr Weg hin zu voller Gleichberechtigung, gleichen Chancen, gleicher Achtung ist noch nicht zu Ende und scheint noch weit zu sein. Aber immer mehr Menschen gehen ihn.

Und inzwischen gehen sie ihn auch ohne charismatische Persönlichkeiten wie Rosa Parks oder Martin Luther King. Inzwischen organisieren sie sich einfach übers Internet. Das ist das Neue und Hoffnungmachende an den Freiheitsbewegungen der Gegenwart. Sie brauchen keine Führer mehr.

Mahatma Gandhi

Ein »halbnackter Fakir« stürzt das Empire

* 1869 als Mohandas Karamchand Gandhi in Porbandar, Indien — 1883 Heirat mit Kasturbe Makharji — 1888 Jurastudium am University College London — 1891 Rechtsanwalt in Bombay — 1893–1914 Aufenthalt in Südafrika — 1894 Gründung des Natal Indian Congress — 1903 Eröffnung einer Kanzlei in Transvaal — 1913 Gandhi leitet Protestmarsch nach Transvaal, der »Indians' Relief Act« wird erlassen — 1915 Rückkehr nach Indien — 1920 Leitung/Führung des Indian National Congress (INC) — 1930 Aufruf zum »Salzmarsch« — 1942 ruft Gandhi zur Unabhängigkeit Indiens auf und wird für zwei Jahre inhaftiert — † 30. Januar 1948 in Neu-Delhi erschossen

Wenn sie ihn einsperrten, stand das Volk auf. Wenn sie ihn freiließen, stand es ebenfalls auf. Und wurde von ihm angeführt. Die Engländer waren ratlos. Zuerst hatten sie über ihn gelacht, zuletzt haben sie ihn gefürchtet. Sie hätten ihn wohl am liebsten gehenkt. Aber man war ein Rechtsstaat. Für ein Todesurteil hätten die »Verbrechen« dieses Mannes nie gereicht. Das war das Neuartige, Hinterhältig-Raffinierte an diesem »halbnackten Fakir«, wie der britische Premierminister Winston Churchill ihn bezeichnete: dass er die Staatsgewalt herausforderte, aber sich nicht der geringsten Gewalttat schuldig machte.

Drohen, einsperren, freilassen und wieder drohen, einsperren und freilassen war daher alles, was den englischen Beamten und Politikern während einer Jahrzehnte dauernden Auseinandersetzung einfiel. Darüber kam ihnen eines ihrer größten und wertvollsten Besitztümer abhanden: Indien, ein ganzer Subkontinent. Und der »halbnackte Fakir«, der an dieser Entwicklung wesentlichen Anteil hatte, die Engländer immer wieder verblüffte und zur Verzweiflung brachte, war der weltberühmte Mahatma Gandhi. Er ist jener seltsame Heilige, der Nelson Mandela, Martin Luther King und zahlreiche Bürgerrechtsgruppen und Friedens- und Freiheitsbewegungen inspiriert hat und noch heute viele Menschen auf der ganzen Welt fasziniert.

Winston Churchill wollte ihn verhungern lassen. Als Gandhi 1942 wieder mal verhaftet wurde und dagegen mit einem Hungerstreik protestierte, der ihn an den Rand des Todes brachte, hatte Churchill gesagt: Soll er doch tun, was er will. Wenn er stirbt, ist es sein Problem, nicht unseres.

Durchsetzen konnte Churchill sich damit nicht, weil die anderen sagten: Schon richtig, es ist sein Problem, aber wenn er tot ist und als Märtyrer aus unserem Gefängnis getragen wird, werden die Inder*innen massenhaft rebellieren. Dann ist es unser Problem. Also ließen sie Gandhi 1944 wieder frei. Und der machte dort weiter, wo er vor seiner Haft aufgehört hatte. Drei Jahre später war Indien unabhängig.

Ungefähr von seinem 24. Lebensjahr an bis zu seinem gewaltsamen Tod 1948 hatte dieser Mann, der 79 Jahre alt wurde, immer nur Unruhe gestiftet, egal, ob er im Gefängnis saß oder durch die indischen Dörfer reiste, ob er sich in seinen Ashram zurückzog und das Spinnrad drehte oder in den Städten große Reden hielt, ob er im Bett lag und fastete oder ob er am Schreibtisch saß und seine gefürchteten, aufwieglerischen Texte verfasste, die dennoch von großer Friedfertigkeit getragen waren. Am Ende seines Lebens war er weltberühmt, geachtet, verhasst, geehrt, gefürchtet, geliebt und umstritten. Und den Inder*innen sitzt er bis heute als Stachel im Fleisch. Einerseits sind sie stolz auf ihn, andererseits leben sie so ziemlich das Gegenteil dessen, was er gelehrt und gepredigt hat – so wie die meisten Christ*innen ja auch ganz anders leben, als es von Christus geplant war.

Wie immer musste auch bei diesem Freiheitskämpfer viel zusammenkommen, damit aus dem 1869 geborenen Mohandas Karamchand Gandhi jener Fels des gewaltfreien Widerstands und zivilen Ungehorsams werden konnte, an dessen Schläue, Willensstärke und Einfallsreichtum ein ganzes Imperium zerbrach. Von Vorteil war sicherlich, dass er in eine angesehene und wohlhabende Kaufmanns-Familie hineingeboren wurde. Sein Vater diente als Premierminister im Fürstentum Rajkat.

Dennoch gehörte Gandhi nur der »dritten Kaste«, den Vaishyas, an. Die erste und höchste Kaste bilden die Brahmanen, die zweite die Kshatriyas und die vierte und letzte die Shudras.

Dass Gandhi »nur« der dritten Kaste angehörte, war aber gar nicht so schlecht, denn die Vaishyas arbeiten im Handel, vor allem im Fern- und Überseehandel, im Bankwesen oder verfügen über große Ländereien. Als Mitglied solch einer Kaste muss sich einer schon sehr dumm anstellen, wenn er es nicht zu Geld, Besitz und Wohlstand bringt. Auch im heutigen Indien besteht die reiche städtische Oberschicht zu einem Großteil aus Vaishyas.

Wohlstand wiederum kann zu Bildung führen, denn Bildung war im Indien des 19. Jahrhunderts und noch lange danach nicht kostenlos zu haben. Gandhis Eltern haben, was das betrifft, bei ihrem Sohn an nichts gespart. Außerdem waren sie fromme Hindus und daraus ergab sich der nächste Vorteil: eine ordentliche, anspruchsvolle, hinduistische Erziehung und eine religiöse Grundprägung.

Die ersten drei Kasten zählen zu den »Zweimalgeborenen«. Das heißt, sie erhalten nach einer Initiationszeremonie das

Recht, das heilige Wissen (Veda) zu lernen und die vedischen Opfer zu vollziehen. Man kann daher davon ausgehen, dass dem jungen Gandhi neben Bildung, Kultur und Religion auch eine ordentliche Portion Stolz und Standesbewusstsein, vielleicht sogar Dünkel, vermittelt worden war. Das muss, wie sich später erweisen sollte, nicht immer ein Nachteil sein.

Über das nächste Element, das unabdingbar zur Ausstattung eines Freiheitskämpfers gehört, verfügte Gandhi ebenfalls: eine gewisse Sturheit, Eigenwilligkeit und den Drang, seine Heimat zu verlassen, in die Welt hinauszugehen und ein selbstbestimmtes Leben zu führen. Zwangsverheiratet wurde er schon mit vierzehn. Da war er noch nicht in der Lage, dagegen zu rebellieren, aber nach seiner Schulausbildung nach England gehen, um in London Jura zu studieren, das wollte er unbedingt. Damit kam er in Konflikt mit seinen frommen Hindu-Eltern, aber vor allem mit seiner Kaste.

Ein Hindu kann im Ausland nicht »rein« leben, meinte die Kaste und meinten die Eltern, darum solle er hierbleiben. Die Eltern gaben schließlich nach, aber nicht die Kaste. Sie verbot ihm einfach das Studium im Ausland, obwohl er vor allen Kastenmitgliedern das Gelöbnis abgelegt hatte, in England weder Wein noch Weib noch Fleisch anzurühren.

Gandhi ging trotzdem. Was er sich einmal in den Kopf gesetzt hatte, zog er durch. Dass er dafür aus seiner Kaste ausgeschlossen wurde, nahm er in Kauf. Von 1888 bis 1891 studierte er nun in London – was damals ohne ein wohlhabendes Elternhaus im Hintergrund kaum möglich gewesen wäre.

Und er blieb »rein«, jedenfalls im Sinne seiner Kaste. Kein Sex, kein Wein, kein Fleisch. Daran hatte er sich gehalten. Aber auf eine ganz andere, viel tiefer gehende Weise, als sich das seine fromme Hindu-Kaste in der Heimat hätte träumen lassen, wurde Gandhi dennoch »unrein«. Er hatte sich etwas anderes, wesentlich Gefährlicheres einverleibt, etwas, das die ganze Person viel tiefer verändern konnte als Fleisch, Sex oder

Wein: Bücher, Ideen, Gedanken, Worte. Bevor aus Mohandas Karamchand Gandhi jener Mahatma Gandhi wurde, der das Empire zum Rückzug aus Indien zwang, saugte er sich voll mit gedruckten Gedanken aus aller Welt und allen Kulturen. Bevor Gandhi öffentlich aktiv wurde, hatte sich schon alles Wesentliche in seinem Kopf ereignet. Und dieser Bewusstseinsbildungs-Prozess begann in London.

Zunächst waren es – noch im Sinne seiner Kaste – nur hinduistische Worte, die ihn beschäftigten, die Bhagavadgita, jener Text, der für Hindus das ist, was der Koran für die Moslems, die Thora für die Juden und die Bibel für die Christen ist. Aber es war kurios, dass er das erst jetzt, im Alter von zwanzig Jahren, und im christlichen Abendland tat. In seiner indischen Heimat hatte ihn dieses aus 700 Versen bestehende Gedicht nie interessiert. Dafür las er es nun in London mit umso gespannterer Aufmerksamkeit und vielleicht auch in einer Haltung, die ihm in Indien nicht möglich gewesen wäre.

Kurios ist auch, dass er durch zwei Engländer, Theosophen, auf die Bhagavadgita gestoßen ist. Mit ihnen las er den Text auf Sanskrit, also im Original. Das weckte seinen Appetit auf weitere Literatur über den Hinduismus, aber auch auf die anderen Religionen. So las er den Koran und die Bibel, und darüber wurde er selbst zu einer Art Theosoph, also einem Menschen, für den die verschiedenen Religionen mit unterschiedlichen Geschichten, Riten, Bekenntnissen, Liedern und Gebeten denselben Gott verehren, die eine Gottheit, von der jede Religion nur einen Zipfel erhascht.

Zu den Theosophen wechselte er trotzdem nicht und bezeichnete sich weiter als Hindu. Aber er war es nicht mehr. Er war auch kein Theosoph in dem Sinn, in dem die Theosophen sich selbst verstanden, sondern etwas anderes, Neuartiges, für das es keine Bezeichnung gibt.

Je intensiver Gandhi las, desto stärker wuchs sein Interesse an der Religion. Das Thema interessierte ihn mehr als die

Juristerei, die er ja eigentlich studierte. Er tat das mit großem Fleiß und er absolvierte sein Studium innerhalb von drei Jahren. Aber in diesen drei Jahren lernte er natürlich wesentlich mehr als Jura und Religion. Wer sich so lange Zeit in einer ihm fremden Kultur bewegt, saugt sich voll mit den Eindrücken, die so ein fremdes Umfeld bietet. Vieles davon wirkt noch lange nach, oft im Unbewussten, wenn man schon längst wieder in der Heimat und in der vertrauten Umgebung ist.

Gandhi sagte später, dass ihn Jesu Bergpredigt sehr inspiriert habe, und das macht sich dann im weiteren Verlauf seines Lebens auch stark bemerkbar. Aber man darf die Einflüsse nicht unterschätzen, die eher unbemerkt wirken. Gandhi verlor nie ein Wort über die Selbstverständlichkeit, mit der die englische Oberschicht ihr Herrsein lebte, einerseits demokratisch geordnet, andererseits vom Status einer kolonialen Supermacht geprägt. Es ist schwer vorstellbar, dass dies ohne Eindruck auf ihn geblieben ist. Vielleicht wollte er sich das selbst nie eingestehen, aber gerade dann, wenn man es verdrängt, wirkt es besonders stark.

Dass die englische Lebensweise auf den jungen Gandhi Eindruck gemacht haben musste, beweist die Tatsache, dass er sich in London sehr teuer nach der neuesten Mode kleidete und Unterricht in Französisch, Tanzen und Geigenspiel nahm. Er wollte ein englischer Gentleman werden und es in Indien bleiben. Auch dort hat er sich nach seiner Rückkehr sehr englisch gekleidet, sehr englisch benommen und sogar englisch gefrühstückt, wenn auch vegetarisch, mit Haferflocken, Kakao und Weißbrot.

Und noch etwas anderes musste sich damals in England von ihm unbemerkt in seinen Kopf eingenistet haben: ein Gefühl für einen fundamentalen Grundwiderspruch, der die ganze westliche Welt durchzieht. Ein Widerspruch, der darin besteht, dass sich die Kultur der Weißen theoretisch auf jene christlichen und aufklärerischen Grundsätze beruft, gegen die sie in ihrer alltäglichen Praxis andauernd verstößt. Hätte man weiter problemlos Kolonialmacht bleiben können, wenn in England das Neue Testament und besonders die Bergpredigt wirklich ernst genommen worden wäre? Hätte man alle Nichtweißen als Angehörige minderer »Rassen« behandeln können, wenn man seine eigenen Philosophen und deren Ideale von Freiheit, Gleichheit und Brüderlichkeit beim Wort genommen hätte?

Lange bevor man solche Widersprüche in Worte fassen kann, erfühlt und erspürt man sie. Gandhi muss es damals in England erstmals gefühlt haben. Die Worte dafür fand er erst später.

Jetzt, in Indien, fühlte er sich als indischer Gentleman, den Engländern in jeder Hinsicht ebenbürtig. Allerdings hatte er nun ein Problem: Daheim gehörte er nicht mehr richtig dazu, denn seine Kaste hatte ihn ja ausgeschlossen und war nicht bereit, ihn wieder aufzunehmen. Der Bürger des britischen Empire, als der er sich fühlte, war er jedoch auch nicht. Und dass er es möglicherweise nie werden würde, wurde ihm durch die herablassende Art deutlich gemacht, mit der er von englischen Beamten behandelt wurde.

Noch schwieriger aber waren zwei andere Dinge: Ohne die Hilfe seiner Kaste war es schwer, eine Anwaltskanzlei aufzubauen. Es erwies sich sogar, wie er nach einigen vergeblichen Versuchen feststellen musste, als unmöglich. Und selbst wenn die Kaste ihm geholfen hätte, wäre es schwierig geworden. Denn eigentlich war er von seinem ganzen Naturell her viel zu weltfremd, zu wenig clever und zu realitätsfern, um wirklich als Anwalt Karriere zu machen. Wenn er hätte Karriere machen wollen, war es eine Schnapsidee, ausgerechnet in London Jura zu studieren, denn dort lernte er vor allem englisches Recht. In Indien aber hätte er britisch-indisches Recht gebraucht und Hindu- oder Muslim-Familienrecht. Und dann gab es noch ein zweites, keineswegs unbekanntes und darum nicht überraschendes Problem: Gandhi war ein hilfloser Redner. Schon wenige Sätze bereiteten ihm große Qualen. Kein Gedanke, den er ohne Stocken vortragen konnte, und bei einem Prozess in Bombay brachte er kein einziges Wort heraus. Er musste im Gerichtssaal den Fall an einen Kollegen abgeben.

Warum muss einer, der eigentlich gar nicht reden kann, ausgerechnet Anwalt werden? Die Frage konnte er wohl selber nicht beantworten. Andererseits war Gandhi ein Mensch, der niemals aufgibt. Was also tut ein Anwalt, der nicht reden kann? Er schreibt. Bei der Abfassung von Bittschriften, Bewerbungen, Gutachten und Texten für schriftliche Verhandlungen erwies er sich als geschickt. Es reichte, um seinen Lebensunterhalt zu verdienen, mehr hat er sowieso nie gewollt.

Als er von einer Firma hörte, die einen beratenden Anwalt für ihre Zweigstelle in Südafrika suchte, bewarb er sich und erhielt die Stelle. 1893 reiste er nach Südafrika, wo er in Durban, einer Stadt in der Provinz Natal, seine Arbeit als Anwalt aufnahm.

Dort machte er eine gänzlich neue Erfahrung. Er, der in seiner Heimat von den englischen Kolonialherren als Mensch zweiter Klasse betrachtet und entsprechend behandelt wurde, konnte sich dort immerhin frei bewegen und hatte verbriefte Rechte, die vor jedem Gericht einklagbar waren. Aber jetzt, in der Republik Südafrika, war der in England ausgebildete Spross einer angesehenen, wohlhabenden Familie zu einem Menschen dritter Klasse abgestiegen. Beim Friseur wurde er nicht bedient, im Gerichtssaal durfte er keinen Turban tragen, und wenn er nach 21 Uhr seine Wohnung verlassen wollte, brauchte er dazu die Genehmigung seines Arbeitgebers. Das hat ihn in seinem Stolz und in seinem Willen zur Unabhängigkeit tief verletzt. Das Schlimmste aber stand ihm noch bevor.

Zu einer Gerichtsverhandlung musste er mit dem Zug von Durban nach Pretoria fahren, und so begab er sich – wie ein vornehmer englischer Geschäftsmann bekleidet – ins Erste-Klasse-Abteil und begann seine Reise. Er kam bis Maritzburg, wo ein weißer Fahrgast zustieg und Anstoß nahm an dem »farbigen« Mitreisenden. Der Weiße rief den Schaffner und dieser verwies Gandhi in den Gepäckwagen. Gandhi weigerte sich, zeigte seine rechtmäßig erworbene Fahrkarte, aber das beeindruckte den Schaffner nicht. Er bestand darauf, dass Gandhi in den Gepäckwagen umsteige.

Aber auch Gandhi blieb hartnäckig. »Man hat mich in Durban in diesem Abteil sitzen lassen, und ich bestehe darauf, weiter hier sitzen zu bleiben«, antwortete er. »Nein, das werden Sie nicht«, sagte der Beamte, »Sie müssen hier raus, oder ich muss einen Schutzmann rufen, damit er Sie rauswirft.« Dann solle er den Schutzmann holen, freiwillig werde er das Abteil nicht verlassen, erklärte ihm Gandhi. Der Schutzmann kam, packte Gandhi, warf ihn hinaus und das Gepäck hinterher.

Wie reagiert ein Mensch, dem so etwas widerfährt? Die meisten sehen wohl keinen anderen Weg, als sich notgedrungen in ihr Schicksal zu fügen, aber fortan einen heimlichen, ohnmächtigen, unstillbaren Hass mit sich herumzutragen. Viele werden, um bloß nie mehr anzuecken, eine duckmäuserische und zugleich verschlagene Unterwürfigkeit entwickeln, die nach außen Ergebenheit signalisiert, aber im Inneren grausame Rachegedanken hervorbringt. Einige wenige finden sich nicht ab, entwickeln sich zu Rebellen, organisieren den Hass der vielen Einzelnen, verwandeln deren Ohnmachtsgefühle in Macht. Sie nutzen die gebündelte Energie, um die verhasste Herrschaft grausam zu stürzen und sich an deren Stelle zu setzen – und in der Regel genauso grausam und unterdrückerisch zu herrschen wie die alte Herrschaft.

Ausbeutung, Unterdrückung, Hass, Rachegelüste, Rebellion, Umsturz – das ist der normale Kreislauf in dieser Welt, das Vorhersehbare, das Wahrscheinliche und Übliche. Im Fall des aus dem Zug geworfenen Gandhi aber ereignete sich das absolut Unnormale, Unwahrscheinliche, nicht Vorhersehbare, Einzigartige, also ein Wunder. Auch Gandhi wurde in diesem

Moment zum Rebellen, aber nicht zu einem gewalttätig hassenden, sondern zu einem gewaltfrei liebenden. In Gandhi ereignete sich der seltene Fall, dass ein Text, eine bloße Aneinanderreihung von Worten, die schon viele gehört und gelesen haben, ohne irgendwelche Folgen hervorzubringen, bei ihm wie ein Samenkorn auf fruchtbaren Boden fiel, keimte, aufging, wuchs und Früchte trug. Der Text war die in London gelesene und auch in Südafrika weiterhin studierte Bergpredigt Jesu, dessen Botschaft Gandhi in die Worte fasste: Vergeltet Böses nicht mit Bösem, begegnet Gewalt nicht mit Gewalt, liebt das Böse gut.

Verstanden hatte er aber auch, dass sich Jesu Botschaft nicht in harmlos schwärmerischem Friedensgesäusel und Seid-nett-zueinander-Parolen erschöpft. Derselbe Jesus, der dazu aufrief, einem Feind, der einen auf die eine Backe schlägt, auch die andere hinzuhalten, hat auch gesagt, er sei nicht gekommen, um Frieden zu bringen, sondern das Schwert. Man muss beides zusammendenken, um den ganzen Jesus zu verstehen, dann erst versteht man seine Botschaft. Diese besteht nicht in der Hinnahme des Bösen. Im Gegenteil. Jene Strukturen, die das Böse zuverlässig immer wieder produzieren, müssen aus der Welt verschwinden, müssen bekämpft werden. Aber eben nicht mit Gewalt, sondern mit der Unterbrechung der Gewaltspirale und mit Liebe. Dort, wo das geschieht, bricht nicht gleich das Paradies aus, sondern kommt es zu harten Konflikten. Sie müssen durchgestanden werden, auch wenn den friedfertigen Kämpfern in diesem Konflikt der geballte Hass derer entgegenschlägt, die in so einer Auseinandersetzung ihre Interessen und Privilegien gefährdet sehen.

Gandhi hat diese Botschaft für sich selbst in zwei Prinzipien gefasst, die er dann ein Leben lang verfolgte: erstens, dass er nie wieder dulden wird, unterdrückt zu werden, und zweitens, dass er in seinen Kämpfen niemals Gewalt anwenden wird, selbst wenn andere Gewalt gegen ihn anwenden.

Keine Gewalt, aber dem Unrecht nicht weichen – wie soll das gehen? Wie kann so etwas praktisch gelebt werden?

Das wusste er selbst noch nicht nach seinem Rauswurf aus dem Zug. Das musste er sich erst gedanklich erarbeiten, und bis er das eindeutig formulieren konnte, verging noch eine gewisse Zeit. Aber dass da etwas in ihm heranreifte und schon wirkte und sein weiteres Handeln bestimmte, zeigt der Verlauf und Ausgang des Prozesses, wegen dem er nach Pretoria gereist war.

Er hätte nach Lage der Dinge einen Sieg auf ganzer Linie aus diesem Prozess herausholen können. Der verklagte Schuldner hätte dann eine hohe Summe auf einen Schlag sofort zu zahlen gehabt, und darüber wäre er vermutlich pleitegegangen. Das wollte Gandhi vermeiden. Daher strebte er eine außergerichtliche Einigung an und gestand dem Schuldner sogar zu, die geschuldete Summe in Raten abzubezahlen. Der Effekt: Der Schuldner konnte überleben, und Gandhis Firma hat sich einen dankbaren Kunden erhalten, mit dem man auch in der Zukunft weiter Geschäfte machen konnte.

Dass dies gelang, darüber sei seine Freude »grenzenlos« gewesen, sagte Gandhi später. »Ich hatte die wahre Rechtspraxis gelernt. Ich hatte gelernt, die bessere Seite der menschlichen Natur zu aktivieren und zu den Herzen der Menschen vorzudringen. Ich begriff, daß die wahre Funktion eines Anwalts darin bestand, die zerstrittenen Parteien zusammenzuführen. Diese Lehre wurde mir so unauslöschlich eingebrannt, daß ein großer Teil meiner Zeit während der zwanzig Jahre meiner Anwaltspraxis darauf verwendet wurde, in Hunderten von Fällen private Vergleiche zustande zu bringen. Ich verlor nicht dabei – nicht einmal Geld und ganz gewiß nicht meine Seele.« Und offenbar fand er darüber endlich zu seiner Sprache. Denn nun konnte er reden.

Reich wurde er mit dieser Anwaltsstrategie natürlich nicht. Aber das war auch nie sein Ziel.

Sein eigentliches Ziel, sein Lebensthema, entdeckte er dann in Südafrika, kurz bevor er wieder in seine indische Heimat zurückkehren wollte. Er entdeckte es auf zwei Wegen, zum einen durch Lektüre, zum anderen durch persönliches Erleben.

Letzteres bestand in den vielfältigen Diskriminierungen, Schikanen und Demütigungen, die man als Inder*in in Südafrika zu erdulden hatte. Vor seiner geplanten Abreise veranstaltete sein Arbeitgeber Sheth Abdulla eine Abschiedsgesellschaft für ihn. Dort erzählte Gandhi von einer Zeitungsmeldung über eine Gesetzesvorlage, die darauf hinauslief, Indern in Südafrika das Wahlrecht zu entziehen. Niemand unter den versammelten Gästen wusste etwas davon, aber plötzlich entstand die Idee, Gandhi solle noch ein paar Wochen bleiben und sich um die Angelegenheit kümmern. Das tat er. Er stornierte seine Schiffspassage und blieb. Allerdings nicht ein paar Wochen, sondern zweieinhalb Jahrzehnte. In dieser Zeit kämpfte er gegen die Diskriminierung seiner Landsleute und wurde dabei zu einer auch in Indien bekannten Persönlichkeit.

Der Kampf gegen die Rassendiskriminierung begann. Gandhi trat in die Öffentlichkeit und verfasste die erste Petition, die jemals von Indern an ein südafrikanisches Parlament gerichtet wurde. Sie forderte die Beibehaltung des Wahlrechts für Inder. Das war erfolglos, aber die gemeinsame Tätigkeit schweißte die indische Gemeinde zusammen und führte zur Gründung des »Natal Indian Congress«, dessen ehrenamtlicher Generalsekretär Gandhi wurde.

Seine Grundsätze, nie wieder zu dulden, unterdrückt zu werden, dabei aber niemals Gewalt anzuwenden, konnte er schon bald sehr häufig erproben, beispielsweise als Anführer einer Gruppe streikender Arbeiter*innen. Als die Polizei auf Pferden anrückte, um die Arbeiter*innen niederzuknüppeln, war Gandhi entschlossen, der Gewalt nicht zu weichen, aber selbst keine Gewalt anzuwenden. Er wies die Streikenden an, sich flach auf den Boden zu legen. Dann geschah etwas, was zwar auf dem mechanisch-instinkthaften Verhalten der Pferde beruhte, aber dennoch allen, die Augen hatten, wie ein tiefes Sinnbild erscheinen musste: Die Pferde konnten von ihren Reitern nicht dazu gebracht werden, über die am Boden liegenden Menschen zu trampeln. Sie blieben vor der Menschengruppe stehen, sprangen verzweifelt auf die Hinterbeine, wieherten und waren keinen Schritt vorwärts zu bewegen. Der Polizeitrupp musste umkehren. Es war, als ob die Pferde zeigen wollten, dass in ihnen mehr Menschlichkeit steckt als in ihren Reitern.

Damit war bewiesen, dass man Kämpfe gegen die Staatsmacht ohne Einsatz von Gewalt gewinnen kann. Jedoch nicht immer. Meistens gewinnt man solche Kämpfe nur moralisch und um den Preis heftiger Schmerzen. Das wurde deutlich, als Gandhi einmal eine Gruppe Inder*innen versammelt und aufgefordert hatte, ihre britischen Pässe zu verbrennen, weil sie trotz der Pässe nicht die Rechte der Briten haben. Er hat die Pässe der Leute gesammelt und vor den Augen der Polizei in ein Feuer geworfen. Während er das tat, hat ein Polizist immer wieder auf ihn eingeknüppelt. Aber solange er sich bewegen konnte, hat Gandhi Pässe ins Feuer gelegt, bis er blutüberströmt am Boden liegen blieb. Das sprach sich herum unter den Inder*innen Südafrikas, das stärkte ihren Zusammenhalt, ihren Willen zum Widerstand, und es gab ihnen ihre Würde zurück.

Eine zweite wichtige Rolle für Gandhis weiteren Weg spielte die Lektüre.

John Ruskin, beispielsweise, lebte von 1819 bis 1900, war ein englischer Schriftsteller, Maler, Professor für Kunstgeschichte und Sozialphilosoph in Oxford und hat beim Schreiben seiner Bücher vermutlich nicht gedacht, dass aus seinem Lob des Handwerks ein indischer Anwalt einmal dem britischen Empire einen Strick drehen würde. Gandhi war sehr überrascht, dass Ruskin die Handarbeit mit hohen Worten pries und darlegte, warum das Leben eines Landarbeiters oder eines Handwerkers nicht nur lebens-, sondern sogar erstrebenswert sei. So kam auch Gandhi zu der Wertschätzung täglicher Handarbeit, die er sich und seinen Mitarbeiter*innen zur Pflicht machte. Später entdeckte er das Spinnrad neu, und eben damit versetzte er der englischen Textilindustrie einen empfindlichen Schlag.

Das Lob der Handarbeit war nur eine Facette, die Gandhi an Ruskin faszinierte. Eine andere war dessen Wirtschafts-Ethik. Ruskin wollte die Arbeit als ethischen Wert geachtet und nicht als Ware herabgewürdigt sehen. Er forderte Volkshochschulen für Arbeiter, Gartenstädte und manches andere, was heute Wirklichkeit geworden ist. Wie aktuell der kaum bekannte Ruskin auch heute noch oder wieder ist, lässt sich an den Sätzen seines Werkes *Sesam und Lilien* erkennen, die auch Gandhi imponierten: »Wieviel geben wir nach Ihrer Meinung für öffentliche und private Büchereien aus im Vergleich zu dem, was unsere Pferde kosten? Oder um ein anderes Beispiel zu geben: Wie groß ist der Inhalt unserer Bücherschränke (öffentlich und privat) im Vergleich zum Inhalt unserer Weinkeller?«

Eindruck auf Gandhi machte auch die Ruskin'sche Sozialkritik, wenn dieser schrieb: »Reichtum ist eine Kraft wie die Elektrizität. Er wirkt durch die Ungleichheit. Die Macht einer Guinea in eines Mannes Tasche hängt ab vom Fehlen der Guinea in der Tasche seines Nachbarn. Wenn der sie nicht brauchte, dann wäre sie auch für ihn selbst ohne Nutzen. Wenn der andere arm und lange Zeit arbeitslos ist, dann hat die Guinea mehr Wert für ihren Besitzer. Was also hauptsächlich unter dem Namen Reichtum gesucht wird, ist Macht über Menschen. Der Reiche sollte sich immer daran erinnern, daß was der eine hat, der andere nicht haben kann. Er sollte daher jeden Luxus vermeiden, bis auch der Ärmste genug hat.«

Gandhi versicherte später, dass Ruskin ihn entscheidend beeinflusst und viel zu seiner weiteren Entwicklung beigetragen habe. Kritisch merkte er jedoch an, dass Ruskin sich damit zufriedengab, den Geist zu revolutionieren und nicht die Kraft fand, sein eigenes Leben zu ändern. Die Forderung, dass Denken und Handeln übereinstimmen sollten, fand er bei einem Amerikaner, dem Schriftsteller Henry David Thoreau, der von 1817 bis 1862 in Concord, Massachusetts, lebte.

Bei Thoreau las Gandhi: »Eines weiß ich als Tatsache: Wenn tausend, hundert, zehn Leute, die ich mit Namen nennen könnte, wenn nur zehn ehrenwerte menschliche Wesen, wenn nur ein Ehrenmann in dem Staat von Massachusetts aufhören würde, Sklaven zu halten, und seine Teilnahme kündigen und ins Landesgefängnis eingeliefert werden würde, dann würde das das Ende der Sklaverei in Amerika bedeuten. Es ist dabei gar nicht von Bedeutung, wie klein der Anfang sein mag. Was gut getan wird, besteht für immer. Aber wir sprechen ja nur darüber.«

»Aber wir sprechen ja nur darüber« – das war es, was Gandhi während der letzten Jahre umgetrieben hatte, ohne dass er es so auf den Punkt hatte bringen können wie Thoreau. Wer einen Gedanken verstanden und ihm zugestimmt hatte, musste dann auch danach handeln. Alles andere ist unehrenhaft. Das Missverhältnis zwischen Glauben und Handeln war Gandhi unerträglich. Einklang zwischen Worten und Taten zu schaffen, das sah er als seine Hauptaufgabe. Wenn man ein System als ungerecht und unterdrückerisch durchschaut und erfahren hat, muss man es bekämpfen.

Nichts anderes hatte er seit jenem Abschiedsabend getan. Eben deshalb landete er immer wieder im Gefängnis. Das störte ihn nicht im Geringsten, im Gegenteil. Er pries das Gefängnisleben als Chance und rühmte dessen Vorzüge: »Man hat dort weniger Jammer, als man im Alltagsleben auszustehen hat. Man hat lediglich den Weisungen eines einzigen Wärters zu folgen, während man im täglichen Leben die Befehle von einer ganzen Menge Leute auszuführen hat. Im Gefängnis hat man auch keine Sorge, wie man sein tägliches Brot verdienen soll. Die Regierung sorgt für all das. Sie sorgt auch für die Gesundheit, und man braucht gar nichts dafür zu bezahlen. Man hat genug Arbeit und damit die entsprechende Bewegung für seinen Körper. Man ist frei von allen lasterhaften Gewohnheiten. Die Seele ist frei, und man hat eine Menge Zeit zum Beten. Der Körper ist zwar eingeengt, aber nicht die Seele. Der wahre Weg höchster Seligkeit liegt darin, ins Gefängnis zu gehen und die Leiden und Entbehrungen dort im Interesse seines Landes und seiner Religion zu ertragen.«

Das ist nun wirklich raffiniert. Wenn die von der Staatsmacht verhängte Strafe vom Bestraften nicht mehr als Bestrafung, sondern als Wohltat betrachtet wird, verliert sie ihre abschreckende Wirkung, ihren Zweck und ihren Nutzen für den Staat. Sie ist dann nur noch eine Last für den Staat, vor allem, wenn viele Menschen so denken und handeln wie dieser Gandhi. Dann kommt es zu Massenverhaftungen, und der Staat hat dennoch keinen Vorteil davon, sondern nur Arbeit und Kosten.

Gandhi las bei Thoreau auch noch etwas anderes, etwas, was ihn geradezu elektrisierte: Im Juli 1846 hatte sich Thoreau geweigert, Steuern zu zahlen, weil er mit diesen die amerikanische Regierung und deren Krieg gegen Mexiko und die Sklaverei unterstützt hätte. Dafür wurde Thoreau ins Gefängnis geworfen, und daraufhin verfasste er den Essay *Resistance to Government* (1849), welcher unter dem späteren Titel *Civil Disobedience* bekannt wurde (Über die Pflicht zum Ungehorsam gegen den Staat). Die Schrift avancierte zum Standardwerk und Namensgeber des Zivilen Ungehorsams, wie es Thoreau später formulierte. Als Gandhi das las, hatte er schon viele Jahre in Südafrika verbracht, schon mit vielen gewaltfreien Widerstandsaktionen die Obrigkeit gegen sich aufgebracht und sich manchen Gefängnisaufenthalt eingehandelt.

Auch jetzt saß er wieder im Gefängnis und war verblüfft, dass ein ihm völlig unbekannter Amerikaner ganz ähnliche Gedanken hegte wie er selbst. Eine seltsame Verbindung zwischen einem Gefängnis in Südafrika und einem Gefängnis in den USA, zwischen einem Inder und einem Amerikaner war entstanden. Durch dieses unsichtbare geistige Band fühlte Gandhi sich bestätigt und ermutigt und zugleich motiviert, den Geist dieses Denkens weiterzuentwickeln.

Ein dritter westlicher Denker, der Gandhi tief beeinflusst hat, war der russische Schriftsteller Leo Tolstoj. In ihm erkannte er einen Menschen, der das, was er lehrt und predigt, auch lebt, wenn auch erst in hohem Alter.

Im Jahr 1885, als Tolstoj 97 Jahre alt war, gab er sein gewohntes, von Wohlstand geprägtes gesellschaftliches Leben auf und versuchte es mit Einfachheit und Bedürfnislosigkeit. Er ging barfuß, kleidete sich wie ein armer Bauer, pflügte, eggte und säte. Er gab das Rauchen auf, die Jagd und aß kein Fleisch mehr. Er pries die Handarbeit, Bedürfnislosigkeit, Besitzlosigkeit, das Vermeiden jeglichen Tötens, verdammte den Militärdienst und verteidigte Kriegsdienstverweigerung. Den Besitz von großen Landgütern betrachtete er als Sünde. Den Nobelpreis nahm er nicht an, weil er kein Geld wollte. Die orthodoxe russische Kirche exkommunizierte ihn.

Gandhi lernte Tolstoj kennen durch die Schrift *Das Reich Gottes ist in Euch*. Darin beschreibt Tolstoj die Kirchengeschichte als eine Geschichte der Grausamkeiten und des Schreckens. Seit undenklichen Zeiten grüßen die Menschen einander mit »Friede sei mit dir«, und halten sich zugleich bis an die Zähne bewaffnete Armeen. Wie Thoreau verurteilt Tolstoj den Widerspruch zwischen Lehre und Tat. Ein Christ solle nicht mit seinem Nachbarn streiten, predigt er, keine Gewalt anwenden, sondern im Gegenteil, ohne Widerstand zu leisten, leiden und durch eine solche Haltung nicht nur sich selbst, sondern die Welt vom Bösen und aller äußeren Gewalt befreien. Auch einer bösen Regierung gegenüber rät er zum friedlichen Widerstand.

Die Beschäftigung mit Tolstoj veranlasste Gandhi, bei sich selbst endlich die Übereinstimmung zwischen Lehre und Tat in Einklang zu bringen. Daher kaufte er sich ein Stück Land, die Phoenix-Farm, und zog mit seiner Familie und seinen Mitarbeitern dorthin, um ein Leben im Sinne Ruskins, Thoreaus und Tolstojs zu führen. Diese Farm konzipierte er als indischen Aschram, ein hinduistisches, klosterähnliches Meditationszentrum.

Thoreau bündelte seine Gedanken in dem Wort *ziviler Ungehorsam*. Gandhi hatte seine Ideen auch schon auf den Begriff gebracht: »Satyagraha«, ein Kunstwort, das durch ein von Gandhi initiiertes Preisausschreiben gefunden wurde. Anlass war ein neues Gesetz, nach dem sich alle indischen Männer, Frauen und Kinder über acht Jahre mit ihren Fingerabdrücken registrieren lassen mussten. Die indische Gemeinde war darüber empört. Auf einer Massenversammlung am 11. September 1906 schwor Gandhi, dass er lieber sterben als sich diesem Gesetz beugen wolle. Während des Kampfes gegen dieses Gesetz hat Gandhi dann nach etwas gesucht, was seinen Kampf mit einem einzigen Wort ausdrücken sollte.

Zwei Jahre zuvor hatte Gandhi die Redaktion der Wochenzeitschrift *Indian Opinion* übernommen und vor dem Bankrott bewahrt. Jetzt, während der Kämpfe gegen das Fingerabdruck-Gesetz, wurden die Leser der *Opinion* aufgefordert, ein Wort zu finden für die Praxis der bewussten Übertretung ungerechter Gesetze. In die engere Wahl kam das Wort »Sadagraha«, Festhalten am Guten. Gandhi machte »Satyagraha« daraus. Es sollte zum Inbegriff für Gandhis Leben werden.

»Festhalten an der Wahrheit« bedeutet dieses Neuwort, das es zuvor in keiner indischen Sprache gab. Gemeint ist damit eine Strategie, die darauf beruht, die Vernunft und das Gewissen des Gegners anzusprechen, indem man bereit ist, gewaltlos Schmerz und Leiden auf sich zu nehmen. Das geschieht aber durchaus in kämpferischer Absicht. Der Gegner soll »umgedreht«, als Verbündeter und Freund für die eigene Sache gewonnen werden. Die Leidensbereitschaft soll Herz und Gewissen des Gegners effektiver beeinflussen als Drohungen und Gewalt. Gewaltlosigkeit unterbricht die Gewaltspirale und ist dadurch in der Lage, den Gegner auf die eigene Seite zu ziehen. Sie ist nicht die Waffe der Schwachen, sondern die Waffe der geistig Stärksten.

Wer mit dieser Kraft der Wahrheit in den Kampf zieht, ist ein *satyagrahi*. Für diesen hat Gandhi folgende Regeln erlassen:

- Er erträgt die Wut seines Gegners.
- Er hält den Schmerz aus, der ihm zugefügt wird, und rächt sich nicht, aber lässt sich nicht unterwerfen, sei es aus Angst vor Bestrafung und dergleichen.
- Wenn eine Amtsperson einen *satyagrahi* festnehmen will, so wird er sich freiwillig der Festnahme fügen und widersteht nicht der Beschlagnahmung oder dem Entzug seines Eigentums, wenn es von den Behörden konfisziert werden soll.
- Wenn ein *satyagrahi* Dinge besitzt, die ihm als Treuhänder überlassen worden sind, so weigert er sich, sie abzugeben – auch wenn er dabei sein Leben verlieren könnte. Er wird sich aber auf keinen Fall rächen.
- Rache beinhaltet auch Fluchen und Beleidigen.
- Deshalb wird nie ein *satyagrahi* seinen Gegner beleidigen.
- Ein *satyagrahi* grüßt nicht die britische Flagge, aber er wird keine Beamten beleidigen, seien es Engländer oder Inder.
- Wenn während des Kampfes irgendjemand einen Beamten beleidigt oder ihn tätlich angreift, so wird ein *satyagrahi* den Beamten vor der Beleidigung oder dem Angriff schüt-

zen, und dies tut er auch unter der Gefahr, getötet zu werden.

Nachdem dieses Konzept theoretisch so definiert war, wurde es in die Praxis umgesetzt, sobald sich ein Anlass bot, und an Anlässen herrschte kein Mangel. Einer dieser Anlässe bestand 1913 in weiteren Schikanen der Regierung gegen die Inder*innen: Beschränkungen in ihrer Freizügigkeit, eine Kopfsteuer, und dann wurden auch noch alle nicht-christlichen Ehen, die nicht vor einem Standesbeamten in Südafrika geschlossen wurden, für ungültig erklärt. Für die Inder*innen bedeutete das eine große Verletzung der Ehre, da die Ehefrauen nun den Status einer Geliebten hatten. Zudem waren die Kinder nicht mehr erbberechtigt.

Darauf antwortete Gandhi mit einer Satyagraha-Kampagne. Die schikanösen Gesetze wurden in verschiedenen Aktionen von den Satyagrahis gebrochen. 50 000 Bergarbeiter streikten gegen die Steuer für Kontraktarbeiter. Hunderte von Männern, Frauen und Kindern marschierten von Natal nach Transvaal und wurden wegen illegaler Einwanderung verhaftet.

Die Gefängnisse füllten sich, quollen über, und die Kosten für die Inhaftierten steigerten sich enorm. Die Stilllegung der Bergwerke verursachte Gewinneinbußen und brachte die Regierung so in Bedrängnis, dass sie sich auf Verhandlungen einließ. Diese endeten mit einem Sieg der Inder*innen in allen Streitfragen. Gandhi und seine Mitstreiter wurden freigelassen.

Im Jahr 1914 ging Gandhis Zeit in Südafrika zu Ende. Er litt unter gesundheitlichen Problemen und wollte zurück in seine indische Heimat. Als Sieger hat er Südafrika nicht verlassen. Der Rassismus dort ging noch viele Jahrzehnte weiter und nahm immer schlimmere Formen an. Aber Gandhis Ideen blieben virulent und steckten eines Tages den Mann an, der Gandhis Kampf mit ähnlichen Mitteln und für alle »Rassen« fortsetzte und gewann: Nelson Mandela.

Gandhi sollte sich jetzt mit einem viel mächtigeren Gegner

anlegen als dem Südafrika-Regime: dem britischen Empire. Alles, was er dafür brauchte, hatte er sich bereits in Südafrika erarbeitet, die Theorie, die Praxis und vor allem: das Vertrauen seiner Mitbürger. Was er in Südafrika für seine Landsleute geleistet hatte, war allen Inder*innen längst bekannt. Gandhi und seine Frau Kasturbai wurden daher bei ihrer Rückkehr nach Indien am 9. Januar 1915 jubelnd und mit großem Aufgebot empfangen. Und mit großen Hoffnungen. Man hatte ihm inzwischen den Beinamen »Mahatma«, die große Seele, gegeben.

Es gab damals eine nationale Befreiungsbewegung, welche die Unabhängigkeit Indiens anstrebte und die Engländer aus dem Land jagen wollte. Die Führer dieser Bewegung setzten große Hoffnungen in Gandhi und erwarteten sich dessen Unterstützung.

Gandhi stand der Befreiung Indiens von englischer Herrschaft natürlich grundsätzlich positiv gegenüber. Andererseits erkannte er aber mit untrüglichem Instinkt: Die Führer der Bewegung wollen sich einfach nur an die Stelle der Engländer setzen und die 80 Prozent Bauern, aus denen Indien besteht, genauso ausbeuten, wie es die Kolonialherren gemacht haben. Gandhi aber ging es nicht um das Wohlergehen der indischen Oberschicht und nicht um eine Fortsetzung des Lebens unter anderer Herrschaft, sondern um einen Neubeginn und die Umgestaltung des ganzen Landes.

Daher reagierte er auf Avancen der Parteiführer zurückhaltend. Er sagte, er wolle sich erst dann in der Öffentlichkeit zu politischen Fragen äußern, wenn er genügend Erfahrungen in Indien gesammelt haben würde. Dennoch arbeitete er immer wieder mit den Politikern zusammen, besonders mit Indiens späterem Staatspräsidenten Jawaharlal Nehru, mit dem ihn zeit seines Lebens freundschaftliche Gefühle verbanden. Aber zur indischen Politikerkaste gehörte Gandhi nie. Zwischen ihnen und ihm bestand immer eine gewisse Distanz, die beispielsweise auch dadurch zum Ausdruck kam, dass er bei Zusammenkünften die Diener und Fahrer der Politiker zum Essen an den Tisch geholt hat. Es konnte auch vorkommen, dass er einem Diener das Tablett mit dem Tee abnahm und selbst die Anwesenden bediente. Den anderen ging es ziemlich auf die Nerven, wenn Gandhi mitten im Gespräch aufstand, um jemandem bei etwas zu helfen und sich für eine Weile entschuldigte. In solchen Szenen zeigte sich die totale Andersartigkeit des Menschen Mahatma Gandhi. Darauf reagierte seine Umwelt unsicher, verstört und häufig auch genervt.

Nach seiner Ankunft in Indien reiste er zunächst nach Kathiawad weiter, um Verwandte und Freunde zu besuchen, und danach mit dem Zug durch das ganze Land. Im Mai gründete Gandhi den *Satyagraha*-Ashram in Kochrab bei Ahmedabad.

1917 wurde die Unterdrückung der Bauern von Champaran in Nord-Bihar zum Anlass für Gandhis erste *Satyagraha*-Kampagne in Indien. Gandhi untersuchte die Lage der Bauern, die von den Briten durch den Zwangsanbau von Indigo bei niedrigen Preisen und hohen Steuern an den Rand des Verhungerns getrieben wurden. Schon allein diese einfache Wahrheit auszusprechen genügte, um in Konflikt mit den englischen Behörden zu geraten. Sie forderten ihn auf, das Gebiet zu verlassen, was Gandhi natürlich verweigerte.

Er wurde vor Gericht gestellt, bekannte sich schuldig und forderte eine angemessene Strafe. Dabei bestätigte sich, was Gandhi immer wusste: In Südafrika hatte er es mit einem rassistischen Burenregime zu tun, das sich um Rechtsstaatlichkeit, Demokratie und Menschenrechte nicht viel scherte. In Indien dagegen hatte er es mit den Briten zu tun, einer zivilisierten, von demokratischen Grundsätzen geprägten Nation. Bei aller Blindheit, mit der sie ihre politischen, strategischen und wirtschaftlichen Interessen verfolgte, vergaß sie dennoch nie, sich an die eigenen Gesetze zu halten. Infolge dieser Gesetze wurde Gandhi freigesprochen. Und der Bericht der Untersuchungskommission führte zur Abschaffung des Zwangsanbaus und zur Reduzierung der Steuern.

Gandhi hatte bewiesen, dass seine Strategie des zivilen Ungehorsams zum Erfolg führen kann. Zugleich war ihm jedoch klar, dass dieser Erfolg auf dem Weg zur Unabhängigkeit nur ein sehr kleiner Schritt gewesen ist.

Der nächste Schritt wurde nötig, als die Engländer wegen der wachsenden Unruhen unter den Inder*innen das Kriegsrecht einführten. Nun durften Verdächtige ohne Prozess eingesperrt werden. Die Inder*innen waren der Willkür der Briten ausgeliefert. Gandhi kämpfte 1919 mit einer Satyagraha-Kampagne gegen diese Gesetze. Überall im Land versammelten sich die Inder*innen zu friedlichen Protesten, bis am 13. April 1919 der General Reginald E.H. Dwyer in der nordindischen Stadt Amritsar ein Exempel statuieren wollte. Auf dem größten Platz der Stadt hatten sich 20000 unbewaffnete Demonstrant*innen versammelt. Dwyer ließ die wenigen Zugänge zu dem Platz abriegeln, brachte seine Soldaten in Position und ließ sie ohne Vorwarnung auf die wehrlosen Demonstrant*innen schießen.

Zehn bis fünfzehn Minuten lang feuerten sie in die Menge, die nicht fliehen konnte. Rund 400 Demonstrant*innen wurden getötet und über 1200 verwundet. Nach dem Amritsar-Massaker schwand jegliches Vertrauen in die britische Herrschaft.

Natürlich haben die Briten den Vorfall untersucht und den General verhört. Dieser sagte, er habe durch die Aktion ein Signal fürs ganze Land geben und dadurch die Ruhe wiederherstellen wollen. Es wurde ihm nahegelegt, den Dienst zu quittieren, was er auch tat. Eine weitere Bestrafung erfolgte nicht. Damit war das Verhältnis zwischen Indien und England endgültig zerrüttet und Gandhi dachte sich eine neue Aktion des zivilen Ungehorsams aus: Nichtzusammenarbeit.

Wenn sich an einem bestimmten Tag alle Inder*innen einfach zum Beten versammeln, wird in Indien das Leben stillstehen, sagte Gandhi seinem Volk. Die Engländer*innen werden niemanden mehr haben, der sie bedient, der kocht, putzt, die Wäsche wäscht, den Müll wegräumt. Kein Zug und kein Taxi werden fahren. Die englischen Behörden werden lahmgelegt sein und den Soldaten in den Kasernen wird schon bald der Nachschub ausgehen.

Am 6. April 1919 haben die Inder*innen diesen Generalstreik in etlichen Städten tatsächlich befolgt und damit den Engländer*innen demonstriert, dass sie auf Dauer nicht mehr in der Lage sein würden, mit einigen Hunderttausend Soldaten und Verwaltungsbeamten 200 Millionen Inder zu regieren.

Dieser Generalstreik war der Auftakt zu zivilem Ungehorsam. Große Menschenmengen beteiligten sich an den Aktionen und verpflichteten sich zum Verzicht auf Gewalt gegen Personen und Sachen. Auf den Straßen wurde verbotene Literatur verkauft, darunter Gandhis Schriften *Hind Swaraj* und *Sarvodaya*. Das Land war in Aufruhr. Unzählige Menschen wurden verhaftet und verurteilt.

Gandhi ließ sich eine weitere Widerstandsaktion einfallen, die Spinnrad-Kampagne. Auf Reisen durch das ganze Land rief Gandhi dazu auf, zu Hause Spinnräder zu benutzen und selbst Stoffe herzustellen. Die englischen Stoffe sollten boykottiert werden. Gandhi selbst ging als gutes Beispiel voran. Er, der in jungen Jahren die Kleidung der Briten getragen hatte, trug als einziges Kleidungsstück nur noch einen Dhoti, der aus einem einzigen langen Stück Stoff, meist dünner Baumwolle, besteht, in der Taille zusammengeknotet und dann hosenartig um die Beine geschlungen wird. Jede freie Minute arbeitete Gandhi jetzt am Spinnrad, obwohl seine Frau immer behauptete, er habe zwei linke Hände. Die Spinnrad-Kampagne richtete sich gegen die Importe englischen Stoffes, verhalf aber auch den ärmeren Inder*innen zu einem Nebenverdienst.

»Wir haben fast 700 000 Dörfer, von denen sich eine große Zahl in einem Zustand am Rande des Verhungerns befindet«, sagte Gandhi. Dies sei so, weil sie sechs Monate im Jahr keine Arbeit haben. Deshalb sei es notwendig, irgendeine zusätzliche Beschäftigung zu finden. »Eine solche Beschäftigung ist das Spinnen mit der Hand und dem Spinnrad.« Am 31. Juli 1921 eröffnete Gandhi die Kampagne zum Boykott ausländischer Textilien, indem er in Bombay ein riesiges Feuer mit Importkleidung entfachte. Er tat dies nicht aus Hass, sondern als Symbol für Indiens Entschlossenheit, die Fremdbestimmung abzuwerfen und auf eigenen Füßen zu stehen.

Gandhi legte seine Kopfbedeckung und sein Hemd ab. Er wusste, dass Millionen von Indern zu arm waren, um die ausländische Kleidung zu ersetzen. Sein Kopf wurde rasiert. Er wickelte sich ein Stück Khaddar, ein selbst gefärbtes Baumwolltuch, um seine Lende und trug dazu einen selbst gesponnenen Lendenschurz.

Gandhi machte das Spinnrad zum Symbol der indischen Unabhängigkeit. In dieser Kampagne war es ihm gelungen, das indische Volk auf einen friedlichen Weg des Widerstands zu führen. Auf seinen Vorschlag hin wurde auch eine neue Unabhängigkeits-Flagge entworfen: ein Spinnrad vor den Farben Weiß-Grün-Rot, die Friede, Reinheit und die Einheit aller Religionen in Indien symbolisierten.

Nun wurde den britischen Behörden Gandhis Treiben zu bunt. Am 10. März 1922 wurde er von der Polizei abgeführt. Am 18. März begann der historische Prozess in Ahmedabad. Der Angeklagte Mohandas Karamchand Gandhi, 53 Jahre alt, nach eigenen Angaben Bauer und Weber von Beruf, verteidigte sich selber und bekannte sich schuldig: »Ich halte es für eine Tugend, einer Regierung gegenüber illoyal zu sein, die Indien insgesamt mehr Schaden zugefügt hat als jedes andere Regierungssystem (…) Ich bitte nicht um Gnade. Ich bin hier, um die höchste Strafe zu erbitten und sie freudig anzunehmen, die mir für etwas auferlegt wird, was dem Gesetz nach ein vorsätzliches Verbrechen ist, das mir aber als die höchste

Pflicht eines Staatsbürgers erscheint.« Gandhi wurde zu sechs Jahren Gefängnis verurteilt, am 5. Februar 1924 aber vorzeitig aus der Haft entlassen, offiziell aus gesundheitlichen Gründen. In Wahrheit aber deshalb, weil die Unruhen im Land auch ohne Gandhi immer weitergingen und auch immer gewalttätiger wurden. Die Engländer brauchten Gandhi, um der Gewalt wieder Herr zu werden.

Tatsächlich konnte Gandhi seine Landsleute auf den Pfad der Gewaltlosigkeit zurückführen. Aber der Kampf um die Unabhängigkeit ging unvermindert weiter und am 31. Dezember 1929 wurde eine im Wesentlichen von Gandhi formulierte Unabhängigkeitserklärung verabschiedet. Überall im Land leisteten große Menschenmengen feierlich das folgende Gelöbnis: »Wir glauben, daß es das unveräußerliche Recht des indischen wie jedes anderen Volkes ist, in Freiheit zu leben (...) Wir erachten es als ein Verbrechen gegen die Menschheit und gegen Gott, uns länger einer Herrschaft zu unterwerfen, die unserem Land Unglück bringt (...).«

Gandhi veröffentlichte ein 11-Punkte-Manifest, in dem das völlige Verbot von Alkohol, die Verringerung der Landsteuer und der Militärausgaben und die Abschaffung der Salzsteuer als die dringendsten Bedürfnisse des Volkes hervorgehoben wurden. »Außer Luft und Wasser ist Salz vielleicht die größte Notwendigkeit im Leben«, schrieb Gandhi.

Zum Erstaunen der britischen Regierung, die mit einer Kampagne zur Unabhängigkeit gerechnet hatte, kündigte Gandhi eine Kampagne gegen eine Kleinigkeit an: die Salzsteuer. Ursprünglich war diese Steuer eingeführt worden, weil die Schiffe, die Gewürze, Tee und andere Luxusgüter von Indien nach Großbritannien transportierten, nicht leer nach Indien zurückfuhren, sondern mit englischem Salz beladen wurden. Um dieses Salz in Indien verkaufen zu können, wurde einheimisches Salz durch die Salzsteuer verteuert. Obwohl zum Zeitpunkt der Ankündigung des Salzmarsches kaum noch englisches Salz eingeführt wurde, war die Steuer nicht abgeschafft worden. Sie hatte sich als sehr einträglich erwiesen. Für die Inder*innen war sie jedoch fatal. Gandhi versuchte der Regierung zu verdeutlichen, wie sehr das Volk unter der Steuer litt. Ein Arbeiter musste drei Tage arbeiten, nur um die Salzsteuer aufbringen zu können.

Ein Zugeständnis in Form der Abschaffung dieser Steuer wäre den Briten möglich gewesen, ohne dabei das Gesicht zu verlieren. Auch die finanziellen Einbußen hätten sie verkraften können.

Aber sie lehnten ab, vermutlich in völliger Fehleinschätzung der Lage. Sie werden gedacht haben: Wenn die Inder*innen sich wegen einer Lächerlichkeit wie der Salzsteuer engagieren, dann trauen sie sich offensichtlich mehr nicht zu, dann fehlt für größere Ziele die Kraft. Und dann haben sie sich möglicherweise heimlich schon damit abgefunden, dass sie ihre Unabhängigkeit nie erlangen werden. Noch immer hatten die Briten nicht verstanden, wie Gandhi denkt.

Und so sahen sie gelassen zu, wie Gandhi am 11. März 1930 in Ahmedabad zu seinem berühmt gewordenen Salzmarsch aufbrach. Begleitet von seinen Freund*innen und Schüler*innen legte er unter der Beobachtung durch die internationale Presse in 24 Tagen 385 km zurück. Die Menschen jubelten ihm auf seinem Weg in Massen zu, schlossen sich dem Zug an und strebten dem Meer entgegen. Jetzt erst wurden die Briten nervös. Und sie wurden es umso mehr, je länger der Marsch dauerte und je mehr Menschen mit Gandhi zogen. Nun konnten sie aber nicht mehr einschreiten.

Der 61-jährige Gandhi marschierte mit schnellen und sicheren Schritten an der Spitze der Prozession, voller Überzeugung von der Gerechtigkeit des Kampfes und voller Vertrauen auf den Erfolg der Kampagne. Täglich wurden etwa 10 Meilen zurückgelegt. Unterwegs sprach er über die vertrauten Themen: den Verzicht auf Alkohol, die Abschaffung der Kinderheirat, das Spinnen von Khadi, über den Wert der Handarbeit, die Pflicht zum Ungehorsam. Auch für die Kastenlosen setzte er sich ein, die er als Gotteskinder bezeichnete.

Im April 1930 erreichte Gandhi sein Ziel, die Stadt Dandi am arabischen Meer. Am nächsten Tag nahm er ein Bad im Meer, bevor er den vielen Menschen, die sich am Strand um ihn versammelt hatten, den eigentlichen Zweck dieser Aktion erklärte. Er hob Salz auf, das sich am Strand abgesetzt hatte, und erklärte, dass auf diese Art kostenlos Salz gewonnen werden könne. In den folgenden Tagen entwickelte sich schnell ein illegaler Handel mit Salz am Strand. Englisches Salz wurde boykottiert. Der Boykott weitete sich schnell auf andere Güter aus.

Agitation und ziviler Ungehorsam verbreiteten sich über das ganze Land. Indien revoltierte. Die Polizei führte Massenverhaftungen durch. Salzpfannen wurden mit Gewalt zerstört, die Menschen brutal verjagt. 60 000 politische Gefangene füllten die Gefängnisse, und doch blieb das Volk friedlich und bereit, die Kampagne fortzusetzen.

Die Engländer griffen zu dem Mittel, zu dem sie immer griffen, wenn ihnen nichts mehr einfiel. Sie verhafteten Gandhi und viele seiner Mitstreiter. Die Bewegung aber ging weiter.

Am 29. Mai 1930 marschierte eine Menschenkette von *Satyagrahis* zum Salzbergwerk Dharasana, um es friedlich zu besetzen. Das Bergwerk wurde von Polizisten bewacht. Die Inder marschierten langsam auf die Bewacher zu. Als die erste Reihe in Reichweite vor den Polizisten stand, schlugen diese mit ihren Knüppeln zu. Die Männer sanken schwer verletzt zu Boden. Einige starben. Die Frauen schleppten sie zur Seite und verarzteten sie. Daraufhin bewegte sich die nächste Reihe Männer vor. Die Szene wiederholte sich – Reihe um Reihe. Einer nach dem anderen ging wehrlos und blutüberströmt zu Boden.

Die Engländer hatten ihr Salzbergwerk erfolgreich verteidigt.

Und ihr Ansehen in der Welt verloren.

Die internationale Presse hatte zugeschaut. Ihre Berichte gingen um die Welt. Es war der Anfang vom Ende der britischen Herrschaft in Indien.

»Indien ist frei«, telegrafierte ein englischer Journalist in die Heimat. Er hatte das metaphorisch gemeint: Wer so kämpft, wie diese Männer gekämpft haben, die mutig in die Polizeiknüppel marschierten, der ist durch keine Macht der Welt mehr zu beherrschen. Es hat dann noch 17 Jahre gedauert, bis Indien auch rechtlich frei und von England 1947 in die Unabhängigkeit entlassen wurde. 190 Jahre britischer Herrschaft über Indien waren vorbei. Gandhi pries den britischen Rückzug als »die ehrenwerteste Tat der britischen Nation«.

Danach passierte, was oft passiert, wenn ein lange unterdrücktes Volk quasi über Nacht in die Freiheit entlassen wird: Es kann mit seiner erkämpften Freiheit nicht umgehen, muss das Leben in Freiheit erst erlernen. So war es auch in Indien. Dort existierten unter der englischen Herrschaft zwei Religionen – Hindus und Moslems – scheinbar friedlich nebeneinander. Aber nach dem Abzug der englischen Truppen war es mit diesem Frieden vorbei. Die beiden Religionsgruppen fielen übereinander her und schlachteten sich gegenseitig ab. Große Regionen wurden von Unruhen heimgesucht. Minderheiten wurden tyrannisiert und verfolgt.

Gandhi versuchte verzweifelt, die beiden Gruppen zur Vernunft zu bringen. Er fastete sich fast zu Tode, erreichte damit auch einen Waffenstillstand, aber nur in Kalkutta und auch dort nur vorübergehend. Es gab keine andere Lösung mehr als die Teilung des Landes in ein hinduistisches Indien und ein muslimisches Pakistan. Diese Teilung verursachte eine der größten Massenfluchten der Geschichte. Sie machte über 26 Millionen Menschen heimatlos und kostete über zwei Millionen das Leben. Bis heute sind die beiden Staaten miteinander verfeindet und haben ihre Atomwaffen aufeinandergerichtet.

Gandhi kämpfte bis zuletzt für eine Versöhnung und dafür

wurde er von den Fanatiker*innen beider Religionen gehasst. Am 30. Januar 1948 wurde Gandhi vom nationalistischen Hindu Nathuram Godse erschossen.

Sein großes Ziel der indischen Unabhängigkeit hatte Gandhi erreicht. Von seinem viel ehrgeizigeren Ziel aber, einem Indien, »in dem auch die Ärmsten das Gefühl haben, daß es ihr Land ist, dessen Gestaltung sie tatsächlich und wirkungsvoll mitbestimmen können, ein Indien, in dem es keine obere und keine untere Klasse gibt, ein Indien, in dem alle Glaubensgemeinschaften in vollkommener Harmonie leben«, war er Lichtjahre entfernt, als er starb.

Gern wird auch die Dichterin Sarojini Naidu zitiert, die einmal gesagt hat: »Es kostet das Land ein Vermögen, Gandhi ein Leben in Armut zu ermöglichen.« Tatsächlich hatte Gandhi vom Geld seiner Anhänger gelebt. Reiche Förderer des Mahatma bezahlten ihm und seiner wachsenden Anhängerschaft das experimentelle Leben im Aschram, der sich allein finanziell nicht hätte tragen können. Und ohne die großzügige Unterstützung von milliardenschweren Industriellen wie Ghanshyam Das Birla hätte der Prediger des einfachen dörflichen Lebens nur schwer seinen Aschram betreiben können.

Und war er nicht auch wahnsinnig autoritär und dogmatisch, manchmal geradezu verbohrt? Gandhi fühlte sich wohl in der Rolle des spirituellen Meisters, der sich auf seiner kleinen Aschram-Insel mit Jüngern umgab, die ihn nie kritisierten. Jawaharlal Nehru, kein Jünger, aber ein Freund, sagte, man habe bei Gandhi oft das Gefühl gehabt, gegen eine Wand zu reden. Gandhi sei so fest von seinen eigenen Auffassungen überzeugt, dass ihm alles andere als unwichtig erscheine.

Noch gilt Gandhi in Indien bis heute als Nationalheiliger und wird jedes Jahr an seinem Geburtstag, dem 2. Oktober, als »Vater der Nation« gefeiert. Sein Gesicht ist auf jeder Banknote gegenwärtig. Zahlreiche Straßen sind nach ihm benannt, und sein 150. Geburtstag im Jahr 2019 wurde im ganzen Land mit viel Pomp gefeiert. Der Garten, in dem er ermordet wurde, ist längst eine Gedenkstätte.

Aber, sagt ein Mitarbeiter der Gedenkstätte, die Mehrheit der Besucher komme aus dem Ausland, nicht aus Indien. Und der Direktor des Gandhi-Museums in Delhi, Alagan Annamalai, berichtet, dass Gandhi vielen jungen Indern gleichgültig sei. Er treffe viele Schulklassen. Und die meinen, dass der indische Nationalheld gegen die moderne Entwicklung sei. Annamalai sagt aber auch: »Regierungen können Gandhi lieben oder hassen, aber sie können ihn nicht ignorieren.«

Also vereinnahmen sie ihn für ihre jeweiligen politischen Ziele, wie es etwa der gegenwärtige indische Regierungs-Chef Narendra Modi tut. Es gibt durchaus Berührungspunkte zwischen ihm und Gandhi, zum Beispiel in Bezug auf die Religion. Gandhi wollte einen von religiösem Geist geführten Staat. Das will Modi auch. Nur sind dessen Vorstellungen von einem religiösen Staat das Gegenteil dessen, was Gandhi sich darunter vorstellt. Dieser wollte ein tolerantes Land voller Spiritualität, in dem die Angehörigen aller Religionen friedlich miteinander leben und arbeiten. Modi dagegen will einen rein hinduistischen Staat, in dem für andere Religionen kein Platz ist. Diese Vorstellungen setzt er mit Brachialgewalt durch, vor allem gegen die im Land lebenden Muslime.

Modis hindunationalistischer Partei missfällt Gandhis religiöse Toleranz. Das geht so weit, dass einige Mitglieder dieser Partei nicht Gandhi, sondern dessen Mörder Nathuram Godse als Helden verehren. Sie haben ihm bereits einige Denkmäler, und in Gwalior, einer Stadt südlich von Delhi, eine Gedenkbibliothek errichtet, die dem Mörder gewidmet ist.

Seit Modi regiert, häufen sich Morde durch Lynchmobs, die kaum fürchten müssen, vor Gericht gestellt zu werden. Unter den 200 Millionen in Indien lebenden Muslim*innen herrschen Angst und Schrecken. Systematisch werden sie ihrer Rechte beraubt, Schikanen ausgesetzt, bedroht, misshandelt. Amit Shah, der die vermeintlichen Einwanderer auch als »Ungeziefer« bezeichnet, ist seit zwei Jahrzehnten der engste Vertraute von Premierminister Narendra Modi.

Die Realität in Indien heute, aber auch im Rest der Welt, war wohl noch nie so weit entfernt von dem, was Gandhi sich erhofft und vorgestellt hatte. Vielen derer, die heute das Sagen haben und sich für Realisten halten, gilt er als Spinner, Traumtänzer, Mann der Vergangenheit.

Aber wie viel Spinnerei oder Realismus liegt eigentlich in der Vorstellung, man müsse religiös und ethnisch »reine« Staaten erschaffen, und um dies zu erreichen, alle nicht Dazugehörenden schikanieren, masskarieren, entrechten, vertreiben, um die Welt zu verbessern? Wie viel Spinnerei oder Realismus liegt in der Vorstellung, dieser Planet hielte es aus, den american way of life auf die ganze Menschheit auszudehnen? Wenn sich jeder Einzelne der 2,3 Milliarden Inder und Chinesen anschickt, künftig genauso viel Energie, Rohstoffe und Nahrungsmittel zu verbrauchen wie der oder die einzelne Durchschnittseuropäer*in und -amerikaner*in, dann lässt sich heute schon errechnen, wann der letzte Mensch von diesem Planeten verschwunden sein wird.

Dass dieses Verschwinden schon begonnen haben könnte, dafür gab es im Jahr 2022 genügend Anzeichen: Hunger und Dürre weltweit, Überschwemmungen in Afghanistan wie noch nie, Waldbrände in Deutschland wie noch nie, Wassermangel in weiten Teilen Europas.

Ihr müsst euer Leben ändern, hat dieser Gandhi den Asiat*innen, Europäer*innen und Amerikaner*innen gepredigt. Sie werden es wohl erst tun, wenn sie durch katastrophale Ereignisse dazu gezwungen werden. Dann wird man Gandhi als einen der wenigen Realisten verehren, den die Menschheit hervorgebracht hat.

Bertha von Suttner

Nieder mit den Waffen!

* 1843 als Bertha Sophia Felicita Gräfin Kinsky von Chinic und Tettau in Prag — 1873 Gouvernante beim Industriellen und Freiherrn Karl von Suttner in Wien als Musik- und Sprachlehrerin — 1876 heimliche Hochzeit mit Arthur Gundaccar von Suttner in Wien — ab 1877 Aufenthalt im Kaukasus als Journalistin und Schriftstellerin (Pseudomym B. Oulot) für österreichische Zeitungen tätig — 1885 Rückkehr nach Wien — 1889 Veröffentlichung ihres Erfolgsromans Die Waffen nieder! — 1891 Präsidentin und Gründerin der »Österreichischen Gesellschaft der Friedensfreunde« — 1891 Vizepräsidentin des »Internationalen Friedensbüros« — 1892 Gründung der »Deutschen Friedensgesellschaft« — 1899 Beteiligung an »Erste(r) Haager Friedenskonferenz« in Den Haag — ab 1902 Rückkehr nach Wien und schriftstellerische Tätigkeit — 1904 siebenmonatige Friedensreise durch die USA — 1905 Friedensnobelpreis — † 1914 in Wien

Manchmal besteht das Glück eines Menschen darin, dass ihm das Schicksal versagt bleibt, wonach er sich am heftigsten sehnt. Manchmal braucht es ein paar Demütigungen, eine nicht ganz leichte Kindheit, die Hinnahme gewisser Widersprüchlichkeiten im eigenen Leben und ein notorisch überzogenes Bankkonto, damit aus einem Mädchen nicht eine dumme Göre, verwöhnte Zicke und depressive Ehefrau, sondern eine interessante Persönlichkeit wird. Eine Frau, die Geschichte macht, den Nobelpreis bekommt und unzähligen Schulen einen Namen gibt.

So eine Persönlichkeit, die jahrzehntelang nach einem ganz anderen Leben strebte als nach dem, das sie tatsächlich führen musste, war die am 9. Juni 1843 in Prag geborene Bertha von Suttner. Das Leben, das ihr vorschwebte, war das des europäischen Hochadels, ein Glanz und ein Prunk, wie ihn Bertha als 16-Jährige während eines Aufenthaltes in Wiesbaden erlebt hatte. Ihre Mutter war aus dem österreichischen Brünn in den hessischen Kurort gereist, allerdings nicht, um dort, wie sie zu Hause erzählte, eine Badekur zu machen, sondern um in der Spielbank ihr Glück zu versuchen.

Dort lernte Bertha bei den Gesellschaften und Festen das Leben der »großen Welt« kennen und schätzen, bevölkert von den »Zigeunern des Luxus«, einer »nomadisierenden Völkerschaft, die ihre Zelte an alle Vergnügungsorte schleppt und sich überall da zu Hause fühlt, wo sie ihresgleichen begegnet. (…) Wo es von Opernmusik, Pferdehufschlag, Champagnergläsergeklirr und Flirtgekicher erschallt; wo Wappen und Kronen, Fächer und Reitgerten, Puderquaste und Jagdgewehr die Insignien des Berufes bilden; wo man Baccara spielt, sich auf Degen schlägt, Zweitausend-Francs-Toiletten trägt, Tauben schießt, Korso fährt, verschleiert zum Rendezvous eilt, seine Ahnen von den Kreuzzügen datiert oder seinen Kredit nach Millionen beziffert«.

Es hätte nicht viel gefehlt, und Bertha hätte ein solches Leben geführt, denn immerhin konnte sie einen erstklassigen Geburtsort vorweisen: das Palais Kinsky am Altstädter Ring in Prag, einem der schönsten Rokoko-Schlösser der böhmischen Hauptstadt. Einen eindrucksvollen Namen hatte sie auch: Bertha Sophia Felicita Gräfin Kinsky von Chinic und Tettau. Damit war sie ein Abkömmling eines der vornehmsten Geschlechter Böhmens. Einer ihrer Vorfahren gehörte zu jenen protestantischen Adeligen, die sich 1618 gegen den Kaiser auflehnten und die kaiserlichen Beamten aus dem Fenster der Prager Burg warfen – was als »Prager Fenstersturz« Geschichte machte, denn damit begann der Dreißigjährige Krieg. Ein anderer Vorfahr Suttners war in diesem Krieg einer der engsten Vertrauten Wallensteins. Mit ihm und den Generalen Ilow, Trcˇka und Neumann wurde er 1634 in Eger ermordet.

Eigentlich verfügte Bertha also über die besten Voraussetzungen für die übliche Komtessenerziehung, um »schön, dumm und keusch« zu werden, wie sie später selber sagte. Stattdessen wurde aus ihr eine Journalistin, Schriftstellerin, Friedensaktivistin und Emanze, die eines Tages mit einem sieben Jahre jüngeren Mann in den Kaukasus durchbrannte, dort in ärmlichsten Verhältnissen lebte und eigenhändig den Fußboden schrubbte. Woran lag es, dass ihr das erträumte Leben versagt blieb?

Eigentlich nur an ein paar Kleinigkeiten. So wurde sie zwar in der glanzvollen Residenz ihres fürstlichen Familienzweiges geboren, allerdings nicht im hochherrschaftlichen Haupttrakt, sondern in einer der vielen Wohnungen des Prager Palais. Ihr Vater war nicht Majoratsherr, also Haupterbe, sondern nur »dritter Sohn«. Er musste sich ohne Landgüter und ohne eigenes Stadtpalais auf seinen militärischen Beruf beschränken.

Schlimmer aber war: Als Bertha geboren wurde, war dieser Vater bereits tot, gestorben kurz vor ihrer Geburt im Alter von 75 Jahren. Er hinterließ eine fast 50 Jahre jüngere Witwe.

Am schlimmsten jedoch und für Berthas Schicksal entscheidend war die bornierte österreichische Aristokratie. Für diese zählten weder Bildung noch Leistung noch Schönheit noch Anmut, und schon gar nicht Charakter oder Persönlichkeit. Es zählte nur eines, etwas, was heute nur noch bei Hunden und Pferden wichtig ist: Herkunft, Stammbaum. Wer seine adlige Abstammung nicht über mindestens 16 Generationen zurückverfolgen konnte, galt in jenen ersten Kreisen als nicht ebenbürtig, wurde zu den großen Festlichkeiten am Wiener Hof nicht zugelassen und auch sonst gemieden und geschnitten.

Solange der Ehrfurcht gebietende Ehemann lebte, musste die Gesellschaft die junge Ehefrau, Berthas Mutter, notgedrungen respektieren. Nach seinem Tod fühlten sich die Edlen zu nichts mehr verpflichtet, auch die eigene Familie nicht. Schon bei Berthas Taufe zeigte sich, dass dieses Kind es in seiner Familie und seiner Gesellschaftsschicht einmal sehr schwer haben würde. Keiner der fürstlichen oder gräflichen Verwandten war als Pate der kleinen Bertha erschienen. Ihr älterer Bruder und das Kammermädchen Barbara Kraticek mussten als Paten herhalten.

Der Mutter, Sophie Kinsky, wurde damit klargemacht, dass sie auf Einladungen nicht mehr hoffen konnte, dass sie einsam und isoliert den Rest ihres Lebens an den Katzentischen im Prager Palais wird verbringen müssen. Das wollte sie nicht. Daher zog sie aus und übersiedelte nach Brünn. Wenigstens hatte der verstorbene Ehemann der Witwe und der Halbwaise eine angemessene Apanage, ein kleines Vermögen, hinterlassen. Dieses hätte den Lebensunterhalt von Mutter und Tochter für Jahrzehnte gesichert, wenn die Mutter nicht der Spielsucht verfallen gewesen wäre. Schon früh im Leben erfuhr Bertha, was Geldsorgen sind.

Die Mutter, die vergeblich gehofft hatte, sich durch die Heirat eines Greises Zugang zum österreichischen Hochadel zu verschaffen, erhofft sich jetzt von der Tochter die Erfüllung ihrer Sehnsüchte. Bertha soll durch eine »glänzende Partie« doch noch ermöglichen, was der Mutter verwehrt blieb: die Einheirat in eine Familie von altem österreichischen Adel.

Das ist jetzt ihr großes Projekt und die Tochter macht es sich zu eigen. Starten sollte es, wenn Bertha als 18-jährige Debütantin auf dem Wiener Opernball in die Gesellschaft eingeführt wird. Dieser Tag war schon Jahre vorher als feste Konstante, als der Fixpunkt des Lebens von Mutter und Tochter eingeplant. Auf diesen Tag hin wurde gelebt und geplant. Deshalb war die Mutter darauf bedacht, der Tochter eine ordentliche Bildung und Erziehung zu verschaffen. An jenem schicksalsschwangeren Tag sollte Bertha dem »Glück ihres Lebens« in Gestalt eines reichen, vornehmen, überdies schönen, jungen Aristokraten begegnen. Viele Stunden diskutierten Mutter und Tochter immer wieder die Frage, welche Garderobe dafür wohl die richtige sei.

Es wäre besser gewesen, andere Fragen zu diskutieren, zum Beispiel die Frage, warum die Mutter glaubt, dass der Tochter zufallen würde, was ihr vorenthalten wurde? Warum sollte ein 16-Generationen-Adliger sich unter seinem Stand mit einer Quasi-Bürgerlichen einlassen? Mit der rechtzeitigen Erörterung und richtigen Beantwortung dieser Frage hätte die Mutter der Tochter die größte Demütigung ihres Lebens ersparen können.

So aber fieberten beide jahrelang diesem einen, mit höchsten Erwartungen überfrachteten großen Moment entgegen. Als er vorbei war, brauchte das junge Mädchen ein paar Jahre, um das Resultat sachlich-bitter in die Worte kleiden zu können: »Voll freudiger Erwartung betrat ich den Saal. Voll gekränkter Enttäuschung habe ich ihn verlassen.«

Die anwesenden Damen und Herren der feinen Gesellschaft haben Mutter und Tochter Kinsky ignoriert. »Die hochadeligen Mütter saßen beisammen, meine Mutter saß einsam; die Komtessen standen in Rudeln und schnatterten miteinander – ich kannte keine, beim Souper bildeten sich lustige kleine Gesellschaften, ich war verlassen.« Die sorgfältig mit einem weißen, von Rosenknospen besäten Ballkleid herausgeputzte Bertha musste einen hässlichen, von anderen Mädchen abgewiesenen Offizier als Tanzpartner akzeptieren, um nicht sitzen zu bleiben.

Der Plan war gründlich gescheitert. Das Vorhaben aber wurde nicht gestrichen, nur variiert. Eine ähnliche Lösung, wie sie die Mutter hinter sich gebracht hatte, sollte jetzt die Tochter realisieren, die zweitbeste Lösung: dann eben keinen jungen schönen Adonis aus Wiens erster Gesellschaft, sondern einen älteren, aber vermögenden Mann aus der »zweiten« Gesellschaft, egal wie er aussieht, Hauptsache, er ermöglicht ein Leben in Villen, Schlössern, Palästen mit vielen Bediensteten, Glanz und rauschenden Ballnächten.

Dieser Mann wird auch schnell gefunden. Es ist der 52-jährige Baron Gustav von Heine-Geldern, millionenschwerer Inhaber des *Fremdenblattes* in Wien und jüngerer Bruder des Dichters Heinrich Heine. Obwohl nur zur »zweiten« Wiener Gesellschaft gehörend, zur Schicht der neu geadelten Industriebarone, war er durch seine erfolgreiche Zeitung eine mächtige Person des öffentlichen Lebens. Und Bertha war für Gustav Heine genau die Frau, die er suchte: jung, hübsch, repräsentativ, belesen, weltoffen und nicht durch die übliche Klostererziehung verbildet. Dass sie kein Geld hatte, störte den Baron nicht, das hatte er selber.

Viel wichtiger war, dass Bertha in vielen Sprachen »parlieren« konnte. Sie hatte Gouvernanten gehabt und von ihnen Französisch, Italienisch und Englisch gelernt. Sie hatte die Weltliteratur im Original gelesen und als Sechzehnjährige begonnen, Novellen zu schreiben. Eine davon wurde sogar gedruckt. Die übliche »Komtessenliteratur«, bestehend aus Heiligengeschichten und von »anrüchigen« Stellen gereinigten Klassikern, blieb ihr fremd.

Sie war stolz auf ihre Bildung, hat noch sehr viel später in ihren Memoiren die von ihr gelesenen Bücher aufgelistet: »Den ganzen Shakespeare, den ganzen Goethe, den ganzen Schiller und Lessing, den ganzen Victor Hugo, (...), Grillparzer, Byron, (...) den ganzen Dickens, (...) die Romane der George Sand, Balzac, Dumas – das Theater der Corneille, Racine, Molière«, daneben wissenschaftliche Literatur, Naturwissenschaft, Ethnologie, Philosophie. »Diese und noch andere, deren Namen ich hier nicht alle aufzählen kann, waren meine geistigen Genossen, in deren Gesellschaft ich eine glückliche, meinen persönlichen Erlebnissen entrückte Doppelexistenz führte, in der sich mir die Seele wohlig weitete.«

Dafür, sich durch Heirat aller Sorgen zu entledigen, war so eine profunde Bildung aber eher hinderlich. »Gelehrte« Frauen galten in dieser Zeit als »Blaustrümpfe«. Die schwache, anmutige, kindlich zum Manne aufblickende und anschmiegsame Frau war begehrenswert. Der »angeborene Schwachsinn des weiblichen Geschlechts«, den die Philosophen diagnostizierten, wurde in den Kreisen, zu denen Bertha unbedingt gehören wollte, als selbstverständlich vorausgesetzt und ließ die Frau als reizvoll, tugendhaft und weiblich erscheinen.

Insofern hatte Bertha mit ihrem Gustav Heine Glück. Er wollte ganz bewusst kein aristokratisch verblödetes Heimchen. Ihm, der einer neuen Elite angehörte, war die Bildung und Vielsprachigkeit seiner Frau wichtig, denn er hatte vor, mit ihr in viele Länder zu reisen, nicht nur privat, sondern auch geschäftlich. Dabei könnte ihm Bertha wertvolle Dienste erweisen, dachte er. Darum tat er alles, um seine junge Braut zu verwöhnen, schenkte ihr Blumen, Kleider, kostbaren Schmuck und fuhr mit Mutter und Tochter in prachtvollen Kutschen durch die Stadt, um die Einrichtung für die künftige gemeinsame Wohnung zu kaufen.

»Ich war geblendet und sagte ja«, urteilt Bertha später über diesen Moment ihres Lebens, an dem sie ihrem Ziel so nahe war wie nie. Und fügt aber sogleich hinzu: »Ich versuche nicht, diese Tatsache zu beschönigen. Es ist eine hässliche Tatsache, wenn ein achtzehnjähriges Mädchen einem ungeliebten, so viel älteren Mann die Hand reichen will, nur weil er Millionär ist! Es heißt – um es bei seinem wahren Namen zu nennen – sich verkaufen.«

Warum verkaufte sie sich? Waren der Glanz, die wirtschaftliche Sicherheit und der gesellschaftliche Status das wirklich wert? Natürlich nicht. Aber hatte sie eine Wahl?

Es bleibt den jungen Mädchen kaum etwas anderes übrig, als mit allen Mitteln ihre Schönheit herauszustreichen, sagte die reifere Bertha von Suttner, da »alles, worauf ein Mensch stolz zu sein pflegt – Rang, Name, Ansehen, Stellung – einer Frau nur durch Vermittlung des Mannes, der sie zur Gattin erkor, zugänglich war«. Nüchtern resümiert sie: »Ja, das Gefallen-wollen ward denjenigen gar bitter vorgeworfen, die man zum Gefallen-müssen aufgezogen hatte«, aufziehen musste, denn für die Frau gab es nur einen einzigen »anerkannten Beruf«: Gattin.

Sie hatte scheinbar keine Wahl und entschied sich, als es ernst wurde, im letzten Moment doch dagegen. Als sie das erste Mal mit ihrem Bräutigam allein ist, sagt dieser zu ihr: »Bertha, weißt du, wie entzückend du bist?« Dann ergreift er Besitz von seiner Eroberung, umschlingt sie und drückt seine Lippen auf ihre. »Der erste Liebeskuss, den ein Mann mir gegeben. Ein alter Mann, ein ungeliebter Mann. Mit einem unterdrückten Ekelschrei reiße ich mich los, und in mir steigt ein leidenschaftlicher Protest auf. Nein, niemals!«

Schon am nächsten Tag löst sie die Verlobung auf und schickt alle Geschenke zurück. Die Mutter ist entsetzt, erklärt ihre Tochter für verrückt, aber da ist nichts mehr zu machen. Zum ersten Mal in ihrem Leben zeigt sich etwas von jener Bertha von Suttner, die sie viele Jahre später werden wird. »Bald lag die ganze Episode hinter mir wie ein böser Traum, aus dem erwacht zu sein, ich als Wohltat empfand.«

Die Freude darüber hielt jedoch nicht lange an. Die Geldsorgen ihrer Mutter, die schon einen beträchtlichen Teil ihres Vermögens verspielt hatte, führten sie rasch zurück in die harte, grausige Realität. Was tun? Wovon leben? Es gibt keine andere Möglichkeit als die Ehe. Also weitersuchen. Einen

Mann finden, den Bertha lieben kann. Aber Geld haben muss er auch.

Eigentlich war es eine aufregende Zeit, in der Bertha lebte. Aus Frankreich hatte sich schon seit 1789 revolutionäres Gedankengut über ganz Europa verbreitet. Dampfmaschinen veränderten die industrielle Produktion, Eisenbahnen verbanden die Metropolen Europas, Nachrichten wurden in Lichtgeschwindigkeit durch Telegrafenleitungen gejagt. Der müßiggängerische, seit Generationen vom Grundbesitz und der Ausbeutung seiner Untertanen lebende Adel wird allmählich in die Bedeutungslosigkeit gedrängt von einer neuen, aufstrebenden, unternehmerischen bürgerlichen Elite, die über Bildung und Wissen verfügt. Nichts davon hat Bertha mitbekommen, so fixiert war sie darauf, einen Mann zu finden. Noch nicht einmal die Kriege, die überall geführt wurden, berührten sie.

Zwei Kriege in ihrer unmittelbaren Nähe, der »deutsche Krieg« zwischen Österreich und Preußen im Jahre 1866 und der deutsch-französische Krieg vier Jahre später, gehen an der späteren Kämpferin gegen den Militarismus spurlos vorüber. Wie die meisten ihrer Zeitgenossen vermag sie in den Armeen nur die »schimmernde Wehr« und im Krieg ein interessantes Spektakel zu sehen. »Von einem Balkon unter den Linden sah ich den Einzug der aus Frankreich heimkehrenden Truppen«, schreibt sie in ihren Memoiren. »Ich habe das Bild im Gedächtnis voll Sonnenschein, Jubel, flatternden Fahnen, gestreuten Blumen, Triumphbogen – ein hohes historisches Freudenfest. Wie anders würde heute meine Auffassung sein – doch die Geschichte dieser Wandlung kommt erst viel später!«

Noch jagt sie ihrem Lebensziel nach, noch glaubt sie, den Mann zu finden, der all ihre Probleme löst und auch ihre Mutter jeglicher Sorge enthebt. Darüber wird Bertha dreißig Jahre alt. Erst jetzt beginnt sie sich mit dem Gedanken vertraut zu machen, dass ihre Unternehmungen vergeblich gewesen sein könnten und sie ihre Jahre und ihre Jugend verspielt hat wie die Mutter ihr Geld. Ihre Schönheit, ihr einziges Kapital, schwindet dahin. Gemäß den Vorstellungen ihrer Zeit ist sie nun schon eine »alte Jungfer«. Eine »gute Partie« rückt damit immer schneller in immer weitere Ferne und wird schon bald keine realistische Option mehr sein.

Was jetzt? Für eine Komtess schickt es sich nicht, allein zu wohnen. Also muss sie nun für immer ihr Leben teilen mit der Mutter? Der Gedanke erschreckt sie. Also irgendwo in einem Haushalt eine bezahlte Stellung annehmen? Auch das ist unter der Würde einer Komtess.

Doch leider richtet sich die Realität nicht danach, was in gewissen Kreisen für schicklich gehalten wird. Bertha muss sich für eine der beiden Möglichkeiten entscheiden, und dieser Zwang wird sich – langfristig – heilsam auf ihre weitere Entwicklung auswirken.

Unglücklich, niedergeschlagen und deprimiert entscheidet sie sich für eine bezahlte Stellung. Die Familie von Suttner, bester österreichischer Hochadel, engagiert Bertha Kinsky als Gesellschafterin, Erzieherin und Begleiterin für ihre vier Töchter im Alter von fünfzehn bis zwanzig Jahren.

Erst viele Jahre später wird Bertha erkennen, dass dieses Unglück ihr Glück war, und wird in ihren Memoiren schreiben, dass ihr jener Tag »die Pforte« geöffnet hatte, »durch die jene Bertha Suttner treten sollte, als die (…) ich mich heute fühle«.

Der Fortgang der Ereignisse kann nun erahnt werden, denn wie sollte aus der im Hause Suttner arbeitenden Gouvernante Bertha Sophia Felicita Gräfin Kinsky von Chinic und Tettau eine Bertha von Suttner werden, wenn nicht durch Heirat?

Natürlich verliebte sich Bertha in einen Sohn der Familie. Aber solch eine Liebe war damals aussichtslos. Die Komtess Kinsky gehörte im Hause Suttner zum Personal, und zum Personal hält man Abstand. Schon gar nicht heiratet man es.

Aber einer der drei im Hause lebenden Suttner-Söhne, der um sieben Jahre jüngere Arthur, hält keinen Abstand. Und Bertha lässt ihn an sich heran. Die vier Töchter kriegen es mit, aber schweigen solidarisch. Zweieinhalb Jahre lang. Dann merkt die Baronin Suttner, was los ist. Und feuert Bertha noch am selben Tag.

Zu jener Zeit hält Bertha Briefkontakt zur Fürstin von Mingrelien, die sie bei einer ihrer zahlreichen Reisen kennengelernt hatte. Das Schloss der Fürstin im Kaukasus ist durch einen Krieg zerstört worden, wird aber wieder aufgebaut, und dann müsse Bertha unbedingt kommen, schreibt die Freundin. Auch eine Arbeit würde sich für sie finden lassen. Dorthin würde Bertha jetzt gerne reisen. Weil aber der Wiederaufbau des fürstlichen Hauses noch nicht abgeschlossen ist, geht das nicht.

Doch die Baronin hat längst vorgesorgt. Der Adel jener Zeit ist zwar borniert, aber hat Stil. Daher hat sich die Baronin bereits um einen Job für Bertha gekümmert. Sie überreicht ihr ein Zeitungsinserat: Ein älterer, vermögender Herr in Paris sucht eine Privatsekretärin.

Bertha bewirbt sich und erhält die Stelle. Der nächste Glücksfall ihres Lebens, denn der ältere vermögende Herr entpuppt sich als Alfred Nobel, der Erfinder des Dynamits. Er war damals einer der reichsten Männer der Welt, 43 Jahre alt, erfolgreich als Wissenschaftler und Unternehmer, aber einsam und ein bisschen depressiv. Er braucht Bertha nicht nur als Privatsekretärin, sondern auch als private Begleiterin.

Sie hat nichts dagegen. Alfred Nobel ist ihr sehr sympathisch. »Er wusste so fesselnd zu plaudern, zu erzählen, zu philosophieren, dass seine Unterhaltung den Geist ganz gefangen nahm. Mit ihm über Welt und Menschen, über Kunst und Leben, über die Probleme von Zeit und Ewigkeit zu reden, war ein geistiger Hochgenuß.«

Ein paar Jahre zuvor wäre er genau die richtige Partie für

sie gewesen. Aber jetzt liebt sie Arthur. Wie sehr sie ihn liebt und wie er ihr fehlt, merkt sie erst jetzt in Paris. Darum wird aus Alfred und Bertha nichts. Schon nach einer Woche beschließt sie, nach Wien zurückzukehren, zu Arthur. Sie versetzt ihre letzten Schmuckstücke, bezahlt ihre Hotelrechnung und kauft sich eine Fahrkarte.

Alfred Nobel ist darüber zwar sehr enttäuscht, aber akzeptiert ihre Entscheidung. Besser noch: Aus der einen Woche Paris entwickelte sich zwischen der Bekämpferin des Militarismus und dem Hauptlieferanten der europäischen Militärs eine Freundschaft, die ein Leben lang hielt. Alfred Nobel teilte nie die pazifistischen Ideen, für die Bertha in den nächsten Jahrzehnten kämpfen sollte. Er glaubte nicht an Frieden durch Abrüstung. Dennoch verfolgte er alles, was Bertha tat, mit Sympathie. Und mehr als einmal hat er ihr finanziell aus der Patsche geholfen. Eine besondere Ironie der Geschichte liegt wohl auch darin, dass so manche Reise Berthas zu einem Friedenskongress und so mancher Hotelaufenthalt während einer internationalen Kriegsgegnerkonferenz von dem Geld bezahlt wurde, das Alfred Nobel bei seinen Geschäften mit den Generalen verdient hatte.

Zurück in Wien war Bertha aber immer noch viele Jahre entfernt von ihrer eigentlichen Lebensaufgabe. Vor ihr standen nun erst einmal neun Jahre Abenteuer. In Wien mietet sie sich in einem Hotel ein, bestellt Arthur unter falschem Namen zu sich, und dann beschließen sie, abzuhauen und sich irgendwie auf eigene Faust durchs Leben zu schlagen.

Heimlich heiraten sie am 12. Juni 1876 in einer entlegenen Vorstadtkirche Wiens. Heimlich verlassen sie das Land in Richtung Kaukasus, zur Fürstin von Mingrelien. Die Eltern Suttner brechen den Kontakt zu ihrem Sohn ab und verweigern ihm jede Unterstützung.

Das Paar fährt mit dem Schiff die Donau hinunter bis Galatz, mit der Postkutsche nach Odessa und von dort wieder mit dem Schiff übers Schwarze Meer nach Poti. Im Gasthaus dort schlafen sie in den Sesseln, weil es sie vor den schmutzigen Betten und dem Ungeziefer graust. Am Morgen reichen die Gäste die einzige Waschschüssel mit dem dazugehörigen einzigen Handtuch von Zimmer zu Zimmer weiter.

Weiter geht es mit der Postkutsche nach Gordi in den Kaukasus, wo sie von Fürst Nikolaus herzlich empfangen und in einer aus Holz gebauten Villa in der Nähe des Schlosses untergebracht werden. Aber Berthas Hoffnung, der Fürst könne ihnen eine Anstellung am Hof in Sankt Petersburg vermitteln, zerschlägt sich schnell. So gut sind seine Kontakte zum Zarenhof nicht.

So geben Arthur und Bertha Klavier- und Gesangstunden für kärgliche Honorare. Und als Russland und die Osmanen 1877/78 zum achten Mal Krieg gegeneinander führen, geht auch das nicht mehr. Im Krieg hat man andere Sorgen als die musische Bildung, und so gibt es im Leben des Paares Suttner Tage, an denen es sich nicht einmal etwas zu essen kaufen kann.

Aus Wien erreichen die beiden besorgte Telegramme von Berthas Mutter und Arthurs Schwestern. Aber Bertha hat keine Angst. Und noch immer nichts gegen den Krieg einzuwenden. Im Gegenteil. Der Krieg wird jetzt zu einer Einnahmequelle. Arthur hat die Idee, Berichte über den Krieg in Kaukasien zu schreiben und sie an die Wiener *Neue Freie Presse* zu schicken. Tatsächlich werden seine Artikel gedruckt, und er erhält dafür ein bescheidenes Honorar, bis es aus Wien heißt, seine Texte seien zu russlandfreundlich und könnten deshalb nicht länger veröffentlicht werden. Daher schreibt er nun für verschiedene Wochenzeitungen über Land und Leute.

Bertha denkt: Schreiben kann ich doch auch. Und so schreibt auch sie und tatsächlich druckt *Die Presse* in Wien ihre Artikel. Allerdings wird sie dort für einen Mann gehalten, weil Bertha ihre Texte unter dem geschlechtsneutralen Pseudonym B. Oulot veröffentlicht, um nicht an den üblichen

Vorbehalten gegen Frauen zu scheitern. Der zuständige Redakteur ist begeistert von der Arbeit des unbekannten Autors und kommt überhaupt nicht auf die Idee, es könne sich um eine Autorin handeln.

So wurde Bertha aus der Not heraus Journalistin. Und danach auch noch eine Schriftstellerin. Zusätzlich zu ihren Zeitschriftenbeiträgen schreibt sie jetzt auch Romane und Novellen, die sie an europäische Redaktionen und Verlage schickt. Sie trifft dabei irgendwie den Geschmack ihrer Zeit, erzählt oft ein bisschen trivial, aber mitreißend von wahrer und falscher Liebe zwischen adeligen und niederen Ständen, von den Schicksalen großer Sängerinnen oder Schauspielerinnen. Ihre Produktivität wird dabei weder durch Selbstzweifel noch durch hohe literarische Ansprüche gebremst.

Das schriftstellernde Ehepaar verfolgt nun, allein schon aus beruflichen Gründen, die literarische Entwicklung und Diskussion seiner Zeit. Erst jetzt nimmt Bertha wahr, was eigentlich in der Welt vorgeht. Gemeinsam mit Arthur liest sie Zeitungen und Bücher und diskutiert mit ihm, worüber ganz Europa diskutiert. Dabei entwickeln die beiden allmählich eine eigene, gemeinsame Weltanschauung, in der Toleranz, Völkerverständigung und Demokratie eine große Rolle spielen.

Jetzt verknüpft Bertha ihre außergewöhnliche Bildung mit den Ideen, die sie aufschnappt, und wendet beides auf die aktuellen Probleme an, von denen sie liest. Das fließt auch in ihre Romane ein. So wird B. Oulot in Europa allmählich zu einem bekannten Schriftsteller.

Nach neun Jahren im Kaukasus bekommt Arthur Heimweh, und Bertha macht sich Sorgen um ihre Mutter, mit deren Gesundheitszustand es bergab geht. Als von Arthurs Familie zunehmend versöhnliche Botschaften in den Kaukasus dringen, kehren sie im Mai 1885 nach Wien zurück. Zu spät, um Berthas Mutter noch zu sehen. Sie ist im Winter 1884 gestorben.

Da sich Arthurs Familie mit dessen »Mesalliance« inzwischen abgefunden hat, dürfen sie ins elterliche Schloss Harmannsdorf einziehen – ein Kompromiss, der allen Seiten viel Geduld und Toleranz abverlangt. Zwei unverheiratete Schwestern Arthurs leben dort, die verheirateten Söhne und Töchter kommen häufig zu Besuch. Bertha muss sich in diesen Clan irgendwie einfügen, was nach den abenteuerlichen Jahren im Kaukasus nicht einfach ist. Sie hat sich verändert, ist eine eigenständige Person geworden mit einem eigenen Geschmack und eigenen Ansichten, die sie freimütig äußert und die meistens in völligem Gegensatz zur stockkonservativen Weltanschauung des suttnerschen Familienclans stehen.

Dass die Schwiegertochter keine Kinder hat, einen Beruf ausübt, eigenes Geld verdient, ist für die Familie stark gewöhnungsbedürftig. Lautstarke Auseinandersetzungen bleiben nicht aus. »Es muß leider auch festgestellt werden (...), daß ihre ›Friedensliebe‹ innerhalb der Familie nicht allzu entwickelt war«, schreibt Carl Suttner fast hundert Jahre später im Vorwort einer Bertha-Biografie, und: »Sie verstand es, sich auch im Privatleben durchzusetzen – nicht immer im Interesse einer heilen Familiengemeinschaft.«

Bertha ist bei ihrer Rückkehr zweiundvierzig Jahre alt. Zu jener Zeit war das Leben der anderen Frauen in diesem Alter im Wesentlichen gelaufen. Berthas Leben beginnt jetzt erst. Als inzwischen bekannte Autorin ist sie oft Gast in Zeitungsredaktionen und auf Schriftstellerkongressen. Sie erstaunt jene Männer, die immer gedacht hatten, bei B. Oulot handle es sich um einen Mann. Sie lernt Kollegen kennen, Verleger, Journalisten und merkt schnell, wie der Literaturbetrieb funktioniert. Zugleich steigt ihr Interesse für Politik, Wissenschaft und Gesellschaft. Das schlägt sich auch in ihren Veröffentlichungen nieder.

Im Jahre 1888 veröffentlicht sie ein Sachbuch *Das Maschinenzeitalter. Zukunftsvorlesungen über unsere Zeit*, ein aus der Perspektive des 20. Jahrhunderts geschriebener Rückblick auf die zweite Hälfte des 19. Jahrhunderts und eine Art politisches Glaubensbekenntnis Bertha von Suttners. Darin setzt sie sich mit Politik, Religion und der Darwin'schen Evolutionstheorie auseinander und entwickelt sich zu einer fortschrittlich-optimistischen Kritikerin des Klerus und des Adels. Sie plädiert für eine demokratische Gesellschaft und eine verbesserte Stellung der Frau, für internationale Verständigung und Abrüstung und für die Anwendung wissenschaftlicher Erkenntnis in allen Bereichen.

Obwohl sich in der Szene inzwischen herumgesprochen hat, wer B. Oulot wirklich ist, veröffentlicht sie das Buch noch nicht unter ihrem eigenen Namen, sondern versteckt sich diesmal hinter dem Pseudonym »Jemand«, weil sie überzeugt ist, dass das Buch keine oder zu wenig Leser fände, wenn sie ihren richtigen Namen draufsetzte. Sie genießt einen stillen Triumph, als sich während eines Abendessens in einer Gesellschaft mehrere Herren in ihrer Anwesenheit angeregt über ihr Buch unterhalten, ohne zu wissen, dass sie die Autorin ist, und sagt: »Oh, dieses interessante Buch muss ich mir auch besorgen.« Worauf die Herren gönnerhaft abraten: »Das ist kein Buch für Damen.«

Dann schreibt sie das Buch, das sie mit einem Schlag in ganz Europa berühmt machen wird: *Die Waffen nieder!*, ihr eigentliches Lebenswerk. Die dem Buch zugrunde liegende Idee stammt nicht von ihr. Im Winter 1886/87 hat sie zum ersten Mal davon erfahren, dass in London eine internationale Friedensliga gegründet worden ist. Deren Ziel ist es, Kriege durch die Abschaffung von Waffen zu verhindern und Konflikte unter den Völkern durch internationale Schiedsgerichte klären zu lassen.

Diese Idee elektrisiert sie und Bertha kleidet sie in einen Roman – kein literarisches Meisterwerk. Karl Kraus wird darüber spotten, Stefan Zweig die Nase rümpfen. Aber irgendetwas muss sie richtig gemacht haben, oder der Text kam einfach zur richtigen Zeit, denn das Buch wird ein Bestseller. Siebenunddreißig Auflagen werden in den folgenden zwanzig Jahren gedruckt, dazu Volksausgaben, Zeitschriftenabdrucke, Übersetzungen in zahlreiche Sprachen.

Suttner hatte für dieses Buch gründlich recherchiert, sich mit Militärgeschichte, Waffentechnik und vor allem mit der Realität des Krieges beschäftigt. Und das war damals neu in der militaristischen Gesellschaft. Kriege galten als Naturereignis, als legitimes Mittel für Eroberungen und die Unterdrückung anderer Völker, als von Zeit zu Zeit notwendiges Kräftemessen der Nationen, bei dem die Männer sich zu bewähren haben, in der der männliche Charakter veredelt und gestählt wird.

Sogar der Aufklärer Immanuel Kant hing dieser schönfärberischen Vorstellung des Krieges an, als er schrieb: »Selbst der Krieg, wenn er mit Ordnung und Heiligachtung der bürgerlichen Rechte geführt wird, hat etwas Erhabenes an sich und macht zugleich die Denkungsart des Volks, welches ihn auf diese Art führt, nur um desto erhabener, je mehreren Gefahren es ausgesetzt war und sich mutig darunter hat behaupten können: da hingegen ein langer Frieden den bloßen Handelsgeist, mit ihm aber den niedrigen Eigennutz, Feigheit und Weichlichkeit herrschend zu machen und die Denkungsart des Volks zu erniedrigen pflegt.«

Nichts davon sei wahr, schrieb Suttner. Erstmals bestritt da eine Frau den allgemeinen Konsens über die unabänderliche, scheinbar naturnotwendige Schicksalhaftigkeit und Nützlichkeit des Krieges und behauptete, Kriege seien menschengemacht. Und wenn Menschen den Krieg machen können, können sie auch den Frieden machen, sie müssen es nur wollen.

Erstmals hat jemand mit schonungsloser Offenheit den Krieg beschrieben, wie er ist, und zugleich aufgeräumt mit dem Gerede von »Ruhm und Ehre« und der romantisch-verlogenen Verklärung des elenden Sterbens auf dem Schlachtfeld als »Heldentod« und »Dienst am Vaterland«. »Wenn einer nach verlorener Schlacht mit zerschmetterten Gliedern auf dem Felde liegen bleibt und da ungefunden durch vier oder fünf Tage und Nächte an Durst, Hunger, unter unsäglichen Schmerzen, lebend verfaulend, zugrunde geht – dabei wissend, daß durch seinen Tod dem besagten Vaterlande nichts geholfen, seinen Lieben aber Verzweiflung gebracht worden – ich möchte wissen, ob er die ganze Zeit über mit jenem Rufe ›Für das Vaterland‹ gern stirbt.«

Suttner scheut auch nicht davor zurück, die grausamen Verstümmelungen, ja Entmannungen, anzusprechen, die der Krieg für viele Soldaten bereithält. Und sie ahnt schon die Empörung, die das auslösen wird. Sie weiß genau, dass nicht die Ursache der Botschaft, sondern dessen Überbringer verteufelt werden wird. Sie brandmarkt deshalb diese verlogene sittliche Entrüstung und »zimperliche Wohlanständigkeit«: »Geschehen dürfen alle Greuel, aber nennen darf man sie nicht. Von Blut und Unrat sollen die zarten Frauen nichts erfahren und nichts erwähnen, wohl aber die Fahnenbänder sticken, welche das Blutbad überflattern werden; davon dürfen Mädchen nichts wissen, daß ihre Verlobten unfähig gemacht werden können, den Lohn ihrer Liebe zu empfangen, aber diesen Lohn sollen sie ihnen als Kampfesanfeuerung versprechen. Tod und Tötung hat nichts Unsittliches für euch, ihr wohlerzogenen Dämchen – aber bei der bloßen Erwähnung der Dinge, welche die Quellen des fortgepflanzten Lebens sind, müßt ihr errötend wegschauen: Das ist eine grausame Moral, wißt ihr das? Grausam und feig!«

Auch die Kirche greift sie an, weil sie die Waffen segnet. Und den Glauben, Gott würde im Krieg der eigenen Armee zum Schlachtenglück verhelfen, entlarvt sie als Dummheit, ruft doch der Gegner denselben Gott an. Solche Worte ließen niemanden kalt, schon gar nicht die angegriffenen Militärs, den Klerus und die intellektuellen Verherrlicher des Krieges.

All das erscheint uns heute als selbstverständlich, ja fast trivial. Aber damals war das von höchster Brisanz. Wie brisant es war, zeigt allein schon die Tatsache, dass ihr Verleger Edgar Pierson, der bislang an jedem ihrer Werke gut verdient hat, den Text nicht so drucken will, wie Suttner ihn geschrieben hat. Auch die Herausgeber verschiedener Zeitschriften lehnen eine Veröffentlichung ab. Ahnend, dass es Ärger geben wird, wollte Pierson die Autorin dazu überreden, das Buch zu entschärfen. Aber sie blieb hart. Entweder so oder gar nicht.

So erschien das Buch, wie Suttner es geschrieben hatte. Und es ließ keinen kalt, polarisierte, zwang zu einer Entscheidung oder Stellungnahme. Erwartungsgemäß schäumten die Militaristen vor Wut. Die Kleriker versuchten, die Angriffe einer liberalen Atheistin zu ignorieren. Und viele Männer fühlten sich in ihrer Männlichkeit angegriffen. Der damals sehr prominente Jurist und Schriftsteller Felix Dahn, Autor des erfolgreichen Buches *Ein Kampf um Rom*, ließ sich zu folgendem Schmähgedicht gegen die »weiblichen und männlichen Waffenscheuen« hinreißen:

Die Waffen hoch! Das Schwert ist Mannes eigen,
Wo Männer fechten, hat das Weib zu schweigen,
Doch freilich, Männer gibt's in diesen Tagen,
Die sollten lieber Unterröcke tragen.

Auch der 17-jährige Rainer Maria Rilke fühlte sich aufgerufen, in der Manier der Alten den »Tod fürs Vaterland« zu preisen, das »Feld der Ehre« zu rühmen und über jene Memmen, die nicht mehr in den Krieg ziehen wollen, zu wehklagen:

Herein bricht eine neue feige Zeit,
Erbärmlich murmeln sie »Die Waffen nieder«.

Aber es gab auch die anderen, die Suttner feierten, die in ihr die Frau sahen, die endlich aussprach, was sie schon lange ahnten, fühlten oder dachten. Leo Tolstoj und der österreichische Dichter Peter Rosegger schlugen sich auf Suttners Seite.

Und der Freund Alfred Nobel schreibt ironisch-charmant, Berthas Buch stelle sein eigenes Lebenswerk, die Erfindung des Dynamits, infrage: »Denn wo wollen Sie, daß ich im Fall des allgemeinen Friedens mein neues Puder absetze?« Zugleich anerkennt er die Überlegenheit von Berthas »Waffen«: »Freilich tragen die Ihren – der Charme Ihres Stils und die Größe der Ideen auf andere Weise sehr viel weiter als die Lebels(-Gewehre), Nordenfeld(-Kanonen), de Bange(-Geschütze) und alle anderen Höllenwerkzeuge.« Trotzdem hängt Nobel der bis heute üblichen Vorstellung an, dass der Friede dauerhaft nur durch Waffen zu sichern sei, die so furchtbar wirken, dass »alle zivilisierten Nationen zurückschaudern und ihre Truppen verabschieden«.

Die Waffen nieder! traf nicht nur den Nerv der Zeit, sondern hatte auch reale Folgen, allen voran die, dass Bertha von Suttner erst jetzt, nachdem sie die Wirkung ihrer eigenen Worte erlebt hatte, zu jener Friedensaktivistin wurde, die ihre Leser in ihr sahen.

Plötzlich ist sie als Rednerin auf Weltfriedenskongressen gefragt. Zu Abrüstungskonferenzen, Pazifistentreffen und Gründungen von Friedensgruppen wird sie eingeladen. Und ihr Buch verkauft sich immer weiter. Endlich entspannt sich auch ihre finanzielle Lage. Das Herumgereichtwerden von Konferenz zu Konferenz gefällt der »Friedensbertha«, als die sie in bestimmten Blättern verspottet wird, gut. Der Spott kann ihr nichts anhaben, schmeichelt ihr sogar ein wenig, denn das zeigt ihr, dass sie eine wichtige, auf der ganzen Welt bekannte Person geworden ist. Sie steigt jetzt in den Hotels ab, von deren Glanz sie sich früher so magisch angezogen fühlte, stellt fest, dass sie sich noch immer davon angezogen fühlt, und hält Hof. Sie vergisst darüber aber nicht ihr friedenspolitisches Engagement, berät sogar Politiker. Die österreichische Friedensgesellschaft, die 1891 gegründet wird, ernennt Bertha zu ihrer Präsidentin.

So geht es nun viele Jahre immer weiter. Beim 3. Weltfriedenskongress in Rom tritt sie als erste weibliche Rednerin der Weltgeschichte im Kapitol auf. Natürlich hat sie Lampenfieber, ist nervös. Vor ihr sitzt die internationale politische Prominenz und Presse, aber sie macht Eindruck, erntet stürmischen Beifall. 1892 gründet sie zusammen mit Alfred Fried die Zeitschrift *Die Waffen nieder!* und wird deren Schriftleiterin. Im gleichen Jahr reist sie zum 4. Weltfriedenskongress in Bern. Budapest, Antwerpen, Den Haag sind in den nächsten Jahren weitere Stationen der friedenspolitischen Treffen, auf denen Bertha stets eine wichtige Rolle spielt.

Aber so viele Treffen, Konferenzen und Kongresse auch stattfinden, so viele Friedensgesellschaften und Gruppen auch gegründet werden – die Welt wird nicht friedlicher. Im Gegenteil. Alle Staaten rüsten auf. Je mehr sich das Jahrhundert seinem Ende nähert, desto weniger ist ein Umdenken bei den Politikern zu erkennen.

Nur ein ermutigendes Signal erfährt Bertha in jener Zeit, und ausgerechnet das ist mit dem Tod ihres wichtigen Freundes, Begleiters und Beschützers, Alfred Nobel, verknüpft. Der am 10. Dezember 1896 verstorbene Industrielle hatte vor seinem Tod eine Stiftung gegründet zu dem Zweck, mit seinem Vermögen einen Fonds zu bilden, »dessen jährliche Zinsen als Preise denen zuerteilt werden, die im verflossenen Jahr der Menschheit den größten Nutzen geleistet haben.«

Dabei hatte Nobel zunächst an vier Bereiche gedacht, aus denen die Preisträger kommen sollten: Physik, Chemie, Medizin und Literatur. Aber durch seine Freundschaft mit Bertha verfiel er auf die Idee eines fünften Preises. Dieser sollte demjenigen zugesprochen werden, »der am meisten oder besten für die Verbrüderung der Völker und für die Abschaffung oder Verminderung der stehenden Heere sowie die Bildung und Verbreitung von Friedenskongressen gewirkt hat.«

Natürlich dachte Bertha, dass sie eine der ersten Anwärterinnen für diesen Preis sein würde. War sie auch. Aber eben nur eine der ersten, nicht die erste. 1901 wurde der Preis erstmals vergeben, Preisträger waren der Gründer des Roten Kreuzes, Henri Dunant, und der Gründer der »Französischen Gesellschaft der Friedensfreunde«, Frédéric Passy. Bertha war erst 1905 dran.

Ihre Freude darüber ist riesengroß und dennoch getrübt, denn erstens hätte sie diese Freude und auch das Preisgeld gern mit ihrem Mann Arthur geteilt, aber der war schon tot, und zweitens spürt sie, dass der Preis ihrer Sache, dem Frieden auf der Welt, kaum etwas nützen wird. Weltweit stagnieren die Abrüstungsverhandlungen, kommen Friedensanstrengungen ins Stocken. Alle Zeichen stehen auf Aufrüstung und Säbelrasseln. Die Welt bewegt sich in großen Schritten auf die erste Katastrophe des 20. Jahrhunderts zu, den Ersten Weltkrieg.

»Warum tut ihr nichts, ihr jungen Leute? Euch geht es vor allem an! Wehrt euch doch, schließt euch zusammen! Lasst nicht immer alles uns paar alte Frauen tun, auf die niemand hört!«

Der junge Mann, dem Bertha von Suttner diese Sätze auf der Straße zuruft, ist Stefan Zweig. Jahre später berichtet er darüber in seinen *Erinnerungen eines Europäers* und gesteht, dass er die alte Frau auf der Straße damals wohl nicht so recht ernst genommen hatte, dass er, wie viele Intellektuelle seiner Zeit, ein wenig Herablassung gegenüber der einfachen Botschaft der »Friedensbertha« empfand.

Das war im Jahr 1913, und Suttner hatte damals wohl deutlicher als Zweig und viele andere gespürt, dass ein Krieg von ungeahnten Dimensionen in der Luft liegt, eine neue Art von Krieg, wie es ihn in der Geschichte davor nicht gegeben hat. Sie musste ihn nicht mehr erleben. Sie starb kurz vor Ausbruch des Krieges am 21. Juni 1914 in Wien.

»Sie hatte vielleicht nur diesen einen Gedanken«, schrieb Stefan Zweig: »*Die Waffen nieder!* Aber es ist ihre unvergängliche Größe, daß dieser Gedanke nicht nur der richtige, sondern auch der einzig wichtige unserer Epoche gewesen war.«

Dem Ersten Weltkrieg folgte der Zweite. Ihm folgte der »Kalte Krieg« zwischen der Sowjetunion und den westlichen Staaten, während dem beide Parteien die Spirale des Wettrüstens immer höher schraubten. 1989, nach dem Fall der Mauer, wurde dann endlich abgerüstet. Die weltweiten Rüstungsausgaben insgesamt stiegen dennoch immer weiter. Und im Jahr 2005 haben sie erstmals die Grenze von einer Billion US-Dollar überschritten, meldete das Internationale Konversionszentrum Bonn (BICC) im Mai 2007. Zwischen 2005 und 2006 sei die Zahl der Konflikte, bei denen zumindest sporadisch physische Gewalt angewendet wurde, von 91 auf 111 gestiegen.

Und es ist nicht weniger geworden seitdem. Im Gegenteil: Im Jahr 2021 haben die weltweiten Militärausgaben die Marke von zwei Billionen Dollar überschritten. Am stärksten haben die USA, China, Indien, Großbritannien und Russland aufgerüstet, meldete das Stockholmer Friedensinstitut SIPRI. Die Zahl der Kriege und Konflikte weltweit im Jahr 2021 bezifferte das Heidelberger Institut für Internationale Konfliktforschung auf 355, darunter 204 gewaltsame. Putins blutiger Krieg in der Ukraine wurde da noch nicht mitgezählt.

Aber das ist nur ein Teil der Wahrheit. Ein anderer lautet: Der überwiegende Teil Europas blickte bis vor Kurzem auf mehr als siebzig Jahre Frieden zurück. Die Europäische Union bildet inzwischen eine Friedenszone, die in ihrer Länge vom Nordkap bis Malta reicht und sich in der Breite von Irland bis in die Ägäis erstreckt. Dass Deutsche, Engländer und Franzosen jemals wieder aufeinander schießen, ist nach heutigem Ermessen ausgeschlossen.

Aber dazu kommt nun der dritte Teil der Wahrheit. Dieses historisch einmalige Friedensprojekt namens EU ist nun seit 2022 akut gefährdet. An der Grenze der Europäischen Union herrscht wieder Krieg. Krieg gegen die Ukraine. Grausam, mörderisch, verbrecherisch. Russlands Präsident Wladimir Putin führt diesen Krieg, weil er das alte sowjetische Großreich wiederherstellen will. Weil er die Freiheit fürchtet, nach der in der Ukraine gerufen wird und in Belarus gerufen wurde.

Er hat Angst, dass der Ruf nach Freiheit über die Grenze schwappt und seine eigene Herrschaft gefährdet. Darum lässt er im eigenen Land alles niederknüppeln, einsperren, verbieten, was auch nur den Hauch einer Gefahr für seine Herrschaft bedeuten könnte. Darum schickt er die grausamsten Söldner in die Ukraine, damit sie dort nicht nur auf Soldaten schießen und diese foltern, sondern er billigt auch, dass auf Frauen, Kinder, Alte geschossen wird, auf Schulen und Krankenhäuser. Und das Schlimmste ist: Bertha von Suttners »die Waffen nieder« ist keine Option für das Volk der Ukraine, das nur die Wahl hat, sich zu wehren oder sich umbringen oder deportieren zu lassen und auf jegliche Freiheitsregung zu verzichten.

Lange Zeit, besonders nach 1989, schien es so, als ob Krieg etwas sei, was in Europa für immer überwunden ist. Zumindest innerhalb der Europäischen Union erscheint es noch immer so, als ob gelungen sei, die jahrtausendealte Institution des Krieges zu überwinden. Aber an der Grenze der EU ist er zurück, der Krieg, und während dies geschrieben wird, ist vollkommen offen, wann er enden und wie er ausgehen wird, ob er auf die Ukraine beschränkt bleibten oder sich ausweiten und über die Grenze in die EU kommen wird.

»Die Waffen nieder«, bei allen, wäre das Gebot der Stunde. Die Chancen dafür sind 180 Jahre nach Bertha von Suttners Tod noch immer so gering wie zu ihren Lebzeiten. Umso wichtiger ist es, sie nicht zu vergessen und trotz aller Widrigkeiten weiter an der Erfüllung ihrer Utopie zu arbeiten.

Peter Benenson

Ein Hund, der das Ufer erblickt, ertrinkt nicht

* 1921 als Peter James Henry Solomon Benenson in London — 1937 Schüler auf der Eliteschule in Eton, »adoptiert« mit 16 Jahren ein spanisches Waisenkind — Nach dem Abschluss in Oxford Pressearbeit im britischen Informationsministerium — ab 1945 Jurastudium — 1958 konvertiert er vom Judentum zum Katholizismus — 1961 startet Benenson mit einem Artikel in *The Observer* »Den Appell für Amnestie«, damit beginnt im Juli die Arbeit von *amnesty international* — 1986 zündet Benenson eine Kerze an, die mit Stacheldraht umwickelt ist - das Symbol für *amnesty international* — † 2005 in Oxford

Vor rund einem halben Jahrhundert war Europa etwas ganz anderes als heute. Es gab noch keine Europäische Union, sondern nur die EWG (Europäische Wirtschaftsgemeinschaft), der Frankreich, Italien, Luxemburg, Holland und die Bundesrepublik Deutschland (West) angehörten. In einigen Ländern, die heute Teil der EU sind, regierten damals noch Diktatoren, beispielsweise in Spanien und Portugal. Dort herrschten Francisco Franco und António de Oliveira Salazar, und in Griechenland putschten sich 1967 einige Generale an die Macht und errichteten eine Militärdiktatur, die erst 1974 gestürzt werden konnte.

In jener Zeit, Anfang der 60er-Jahre, las der Londoner Anwalt Peter Benenson in der Zeitung von zwei portugiesischen Studenten, die 1961 in Lissabon verhaftet und zu sieben Jahren Gefängnis verurteilt wurden, weil sie in einem Lokal deutlich hörbar auf die Freiheit angestoßen hatten. Benenson hatte bereits zuvor in Gewerkschaftsdiensten als Prozessbeobachter in Spanien erste Erfahrungen mit totalitären Regimen gesammelt. Daher wusste er, was eine Haftstrafe in solchen Staaten bedeutete, und war über diese kleine Meldung erschüttert.

Er dachte: Das darf nicht sein. Auf die Freiheit anstoßen und dann verhaftet werden? Sie haben noch nicht einmal die Freiheit verlangt, geschweige denn zum Umsturz aufgerufen oder sich bewaffnet, um den Umsturz gewaltsam herbeizuführen. Nein, sie haben sich nur ganz harmlos in einer Kneipe zugeprostet und ihrer Hoffnung auf Freiheit Ausdruck verliehen – und das soll ein Verbrechen sein, für das man sieben Jahre ins Gefängnis muss?

Die Herren, die zwei solch harmlose Zecher ins Gefängnis werfen, sind die eigentlichen Verbrecher, da ist sich Benenson sicher. Diejenigen, die solche Gesetze gemacht haben, gehören verhaftet. Und bestrafen sollte man jene Denunzianten, die den harmlosen Trinkspruch gehört und an die Behörden gemeldet haben. Aber zugleich sah Benenson ein, dass es nicht in seiner Macht steht, die Verhältnisse geradezurücken, die eigentlichen Verbrecher ins Gefängnis zu werfen und die unschuldigen Studenten aus dem Gefängnis zu holen.

In Benensons Kopf ratterten die Fragen durcheinander. Fragen, die sich wohl jeder schon einmal gestellt hat, der sich angesichts solch einer Zeitungsmeldung eingestehen musste: Es ist schlimm, aber ich kann nichts tun.

Das war damals so, und ist heute noch immer ganz genauso. In Russland kann man derzeit verhaftet und ins Gefängnis geworfen werden, wenn man Putins Überfall auf die Ukraine (24. Februar 2022) nicht als »militärische Spezialoperation«

bezeichnet, wie Putin es genannt haben will, sondern als das, was es ist: Krieg. In China das Gleiche. Schon die leiseste Kritik am Regime wird mit drakonischen Maßnahmen bestraft. Das iranische Mullah-Regime geht im Herbst 2022 mit brutaler Gewalt, Folter, Haft und Mord gegen die vielen mutigen Menschen vor, die sich diese Tyrannei nicht mehr gefallen lassen wollen.

Und wir, die wir seit Jahrzehnten nichts anderes kennen, als Frieden, Freiheit, Wohlstand und Demokratie sitzen daheim auf dem Sofa, sehen die schrecklichen Bilder und fühlen uns ohnmächtig. Kann man wirklich nichts tun? Ist man als Einzelner immer nur zu wütender Ohnmacht verurteilt und dazu verdammt, den Schergen dieser Welt bei ihrer Arbeit zuzusehen? Kann man noch nicht einmal für die Opfer etwas unternehmen? Ist es unmöglich, den vielen unschuldig in den Gefängnissen Sitzenden auf irgendeine Weise zu helfen? Das wäre unerträglich. Irgendetwas muss man doch tun.

Solche Gedanken gehen uns heute durch den Kopf, und solche Gedanken quälten Benenson schon vor mehr als 60 Jahren. Irgendwas muss man doch tun!

Aber was? Was kann denn ein einzelner unbekannter Londoner Anwalt dagegen ausrichten? Nichts, außer protestieren. Zusammen mit anderen auf der Straße. Oder durch einen Protestbrief an die Verantwortlichen. Aber diesen Protest werden die Helfer und Helfershelfer*innen der Diktatoren sehr wahrscheinlich ungelesen in den Papierkorb werfen und die Diktatoren selbst werden noch nicht einmal etwas davon erfahren.

Trotzdem beschließt Benenson, etwas zu unternehmen. Er will zur portugiesischen Botschaft fahren, um dort seinen persönlichen Protest auszudrücken. Wenigstens das, denkt er, will ich jetzt loswerden. Dann sollen sie mit meinem Protest machen, was sie wollen. Auf der Fahrt dorthin fragt er sich, ob sie ihn überhaupt hineinlassen werden in die Botschaft, und wenn ja, was sein Protest für einen Sinn hat. Die portugiesische Diktatur wird er damit nicht stürzen und für die beiden verhafteten Studenten wird er höchstwahrscheinlich auch nichts erreichen. Also gibt er sein Vorhaben auf.

Am Trafalgar Square steigt er aus, und weil er ein tiefgläubiger Katholik ist, geht er in die St.-Martins-Kirche, um nachzudenken. »Ich ging hinein, um mir darüber im Klaren zu werden, was tatsächlich und effektiv getan werden konnte.« Und dann wurde ihm klar: Einer allein kann mit seiner ohnmächtigen Wut gar nichts ausrichten. Man braucht viele, die wütend sind über das, was täglich auf der Welt passiert. Diese vielen Ohnmächtigen muss man mobilisieren und organisieren und zu einem gemeinsamen Handeln anstiften, dann wird aus Ohnmacht Macht. Die Macht von Menschen, die weder über Reichtümer noch Waffen verfügen, wird natürlich kaum ausreichen, um Diktaturen zu stürzen, aber vielleicht wird sie ja ausreichen, um wenigstens den Opfern der Diktaturen zu helfen. Und vielleicht kann das bisschen Macht helfen, es den Diktatoren schwerer zu machen, ihre Völker zu schikanieren.

Aber wie kann man als Einzelner andere mobilisieren und zum gemeinsamen Handeln aufrufen? Warum sollten die anderen auf irgendeinen Londoner Anwalt hören? Wie soll er sich überhaupt Gehör verschaffen? Der damals 41-jährige Anwalt konnte nicht einfach seinen Beruf an den Nagel hängen, um irgendwelche Volksmassen zu organisieren. Was also tun?

Er kam auf seiner Bank in der Kirche auf eine genial einfache Idee: Ich werde einfach etwas schreiben und es in der Zeitung drucken lassen. Ich werde den Fall dieser zwei portugiesischen Studenten ansprechen und aus diesem Anlass auf das Schicksal politischer Gefangener aufmerksam machen, die überall in der Welt wegen ihrer Einstellung inhaftiert, gefoltert und ermordet wurden. Und dann werde ich die Leser*innen dazu aufrufen, massenhaft Briefe an die Regierungen zu schreiben und zu verlangen, dass diese Menschen freigelassen oder zumindest ihre Haftbedingungen erleichtert werden.

Wenn jemand einen Brief schreibt, ist das sein Privatvergnügen. Das wird niemand interessieren. Wenn hundert Menschen einen Brief schreiben, ist das eine öffentliche Angelegenheit, und die lokale Presse muss darüber berichten. Wenn zehntausend einen Brief schreiben, muss die regionale Presse darüber berichten, bei hunderttausend die überregionale und bei einer Million die Weltpresse.

Aber ist es nicht naiv, als einfache*r Bürger*in etwas zu schreiben, es in eine Zeitungsredaktion zu tragen und zu sagen: Hier bitte, ich habe da etwas geschrieben, das müsst ihr drucken. Ja, das ist naiv. Da könnten ja jeden Tag Hunderte kommen und Texte abliefern, die ihrer Ansicht nach unbedingt gedruckt werden müssen. Was übrigens auch geschieht. Diese Texte landen so gut wie immer im Papierkorb.

Aber Benenson sagte sich: Ich brauche nur einen einzigen Redakteur, der es druckt. Und ich verfolge mit meinem Anliegen nicht irgendein wirtschaftliches Interesse oder sonst einen privaten oder egoistischen Zweck, sondern ich mache auf einen politischen Missstand aufmerksam, der von allgemeinem öffentlichen Interesse ist. Es wird sich doch irgendwo ein Redakteur finden, der einsieht, dass das wichtig ist, was ich schreibe, und der dann auch in der Redaktionskonferenz durchsetzt, dass es gedruckt wird.

Benenson setzte sich hin und schrieb seinen Artikel. Danach machte er sich auf die Suche nach einer Zeitung, die bereit war, seinen Artikel zu drucken. Und wurde fündig. Im *Observer* stand am 28. Mai 1961 unter dem Titel »The Forgotten Prisoners« Benensons Artikel.

Darin sprach er die Leser*innen des *Observer* direkt an und schrieb: »Sie können Ihre Zeitung an jedem x-beliebigen Tag der Woche aufschlagen und Sie werden in ihr einen Bericht über jemanden finden, der irgendwo in der Welt gefangengenommen, gefoltert oder hingerichtet wird, weil seine Ansichten oder seine Religion seiner Regierung nicht gefallen. Millionen solcher Menschen sitzen im Gefängnis (…), und ihre Zahl wächst. Der Zeitungsleser empfindet dabei ein krank machendes Gefühl der Ohnmacht. Doch wenn diese weltweiten Gefühle von Abscheu und Empörung in eine gemeinsame Aktion überführt werden könnten, dann könnten wir wirklich etwas bewegen.«

Er forderte die Leser*innen auf, sich für die Freilassung dieser Gefangenen einzusetzen, indem sie Briefe an die jeweiligen Regierungen verfassen. »Die Teilnahme jeder Gruppe wird begrüßt, die bereit ist, Unterdrückung zu verurteilen, unabhängig davon, wo diese vorkommt, wer dafür verantwortlich ist und welche Ideen unterdrückt werden.«

Er hatte auch noch die Idee, den Gefangenen selbst und deren Angehörigen zu schreiben, damit diese wissen, dass sie nicht allein sind auf der Welt, sondern dass es weltweit Menschen gibt, die in Gedanken bei den Gefangenen und deren Familien sind und dass diese einfachen, normalen Menschen mit den kleinen, ihnen zur Verfügung stehenden Mitteln versuchen werden, die Freilassung oder wenigstens bessere Haftbedingungen zu erwirken.

Es war, als ob die Menschen auf so einen Anstoß nur gewartet hätten. Innerhalb weniger Wochen meldeten sich Tausende von Leser*innen, die ihre Bereitschaft zur Mitarbeit bekundeten, aus allen Ecken der Welt, denn Benensons Artikel wurde von dreißig anderen Zeitungen in den verschiedensten Ländern nachgedruckt. Der Anwalt aus England hatte offenbar Millionen von Menschen aus dem Herzen gesprochen.

Nun musste er ein Büro mieten, um des Ansturms Herr zu werden, die Sache zu organisieren und erste Aktionen in die Wege zu leiten. Es war ihm wichtig, dass die Interessenten sich treffen, persönlich kennenlernen und über das weitere

Vorgehen beraten konnten. Schon im Juli 1961 war es so weit. Teilnehmer*innen aus Belgien, Deutschland, England, Frankreich, Irland, der Schweiz und den USA beschlossen, »eine permanente internationale Bewegung zur Verteidigung der Freiheit von Meinung und Religion« zu gründen. Aus dieser Idee entstand die Menschenrechtsorganisation *amnesty international*, die heute 2,2 Millionen Mitglieder in mehr als 150 Ländern hat und zu einer international anerkannten Instanz in Menschenrechtsfragen geworden ist.

Es war nicht das erste Mal, dass Peter Benenson intervenierte. Schon als Schüler hatte er sich einmal in einem Brief an die Schulleitung über das schlechte Essen beschwert, das die Schulküche produzierte. Der einzige Erfolg dieser Beschwerde bestand in einem Brief der Schulleitung an Benensons Mutter, in dem sie vor den »revolutionären Tendenzen« ihres Sohnes gewarnt wurde. Davon ließ sich dieser aber nicht entmutigen.

Als 16-Jähriger verschaffte er sich seine erste »Kampagnen-Erfahrung«: Er verlangte, dass seine Schule das »Spanish Relief Committee« unterstützte, das Waisen aus dem spanischen Bürgerkrieg half. Er selbst »adoptierte« mit einem finanziellen Beitrag eines der Kinder.

Später interessierte er sich für das Schicksal der Juden, die vor Hitlers Naziregime nach England flüchteten. Benenson sammelte bei seinen Freund*innen und deren Familien 4000 britische Pfund, um zwei junge deutsche Juden nach Großbritannien zu bringen. Wahrscheinlich rettete er ihnen damit das Leben.

Während des Krieges studierte er ein Jahr Geschichte am Balliol College der Oxford University in London und ging anschließend in die Armee, wo er im Pressebüro des Informationsministeriums arbeitete. Nach dem Krieg verließ er die Armee, um Rechtsanwalt zu werden, und legte sein Examen ab. Benenson wurde Mitglied der Labour Party (Arbeiterpartei) und führendes Mitglied der »Society of Labour Lawyers« (Gesellschaft der Arbeiteranwälte).

In dieser Eigenschaft schickte ihn in den 50er-Jahren der Gewerkschaftskongress als Prozessbeobachter nach Spanien, um Gerichtsverhandlungen gegen Gewerkschafter zu verfolgen. Benenson war entsetzt über das, was er sah, und schon dort weigerte er sich, nur den passiven Beobachter zu spielen. Er konfrontierte den Verhandlungsrichter mit einer Reihe von Beschwerden und erreichte tatsächlich Freisprüche. Dadurch erwarb er sich großes Ansehen und wurde nun weltweit als Anwalt in politischen Prozessen beschäftigt.

In Zypern unterstützte er griechisch-zypriotische Anwälte, deren Klienten mit den britischen Machthabern in Konflikt geraten waren. Während des Ungarnaufstandes von 1956 setzte er sich erfolgreich dafür ein, Beobachter nach Ungarn zu schicken, um korrekte Gerichtsverfahren zu gewährleisten. Das Gleiche erreichte er für Südafrika, wo ein wichtiges Gerichtsverfahren wegen Landesverrats bevorstand.

Benenson war also kein unbeschriebenes Blatt mehr, als er 1961 seinen Artikel im *Observer* veröffentlichte. Seine internationale Erfahrung als Anwalt in politischen Angelegenheiten war sicher einer der wichtigsten Gründe für den durchschlagenden Erfolg von *amnesty international*. Mit dieser Erfahrung arbeitete Peter Benenson in den ersten Jahren sehr engagiert für die neue Organisation, die nun entstand. Er kümmerte sich um die Beschaffung von Geld, nahm an Untersuchungen über Menschenrechtsverletzungen in verschiedenen Ländern teil und förderte in den schwierigen Anfangsjahren die Entwicklung seines Projektes mit aller Kraft, so lange, bis es nicht mehr »sein Projekt« war, sondern die Mitglieder erkannt hatten, dass es ihres ist.

Das war 1967, sechs Jahre nach Erscheinen seines Artikels, der Fall. Nun zog er sich aus der Organisation zurück, gab auch seinen Anwaltsberuf auf, betrieb fortan eine Farm, begann zu malen. Ganz zog er sich jedoch nicht aus der Welt zurück. Jahrelang führte er die Organisation »Christen gegen Folter« und war auch beteiligt an der Gründung einer Gesellschaft für Menschen mit Zöliakie (Erkrankung der Dünndarmschleimhaut), einer Krankheit, unter der er selbst gelitten hat.

Über die Gründungsjahre von *amnesty international* sagte Benenson einmal: »Zu dieser Zeit wurden wir ins kalte Wasser geworfen und lernten. Wir probierten jede Technik aus, um die Öffentlichkeit zu erreichen, und wir waren sehr dankbar für die breite Unterstützung von Medienleuten und Fernsehteams überall auf der Welt, die uns nicht nur Informationen wie die Namen von Gefangenen lieferten, sondern, wann immer sie konnten, Berichte über Gefangene veröffentlichten. Ich denke, es ist die Öffentlichkeitsarbeit von *amnesty international*, die die Organisation weltweit bekannt machte. Nicht nur bei Leserinnen und Lesern, sondern auch bei Regierungen – und das ist es, was zählt.«

Das Ziel von *amnesty international* lässt sich mit einem berühmten Wort formulieren, das dem Aufklärer Voltaire zugeschrieben wird: »Ich teile keine deiner Auffassungen, aber ich werde alles in meinen Kräften stehende tun, damit du sie vertreten kannst.« Es ist also egal, wegen welcher Meinung jemand verhaftet wurde. Es ist egal, ob es sich um Kommunist*innen, Christ*innen, Muslim*innen oder Zeug*innen Jehovas handelt. Die einzige Bedingung ist, dass der Häftling keine Gewalt angewendet hatte.

Diese absolute politisch-weltanschauliche Neutralität dürfte für den bis heute anhaltenden Erfolg von *amnesty* entscheidend gewesen sein, weil damals, in den 60er-Jahren, die Welt in zwei Blöcke gespalten war. Durch ganz Europa ging ein Riss in Form des »Eisernen Vorhangs«. Ostdeutschland (DDR) und Osteuropa war kommunistisch und hatte sich durch Stacheldraht und bewaffnete Grenzpolizei von der freien Welt des Westens abgeschottet. Es herrschte Kalter Krieg zwischen

Ost und West. Zwei feindliche, bis an die Zähne bewaffnete Armeen standen sich entlang dieser Grenze gegenüber. Und wann immer eine Seite aufrüstete, um dem Gegner militärisch überlegen zu sein, rüstete die andere nach. Irgendwann hatten beide Seiten so viele Atomwaffen angehäuft, dass sie mit deren Sprengkraft die ganze Erde gleich mehrfach hätten vernichten können.

Wenn in diesem Klima des Kalten Krieges auch nur der leiseste Verdacht aufgekeimt wäre, die Leute von *amnesty international* seien Parteigänger*innen des Westens, ein Instrument der kapitalistischen Propaganda, das immer nur die Unfreiheit im Kommunismus anprangert aber für die Unfreiheit im Rest der Welt blind ist, hätte diese Organisation im gesamten Ostblock nichts ausrichten können. Umgekehrt dasselbe: Hätte sie sich auf Häftlinge im Westblock konzentriert, wären die Regierungen rasch mit dem Vorwurf gekommen, bei *amnesty international* handle es sich um eine von Moskau gesteuerte kommunistische Kampftruppe. Dann hätten sie im Westen, wie etwa Spanien oder Portugal, nichts ausrichten können.

Da sich aber *amnesty international* strikt aus diesem Ost-West-Konflikt heraushielt und prinzipiell jede Menschenrechtsverletzung anprangerte, egal in welchem Land und in welchem Block, erarbeitete sich die Organisation eine hohe Glaubwürdigkeit. Sie konnte sich deshalb zu jener unabhängigen Instanz entwickeln, deren Stimme überall in der Welt gehört und ernst genommen wird.

Ein weiterer Erfolgsfaktor ist die klare, für jede*n verständliche Beschränkung auf ein genau umrissenes Ziel. Dort, wo einem gewaltfreien Menschen das universale Menschenrecht auf Meinungsfreiheit oder einen fairen, rechtsstaatlichen Prozess verwehrt wird und er deshalb ins Gefängnis kommt, wird *amnesty international* aktiv. Das Ziel ist immer die Freilassung aller Gewissensgefangenen, also der Menschen, die aufgrund ihres Glaubens, ihrer politischen Überzeugung, ihrer ethnischen Abstammung, ihres Geschlechts, ihrer Hautfarbe, ihrer Sprache oder ihrer nationalen oder sozialen Herkunft oft ohne ordentliches Gerichtsurteil inhaftiert worden sind.

Natürlich nimmt *amnesty international* kein Geld aus Staatskassen, sondern finanziert sich allein durch Mitgliedsbeiträge und Spenden. Bei der Betreuung von Gefangenen wird auch darauf geachtet, dass die Betreuer aus einem anderen Land kommen, um so die Neutralität zu wahren.

Der dritte Erfolgsfaktor liegt in den einfachen, klaren Aktionsformen, die wirklich jedem und jeder die Möglichkeit bieten, etwas zu verändern, und ihm dabei auch noch eine Wahl lassen. Man kann sich als Mitglied aktiv an der Arbeit von *amnesty international* beteiligen, man kann sich aber auch darauf beschränken, der Organisation eine Spende zukommen zu lassen. Und man kann sich drittens an einer oder mehreren Aktionsformen beteiligen, ohne Mitglied sein zu müssen.

Im Wesentlichen haben sich im Lauf der Zeit sechs solcher Aktionsformen herausgebildet.

Die erste und älteste besteht in Briefaktionen zugunsten einer verhafteten Person. Die zweite nennt sich »Fallarbeit«, die dritte »Urgent Actions«, und die vierte Aktionsform ist die Onlinekampagne. Unterstützt werden diese vier konkreten Möglichkeiten, das Schicksal der politisch Verfolgten dieser Welt zu wenden, von zwei allgemeiner wirkenden Aktionen: der Öffentlichkeits- und Lobbyarbeit und der Menschenrechtsbildung.

Amnesty recherchiert, fasst die Ergebnisse der Recherchen zu Länder- und Themenberichten zusammen und veröffentlicht diese. *Amnesty* appelliert an Regierungen, Behörden, Staatsanwälte, zu Unrecht Inhaftierte freizulassen oder deren Haftbedingungen zu erleichtern. Und *amnesty* organisiert Kampagnen zugunsten politischer Gefangener und Opfern von Folter und Verfolgung. In der Summe erreicht die Organisation damit, dass die Realität der ständigen Verletzung von Menschenrechten im Bewusstsein der Menschen verankert und die Öffentlichkeit dagegen mobilisiert wird. Um bei jungen Menschen Wissen über die Menschenrechte zu vermitteln, besuchen Mitglieder von *amnesty international* auch Schulen und leisten damit Bildung und Aufklärung.

Das älteste und wichtigste Instrument, die Briefaktionen zugunsten einer verhafteten Person, sind »Briefe gegen das Vergessen«. Dabei veröffentlicht *amnesty international* über die Medien, aber auch über die eigene Homepage im Internet (www.amnesty.de) und über die sozialen Medien regelmäßig Fälle aus verschiedenen Ländern, in denen jemand zu Unrecht oder aufgrund unfairer Verfahren verurteilt wurde, verschwunden ist oder schon jahrelang oder jahrzehntelang zu Unrecht im Gefängnis sitzt.

Wer das liest, kann einen Brief schreiben an die Regierung, das Gericht oder einen Staatsanwalt. Man muss den Brief nicht einmal selbst formulieren, sondern kann sich der Textbausteine bedienen, die *amnesty* auf der Website zur Verfügung stellt. Man muss den Brief auch nicht persönlich adressieren und zur Post bringen. Das übernimmt *amnesty*.

Jeder einzelne Brief trägt dazu bei, dass Folter gestoppt, ein Todesurteil umgewandelt oder ein Mensch aus politischer Haft entlassen wird. Die Erfolgschancen stehen gut: Etwa die Hälfte aller gewaltlosen politischen Gefangenen kommen frei. Auf der Website von *amnesty* kann man nachlesen, wer aufgrund einer Briefaktion in die Freiheit entlassen wurde. Menschen aus fast allen Ländern der Welt sind darunter und beweisen: Die kleine Mühe, die so ein Brief macht, ist nicht umsonst. Mit geringsten Mitteln und geringstem Aufwand lässt sich etwas unternehmen gegen die eigene Ohnmacht und gegen die Diktaturen dieser Welt.

Eine zweite Aktionsform ist die »Fallarbeit«: In ihr geht es nicht nur darum, durch Briefeschreiben die Freilassung eines

Gefangenen zu erreichen, sondern um eine regelrechte Betreuung des Gefangenen und auch seiner Angehörigen, denn diese leiden ja immer mit und wissen meist nicht, wie sie ihrem Familienmitglied helfen können.

Deshalb bilden sich mehrere Arbeitsgruppen, die Kontakt aufnehmen zu dem Gefangenen und dessen Familie. Dann wissen die schon einmal, dass sie nicht mehr allein sind. Schon das ist eine ungeheure Hilfe. Aber die Arbeitsgruppen kümmern sich auch um einen Anwalt, schreiben nicht nur einen Brief, sondern viele Briefe, berichten regelmäßig über den aktuellen Stand des Verfahrens und lassen nicht locker, bis der Häftling freikommt.

»Daß wir heute leben, liegt daran, daß Eure Bemühungen uns vor dem Galgen bewahrt haben«, sagte der Kenianer Koigi wa Wamwere, der zu Unrecht im Gefängnis saß, über die Wirkung dieser Fallarbeit. »Daß unser Ansehen ungetrübt geblieben ist, liegt daran, daß Ihr den Mut gezeigt habt, unsere Unschuld anzuerkennen, und uns selbstbewußt gewaltlose politische Gefangene genannt habt. Unser Volk sagt: ›Ein Hund, der das Ufer erblickt, ertrinkt nicht.‹ Daß ich das Ufer erreichte und nicht im Gefängnis ertrank, liegt daran, daß Ihr mir gewunken und mir das Ufer gezeigt habt.«

Die dritte Aktionsform nennt sich »Urgent Actions« (Eilaktionen).

Sobald Mitgliedern zu Ohren kommt, dass irgendwo Menschenrechtsverletzungen geplant sind oder Menschen akut bedroht sind, werden innerhalb von 48 Stunden Mitglieder und Unterstützer*innen mobilisiert, um bei den verantwortlichen staatlichen Stellen zu appellieren.

Ein Beispiel ist Ahmed Samir Santawy: Der Student wurde während eines Besuchs bei seiner Familie in Ägypten festgenommen, anschließend geschlagen und verhört, weil er sich in den sozialen Medien immer wieder kritisch über die ägyptische Regierung geäußert hatte. Am 22. Juni 2021 verurteilte ihn ein Gericht zu Unrecht wegen der »Verbreitung von Falschmeldungen auf Social Media« zu vier Jahren Haft. *Amnesty* hatte sich unter anderem mit Urgent Actions für seine Freilassung eingesetzt. Am 30. Juli 2022 wurde der Student per Präsidentendekret aus der Haft entlassen.

Oder die beiden thailändischen Aktivistinnen Natthanik »Bai Por« Duangmusit und Netiporn »Bung«. Sie hatten auf der Straße eine Umfrage zu den Verkehrskontrollen im Rahmen königlicher Fahrzeugkonvois durchgeführt. Sie wurden verhaftet wegen Majestätsbeleidigung nach Paragraf 112 des Strafgesetzbuches, wofür es drei bis 15 Jahre Gefängnis geben kann. Am 3. Mai 2022 kamen sie in Untersuchungshaft. Am 4. August kamen sie dank der Interventionen von *amnesty* frei. Bai Por bedankte sich mit den Worten: »Als wir von den Appell-Briefen der Urgent Action erfuhren, gab uns dies unheimliche Kraft für unsere Zeit in der U-Haft. Wir konnten dadurch leichter atmen.«

Bung sagte: »Als wir eingesperrt waren, hatten wir Angst: Angst, dass die Welt da draußen uns vergessen würde, dass die Menschen nicht sehen würden, was wir tun, wofür wir kämpfen. Aber heute sehen wir und fühlen wir, dass uns die Welt da draußen nicht verlassen hat. Ich danke allen so sehr, dass sie uns weiter beistehen.«

Weitere Beispiele sind

- Die Deutsch-Iranerin Nahid Taghavi, die seit 2020 unter fadenscheinigen Begründungen in einem Teheraner Gefängnis sitzt, bekam Hafturlaub für eine dringend notwendige medizinische Behandlung.
- Der Journalist Mohamed Salah, der fast zweieinhalb Jahre willkürlich und ohne Anklage oder Gerichtsverfahren im Gefängnis saß, wurde freigelassen.

Zahlreiche Urgent-Actions-Erfolge, auch solche aus zurückliegenden Jahren, sind auf der *amnesty*-Website dokumentiert und beweisen: Der Einsatz lohnt sich.

Einer der bekanntesten Persönlichkeiten, für die Urgent-Actions-Briefe geschrieben worden sind, ist der ehemalige Präsident der Tschechischen Republik Vaclav Havel. Er wurde im Januar 1989 verhaftet. Vier Monate später wurde er aus der Haft entlassen, nachdem eine Flut von Briefen und Faxen bei den Verantwortlichen angekommen war.

»Mein Fall belegt, daß diese Form der Aktion Sinn macht und Erfolg bringt«, sagte Havel nach seiner Freilassung. Eine kleine Mühe – ein Brief – hatte diesen Mann aus dem Gefängnis geholt.

Noch weniger Mühe verlangt die vierte Aktionsform, die Onlinekampagne. Sie erfordert im Grunde nur fünf Mausklicks. Mit dem ersten Klick geht man auf die Kampagnenseite der Homepage von *amnesty international* (http://www.amnesty-einsatz.de). Einmal eingegeben und als Lesezeichen gespeichert kann sie künftig sofort angesteuert werden. Dort berichtet *amnesty* laufend über Gruppen- und Einzelschicksale, die mit dem nächsten Mausklick gewendet werden können: Ein von *amnesty*-Mitarbeiter*innen vorformulierter Brief an eine Regierung oder Behörde, in dem um Freilassung gebeten wird, muss jetzt nur noch markiert und ins eigene Mailformular kopiert werden. Mit dem nächsten Mausklick kopiert man die Adresse in die eigene Mail, dann noch ein Klick auf »Senden« und ab geht die Post.

Solche »E-Cards«, die einem nichts weiter abverlangen als ein paar Mausklicks, sind vielleicht die effizienteste Form des Kampfs für Menschenrechte. Zwar macht eine einzelne E-Mail bei den Diktatoren dieser Welt weniger Eindruck als ein selbst formulierter Brief, der mit der Post kommt, aber wenn so eine Mail innerhalb kürzester Zeit von Zehntausenden an die Behörden geschickt wird, wissen diese: Oh, da entsteht gerade Öffentlichkeit für einen unserer Häftlinge. Das kann Ärger geben, also Vorsicht. Und dann ergeht die Order an das Gefängnispersonal, diesen bestimmten Häftling gut zu behandeln. Und nach oben wird gemeldet: Achtung, Öffentlichkeit, bitte prüfen, ob Haft wirklich nötig oder Freilassung nicht vorteilhafter. So kann auch der Bequemste mit geringsten Mitteln dazu beitragen, den Diktatoren dieser Welt das Leben ein bisschen schwerer zu machen.

Der Einsatz lohnt sich. Regelmäßig berichtet *amnesty international* über Häftlinge, die freigelassen wurden, oder über die rechtzeitige Verhinderung von Menschenrechtsverletzungen.

Die Organisation setzt sich nicht nur für politisch Inhaftierte ein, sondern auch für solche, denen die Todesstrafe droht oder für Menschen, die zu Unrecht vor Gericht gestellt werden, des Weiteren für Menschen, die wegen ihrer sexuellen Orientierung staatlich verfolgt werden, und aus diesem Grund auch für politische Reformen in zahlreichen queerfeindlichen Ländern. Was *amnesty* erreicht, wofür aktuell gekämpft wird, was man tun kann, wie sich die Organisation im Lauf ihres Bestehens seit sechs Jahrzehnten entwickelt hat, darüber kann sich jeder und jede auf der Website der Organisation informieren, außerdem auf Twitter und Facebook.

Diese Briefaktionen, die sich seit Jahrzehnten bewährt haben, entfalten eine noch größere Wirkung, seit es die sozialen Medien und Online-Petitionen gibt. Schnell kommen da schon mal bis zu einer Million Unterschriften für einen einzelnen Menschen zusammen, zum Beispiel für Yasaman Aryani, eine iranische Frauenrechtlerin. Am 8. März 2019, dem Internationalen Frauentag, hatte sie auf poetische Weise gegen den gesetzlichen Kopftuchzwang in Iran protestiert. Mit unbedeckten Haaren verteilte die 24-Jährige zusammen mit ihrer Mutter Monireh Arabshahi Blumen an die weiblichen Fahrgäste einer Teheraner U-Bahn.

Ein Video der Aktion zeigt, wie sie einer Frau mit Kopftuch eine Blume gibt und sagt, sie hoffe, eines Tages mit ihr durch die Straßen gehen zu können, »ich ohne Kopftuch und du mit«.

Das Video verbreitete sich schnell in den sozialen Medien.

Einen Monat später wurde sie festgenommen, verhört und unter Druck gesetzt. Sie sollte gestehen, dass »ausländische Elemente« sie angestiftet hätten, und ihr Verhalten »bereuen«. Andernfalls würden ihre Freund*innen und Familienmitglieder festgenommen.

Am 31. Juli 2019 verurteilte ein Gericht Yasaman Aryani und ihre Mutter zu 16 Jahren Gefängnis – nur, weil sie dafür kämpfen, dass Frauen selbst entscheiden dürfen, wie sie sich kleiden.

Amnesty nahm sich dieses Falles an und bekam in kürzester Zeit über eine Million Briefe zusammen. Daraufhin wurde ihr Strafmaß von 16 auf knapp zehn Jahre herabgesetzt. Immer noch ein maßloses Unrecht. Daher arbeitet ihr Anwalt nun daran, den Fall erneut vor Gericht zu bringen.

Fälle wie dieser zeigen die Möglichkeiten, die die sozialen Medien bieten. *Amnesty* nutzt sie beispielsweise für einen »Briefmarathon an Schulen« an jedem 10. Dezember, dem Tag der Menschenrechte. Ganze Schulklassen setzen sich für jeweils zehn Menschen ein, die in Not und Gefahr sind. Nicht nur Schulklassen, auch Einzelne können sich daran beteiligen und verfolgen, wie das Engagement wirkt, ob es Erfolg hat, oder wenn nicht, warum nicht. Auf der *amnesty*-Website gibt es Unterrichts- und Informationsmaterial dazu für die Schulen und Erfolgsberichte aus zurückliegenden Kampagnen.

Während dieses Buch geschrieben wird, Ende 2022, hat amnesty leider besonders viel zu tun: der Krieg in der Ukraine, der Aufstand im Iran, die Herrschaft der Taliban in Afghanistan, die Menschenrechtsverletzungen in Belarus, Russland und China, das Morden der Warlords in etlichen afrikanischen Staaten, das alles hält die Welt in Atem. Inzwischen tangiert sogar der Klimawandel die Menschenrechte, weshalb *amnesty* jetzt auch in der Klima-Bewegung aktiv wird.

Natürlich kann *amnesty* nicht allen Verfolgten und Entrechteten helfen. Viele von ihnen sterben oder erkranken hinter Gittern, ohne dass irgendjemand auf sie aufmerksam wird. Anderen versucht *amnesty* zwar zu helfen, jedoch ohne Erfolg.

Aber auch diese anonymen Schicksale und die Menschen, denen nicht geholfen werden kann, sollen nicht vergessen werden. Für sie brennt eine Kerze mit dem Kranz aus Stacheldraht. Peter Benenson hat sie anlässlich einer Feier zum 25-jährigen Bestehen der Menschenrechtsorganisation angezündet und dazu gesagt:

»Diese Kerze brennt nicht für uns, sondern für alle, die wir nicht aus dem Gefängnis retten konnten, die auf dem Weg ins Gefängnis erschossen wurden, die gefoltert oder entführt wurden, die ›verschwunden‹ sind. Dafür steht diese Kerze.«

Sie steht aber nicht nur für das Schicksal der politischen Gefangenen, sondern schließt auch andere Verletzungen fundamentaler Menschenrechte mit ein, etwa Folterungen, Mord, die Todesstrafe oder das »Verschwindenlassen« im Auftrag des Staates. Seit einiger Zeit kämpft *amnesty international* auch gegen Geiselnahmen, Unterdrückung von Minderheiten und willkürliche Abschiebung von Asylsuchenden, sowie gegen die Missachtung der Rechte von Lesben und Schwulen.

Zum vierzigsten Geburtstag seiner Organisation im Jahr 2001 schrieb Benenson: »Erst dann, wenn der letzte Gefangene aus Gewissensgründen befreit, wenn die letzte Folterkammer geschlossen ist und wenn die Menschenrechtserklärung der Vereinten Nationen für die ganze Weltbevölkerung gilt, wird unsere Arbeit getan sein.«

Dafür reichte sein Leben nicht aus, und auch seine Nachfolger*innen werden noch lange für dieses Ziel kämpfen müssen. Peter Benenson starb, 83-jährig, am 25. Februar 2005 in Oxford.

»Mich hat vor allem seine große Bescheidenheit beeindruckt«, sagte Carola Stern, die Mitgründerin der deutschen

Sektion von *amnesty international,* über Peter Benenson. »Er hatte überhaupt nichts von einem Politiker an sich, sondern war ein einfacher Anwalt und überzeugter Pazifist, der unbeirrt seine Anliegen verfolgte. Mir fallen, seiner gedenkend, immer die Worte eines englischen Geistlichen ein: Finde heraus, was dir unmöglich erscheint, und tu es!«

Die frühere Generalsekretärin von *amnesty international,* Irene Khan, sagte nach seinem Tod: »Peter Benenson brachte Licht in die Dunkelheit von Gefängnissen und machte den Horror der Folterkammern und der Todeslager weltweit bekannt.« Er hatte daran geglaubt, »dass gewöhnliche Leute außergewöhnliche Veränderungen bewirken können. Mit der Gründung von *amnesty international* gab er jedem von uns die Möglichkeit, etwas zu verändern.«

Maria Kolesnikowa

Die Freiheit ist den Kampf wert

* 1982 in Minsk — Solistenstudium für Querflöte an der Belarussischen Staatlichen Musikakademie — Studium der Alten und Zeitgenössischen Musik an der Musikhochschule Stuttgart — Mehrere Jahre im Ausland — 2019 Leitung des Kunstkollektivs OK16 in Minsk — 2020 Eintritt in den Präsidentschaftswahlkampf und Teil des Koordinierungsrats der Opposition für die Machtübertragung, Gründung der Partei Wmestje — 7. September 2020 Verhaftung — 16. September 2020 Anklage wegen Gefährdung der staatlichen Sicherheit, Verurteilung zu einer elfjährigen Haftstrafe — 2020 Sacharow-Preis — 2021 Menschenrechtspreis der Gerhart und Renate Baum-Stiftung — 2022 Karlspreis zusammen mit Swetlana Tichanowskaja und Veronika Zepkalo

Auf einmal standen da drei Frauen. Gestern noch völlig unbekannt. Über Nacht weltberühmt. Die eine machte das Victory-Zeichen, die andere die Faust, die dritte ein Herz. Im Hintergrund der »Palast der Unabhängigkeit« in Minsk, der Hauptstadt von Belarus. Das Foto ging um die Welt. Es zeigte

Veronika Zepkalo, die mit dem Victory-Zeichen, früher IT-Managerin, jetzt Bürgerrechtlerin.

Swetlana Tichanowskaja, die mit der Faust, früher Hausfrau, Mutter, Übersetzerin, jetzt Chefin einer Exilregierung.

Maria Kolesnikowa, die mit dem Herz, früher Flötistin,

Musikpädagogin, Kulturmanagerin, jetzt politische Gefangene.

Einen der schrecklichsten Diktatoren der Gegenwart wollten sie stürzen, jenen Alexander Lukaschenko, der hinter ihnen in diesem Palast residierte. Fröhlich, leicht und gewaltlos, mit Blumen, Liebe und Tänzen in weißen Kleidern auf der Straße wollten sie Lukaschenkos Regime hinwegfegen. Fast wäre es ihnen gelungen.

Wir schreiben das Jahr 2020, das Brexitjahr, das Donald-Trump-Putsch-Jahr, ein Corona-Jahr und das Jahr, in dem eineinhalb Flugstunden von Berlin plötzlich ein Volk aufsteht, das Volk von Belarus: 9,3 Millionen Einwohner, seit mehr als zweieinhalb Jahrzehnten geknechtet vom Diktator Alexander Lukaschenko, der sich benimmt und aussieht wie ein Überbleibsel aus der untergegangenen Sowjetunion. Das ganze Land sieht so aus.

»Üppige Fassaden aus der Stalin-Zeit säumen das Zentrum, an jeder Straßenecke gibt einem die Hammer-und-Sichel-Symbolik das Gefühl, die Sowjetunion habe hier überlebt. Und an den Rändern von Minsk stehen graue Platten in Reih und Glied, als hätte sie Leonid Breschnew eben erst fertigstellen lassen. Selbst der Geheimdienst heißt in sowjetischer Manier noch heute KGB.« So beschreibt es Alice Bota, Politikredakteurin der Wochenzeitung DIE ZEIT in ihrem Buch »Die Frauen von Belarus«.

Auf Alexander Lukaschenko, der noch heute alljährlich das Jubiläum der »bolschewistischen Oktoberrevolution« feiern lässt, sei »alles ausgerichtet: die Regierung, die Fernsehsender, das Parlament, der Sicherheitsapparat, das Militär.« »Wir haben Lenin-Straßen, Lenin-Plätze. 30 Jahre nach dem Ende der Sowjetunion ist Belarus ein sowjetischer Themenpark«, sagt der belarussische Schriftsteller Viktor Martinowitsch.

Und wie in der alten Sowjetunion waren Wahlen in Belarus eine Formsache, die Lukaschenko im Amt zu bestätigen hatten und notfalls gefälscht wurden. Vom Volk war dazu nur ein leises Grummeln zu vernehmen, denn Lukaschenko hatte eine Art Deal mit ihm: Ich garantiere euch Ruhe und Sicherheit und einen kleinen Wohlstand. Dafür haltet ihr den Mund.

Wer es trotzdem nicht länger aushielt, der reiste eben aus, nach Russland, in die Ukraine, nach Polen oder Litauen. Bei den anderen, die blieben, der Mehrheit, habe der Deal funktioniert, weil Belarus Kredite aus Russland bekam, dazu superbilliges Öl und Gas, das es den Staatsbetrieben ermöglichte, preiswert zu produzieren, sagt Viktor Martinowitsch.

Der belarussische Autor Anton Somin erzählt einen Witz, um Fremden die Mentalität seines Volkes zu beschreiben: »Im Rahmen eines wissenschaftlichen Experiments wird in einen abgedunkelten Raum ein Stuhl gestellt, dessen Sitzfläche von einem Nagel durchbohrt ist. Ein Russe setzt sich darauf, springt sofort auf, fängt an zu fluchen und zerbricht den Stuhl im Zorn. Ein Ukrainer setzt sich darauf, springt sofort auf, zieht den Nagel aus dem Stuhl, versteckt ihn in der Hosentasche und murmelt: ›Den kann ich noch mal brauchen.‹ Der Belarusse setzt sich auf den Stuhl, rutscht hin und her und sagt nachdenklich: ›Muss wohl so sein.‹«

Martinowitsch erklärt: »Viele Belarussen sind staatliche Angestellte, sie arbeiten nicht nur in Schulen und Behörden, sondern auch im großen Sektor der staatlichen Industrie. Diese sei »so unproduktiv und ineffektiv wie zu Sowjetzeiten. Die Fabriken sind nicht wettbewerbsfähig und erwirtschaften nichts. Also springt der Staat ein.«

Der Deal platzte, als Russland den Geldhahn zudrehte, nachdem das Land selber wirtschaftlich in prekäre Verhältnisse geraten war. »Moskau verhandelte im Energiegeschäft härter, druckvoller und drängte Lukaschenko zu einer engeren politischen Integration.«

Gestiegene Energiepreise trieben auch die Preise anderer Güter in die Höhe, gleichzeitig stieg die Arbeitslosigkeit. Das

Volk begann zu murren, es kam zu ersten Protesten in den Provinzstädten. Und, sagt Viktor Martinowitsch, der belarussische Staat konnte seine Angestellten nicht mehr bezahlen. Arbeiter protestierten, Betriebe wurden bestreikt.

Der Unmut wuchs, als plötzlich entlassene Häftlinge zu reden begannen. Stets hatten sie geschwiegen. Jetzt zeigten sie die Spuren der Schläge, die Verletzungen durch Folter. Die Brutalität des Regimes wurde sichtbar.

Trotzdem herrschte aber noch weithin Ruhe im Land. Noch im März 2020 sah es ganz so aus, als ob es immer so weitergehen würde. Auch für die drei Frauen.

Swetlana Tichanowskaja war mit ihrem Leben zufrieden, zumal sie nach vielen Jahren als Hausfrau wieder in ihren Beruf als Lehrerin einstieg. Sie unterrichtete Englisch an einer Minsker Schule.

Veronika Zepkalo unterrichtete ihre Zwillingsjungs daheim, arbeitete als erfolgreiche IT-Managerin und plante mit ihrem Mann dessen erste Schritte in die Politik.

Maria Kolesnikowa, die Musikerin, spielte Flöte, lebte in Stuttgart und pendelte regelmäßig nach Minsk, seit sie dort das Kunstkollektiv OK16 leitet. Zwei Wochen lebte sie in Deutschland, zwei in Belarus.

Aber dann kam Corona. Deutschland ging in den Lockdown, und da beschloss Maria, nach fast 13 Jahren in Stuttgart wieder dauerhaft in ihre Mietwohnung im Zentrum von Minsk zu ziehen, die sich gleich gegenüber dem Geheimdienst KGB befand.

Im Rückblick kann man heute sagen, dass diese Pandemie wie der Nagel in dem Stuhl aus diesem Somin-Witz war. Nur dass die Belarussen jetzt nicht mehr ruhig sitzen blieben und nicht mehr dachten, dass das wohl so sein müsse, sondern plötzlich fragten: Muss das so sein?

Der Nagel wurde zum Sargnagel für Lukaschenko. Dass er bis heute noch immer an der Macht ist, verdankt er nur der

Brutalität seines Machtapparats. Aber den Rückhalt, den er in der Bevölkerung einmal hatte, den hat er jetzt nicht mehr. Er wird sich vermutlich nicht mehr länger halten können als sein »Freund« Wladimir Putin. Der ist vorläufig noch seine Überlebensgarantie, weil Putin ihm mit Rat und Tat hilft, das belarussische Volk mit aller Gewalt zu unterdrücken, denn Putin hat Angst, dass das Virus der Freiheit auf sein Land übergreift.

Verloren hat Lukaschenko trotzdem. Vor allem die Frauen hat er verloren. Deren Mehrheit hatte er in der Vergangenheit hinter sich. Weil sie sich nicht um Politik, sondern um ihre Familien kümmerten. »Frauen halten in Belarus die Familien, das soziale Gefüge und den Gesundheitssektor zusammen«, schreibt Alice Bota. »Sie pflegen Angehörige, sie erziehen die Kinder, sie kümmern sich um Alte und Hilfsbedürftige, die in der Pandemie besonders verwundbar sind.«

Daher waren es vor allem die Frauen, die während der Pandemie lernten, dass das Virus ernst zu nehmen sei. Als Krankenschwestern und Ärzt*innen bekamen sie mit, wie sich die Krankenhäuser mit Infizierten füllten, Chirurg*innen und Gynäkolog*innen umgeschult wurden, um Corona-Patienten zu beatmen.

Lukaschenko jedoch versuchte, das Virus lächerlich zu machen, sprach von »Coronapsychose«, tat nichts gegen die Pandemie und »pries Treckerfahren, Wodka und Sauna als Mittel gegen das Virus«. (FAZ) Und wer an Corona sterbe, sei selbst schuld.

Rings um Belarus ging ein Land nach dem anderen in den Lockdown, nur in Belarus ging das Leben weiter, als ob nichts wäre. Aber in den Krankenhäusern wurde das Personal angewiesen, bei Todesfällen die Covid-19-Diagnose wegzulassen und stattdessen andere Begleiterkrankungen als Todesursache einzutragen, Lungenentzündung, Herzinfarkt oder Thrombose.

Das sprach sich natürlich herum in der Bevölkerung. Und

sowieso kannte schon bald jeder und jede mindestens einen Menschen, der an Corona erkrankte oder daran starb.

Und da erwachte das Volk aus seiner Lethargie. Es informierte sich, wie sich die Menschen im Ausland gegen das Virus schützten, und das taten sie dann in Belarus auch. Sie begrenzten ihre sozialen Kontakte, begaben sich in Selbstisolation, stornierten geplante Reisen, mieden öffentliche Verkehrsmittel, arbeiteten im Homeoffice, und die Unternehmen spielten mit. Man half und versorgte sich gegenseitig, kurz: Das, was eigentlich der Staat zur Bewältigung der Pandemie hätte leisten müssen, organisierten die Menschen in Belarus nun selbst.

Auch die drei Frauen, die damals noch nicht ahnen konnten, dass sie schon bald zu Ikonen des zivilgesellschaftlichen Widerstands in Belarus werden würden, schützten sich. Maria Kolesnikowa schickte ihr Kunstkollektiv OK16 in den Lockdown. Sie sagte alle Ausstellungen in Minsk ab, obwohl öffentliche Veranstaltungen weiterhin erlaubt waren. Swetlana Tichanowskaja ließ ihre Kinder nicht mehr in die Schule und in den Kindergarten, sondern übernahm selbst die Betreuung – wie Tausende andere Mütter in Belarus auch. Veronika Zepkalos Arbeitgeber Microsoft schickte sie in Heimarbeit, auch sie nahm ihre beiden Söhne aus der Schule und unterrichtete sie zu Hause.

Dieses plötzliche Handeln in Eigenregie, dazu die Erfahrung des Aufeinanderangewiesenseins in einer Zeit, in der man den bis daher gängelnd fürsorgenden Staat als glatten Ausfall erlebte, besonders aber die Erfahrung, wie dieser Staat lügt, das Offensichtliche der Pandemie wegzuignorieren versucht, führte dann den Wandel herbei, erweckte in vielen Menschen etwas, was vorher noch nicht da war: politisches Bewusstsein. Und die Erfahrung, so etwas wie eine Pandemie durch gemeinsames Handeln bewältigen zu können, erzeugte Selbstvertrauen, so viel, dass plötzlich einige sich auch zutrauten, die Geschicke des

Landes auf demokratische Weise besser managen zu können als der ignorante Diktator in seinem Palast.

Anfang Juni 2020 konnte man daher in vielen Städten von Belarus sehen, wie sich dort lange Menschenschlangen bildeten. Man stand an, um eine Unterschrift zu leisten für die Nominierung unabhängiger Kandidaten zu den Wahlen im August. Im Zentrum der Hauptstadt Minsk reihten sich die Wartenden über einen Kilometer. »Polizisten warnten die Unerschrockenen, dass sie illegal demonstrierten, einige Aktivisten wurden festgenommen. Schon auf dem Weg ins Zentrum wurde Nikolaj Statkewitsch abgeführt – der Oppositionspolitiker hatte 2010 bei gefälschten Präsidentenwahlen kandidiert und war danach fast fünf Jahre inhaftiert worden.« Für die Registrierung zur kommenden Wahl durfte Statkewitsch wegen des Strafurteils keine Unterschriften sammeln.

Zuvor schon war der Blogger Sergej Tichanowskij mit mehr als einem Dutzend Mitstreitern in der Stadt Hrodna festgenommen worden. Tichanowskij hatte auf seinem YouTube-Kanal Diktatur und Korruption angeprangert.

Und so ging es dann weiter. Lukaschenko ließ einen ernst zu nehmenden Konkurrenten nach dem anderen ausschalten.

Der aussichtsreichste Kandidat war der in der Bevölkerung beliebte Banker Viktor Babariko. Er war bis Mitte Mai Vorstandvorsitzender der Belgazprombank und Kunstmäzen mit eigener Stiftung, die beispielsweise die Übergabe Tausender Exemplare von Büchern der Nobelpreisträgerin Swetlana Alexijewitsch an Bibliotheken finanzierte. Er sorgte auch dafür, dass ein Original der ersten Übersetzung der Bibel in die belarussische Sprache nach Belarus zurückgeholt wurde. Auch Gemälde von Mark Chagall und anderen belarussischen Künstlern brachte er ins Land.

Das hatte ihn im ganzen Land populär gemacht. Daher fiel es ihm leicht, in kurzer Zeit rund 435 000 Unterschriften für seine Kandidatur zu sammeln und ein schlagkräftiges Team aufzustellen. Ein wichtiges Mitglied dieses Teams hieß: Maria Kolesnikowa. Es konnte nicht ausbleiben, dass sie, die Künstlerin, in dem kleinen Belarus irgendwann dem Kunstmäzen Babariko begegnete. 2017 war das, da hatte sie ihn über Facebook kontaktiert, um mit seiner Hilfe ein Austauschprogramm zwischen Belarus und Deutschland zu organisieren. 2018 lernten sie dann einander persönlich kennen und schätzen, und 2019 übernahm sie die künstlerische Leitung des Minsker Kulturhubs »OK16«, das von Babarikos Belgazprombank mitfinanziert wird.

Als Babariko seinen Managerposten im Mai 2020 aufgab, um für die Präsidentschaft zu kandidieren, sagt Kolesnikowa, habe sie keinen Moment gezögert, sich seinem Wahlkampfteam anzuschließen. Dabei sei ihr bewusst gewesen, was auf sie zukommen könnte. Sie habe sich niemals Illusionen darüber gemacht, wozu diese Regierung bereit ist und was passieren könnte, sagte sie der »Deutschen Welle«.

Und was dann passierte, war im Grunde zu erwarten: Lukaschenko ließ Babariko unter fadenscheinigen Gründen verhaften, und seinen Sohn Eduard gleich mit, denn der war der erfolgreiche Leiter des Wahlstabes.

Auch ein weiteres Schwergewicht schaltete Lukaschenko rechtzeitig vor der Wahl aus: Walerij Zepkalo. Der stand einst sogar in Diensten Lukaschenkos als Botschafter in den USA und Mexiko. Vielleicht deshalb ließ er ihn nicht gleich verhaften, sondern zog ihn mit anderen Mitteln aus dem Verkehr. Von den 160 000 Stimmen, die Zepkalo gesammelt hatte, wurden von der Wahlkommission nur 75 000 anerkannt. 100 000 wären nötig gewesen. Damit war auch er aus dem Rennen und hatte Grund zur Annahme, dass es Lukaschenko nicht mit einer so vergleichsweisen harmlosen Maßnahme bewenden ließe. Und tatsächlich ist er dann von Kontaktpersonen bei den Sicherheitsbehörden gewarnt worden, dass er in Gefahr sei, ebenfalls noch verhaftet zu werden.

Sein Sprecher sagte, Beamte der Staatsanwaltschaft hätten die Schule der beiden Söhne besucht und die Lehrer zu einer schriftlichen Stellungnahme gedrängt. Sie hätten aussagen sollen, dass sich die Familie Zepkalo nicht ausreichend um die Kinder kümmere. Von da an fürchtete die Familie daher um ihr Sorgerecht für die Kinder – und um deren Sicherheit. Daher beschlossen er und seine Frau Veronika, dass er mit den beiden Söhnen nach Russland flüchte. Auch Swetlana Tichanowskaja hatte ihre beiden Kinder aus Sorge um deren Sicherheit ins Ausland geschickt, nachdem ihr Mann Sergej verhaftet worden war.

Von drei aussichtsreichen Kandidaten waren nun also zwei im Gefängnis und einer auf der Flucht. Das hatte für Lukaschenko zwei Konsequenzen, von denen er nur auf die eine gefasst war, nicht aber auf die andere. Die eine war der Protest der Bevölkerung. Die ging jetzt massenhaft auf die Straße. Aber das kannte er schon, und er wusste auch, wie damit umzugehen sei: mit Drohungen, Polizeiknüppeln, Verhaftungen und Misshandlungen in seinen Gefängnissen. An einem einzigen Tag, dem Juni 2020, ließ er insgesamt 270 Menschen verhaften, darunter 14 Journalist*innen.

Und so ging das täglich weiter bis zum eigentlichen Wahltermin am 9. August. Aber die Menschen gingen trotzdem weiter auf die Straße. Es war, als ob die Angst von ihnen gewichen wäre. Die gesamte Gesellschaft demonstrierte, in allen Regionen, aber weiterhin friedlich. Noch immer umarmten Demonstrierende Polizisten, wodurch Lukaschenkos Brutalität umso plastischer hervortrat. Man sah auf Fernsehbildern, wie Polizisten, die vielleicht kurz zuvor noch von einer Frau im weißen Kleid umarmt wurden, auf eben diese Frau einhieben und sie in ein Polizeiauto zerrten.

Die Menschen aber, die schon durch die Pandemie gelernt hatten, einander zu vertrauen und sich selbst zu organisieren, organisierten jetzt auch ihre Proteste auf sehr gewitzte Weise.

Zum Beispiel bildeten sie in Minsk eine Art Bürger-Geheimdienst, ein Netzwerk aus mehr als 30 Kanälen, über die sie ihre Aktionen koordinieren. »Dazu gehören auch Kundschafter mit Codenamen, die alle alarmieren, wenn Sicherheitskräfte oder verdächtige Personen in Zivil auftauchen. Wenn das Regime das mobile Internet ausschaltet, kommunizieren die dann über Walkie-Talkies, die über Spenden finanziert sind.«

So wuchs eine Solidarität quer durch alle Generationen und Schichten.

Und dennoch: Lukaschenkos Gefängnisse füllten sich. Seit Mai waren mehr als 1500 Menschen bei Protesten festgenommen worden, zählte die Menschenrechtsorganisation Wjasna.

Weiß und Rot sind die Farben dieser Revolution, daher sehen Lukaschenkos Schergen buchstäblich rot, sobald sie etwas Rotes oder Weißes sahen, wie die Literaturnobelpreisträgerin Swetlana Alexijewitsch beobachtet hat. Sie erzählt von einem Pizzaboten, der verhaftet wurde, weil er auf einem roten Fahrrad mit roter Tasche Pizza austrug, es war die Farbe des Unternehmens. Oder von einem Mann, dessen Wohnungstür aufgebrochen wurde, weil auf seinem Balkon eine rote Unterhose auf der Wäscheleine hing. … Zu Neujahr durften die Weihnachtsmänner keine roten Mäntel und Mützen tragen, nur blaue.«

Aber die Menschen ließen sich davon nicht mehr einschüchtern. Sie blieben auf den Straßen und Plätzen, protestierten weiter. Und Lukaschenko glaubte noch immer, durch noch mehr Gewalt wieder Herr der Lage zu werden.

Aber da gab es ja auch noch die zweite Konsequenz aus der Tatsache, dass er seine wichtigsten Konkurrenten ausgeschaltet hatte, das, womit er zuerst nicht gerechnet, und dann total unterschätzt hatte: dass da nun plötzlich jene drei Frauen auf den Plan traten, die dann die nachfolgende Revolution anführten, Maria Kolesnikowa, Swetlana Tichanowskaja und Veronika Zepkalo. Die schickten sich jetzt an, für ihre verschwundenen Männer einzuspringen – Swetlana für den inhaftierten Ehemann Sergej, Veronika für ihren ins Ausland geflüchteten Ehemann Walerij, und Maria für den inhaftierten Viktor Babariko, der zwar nicht ihr Ehemann, ihr aber ein enger Vertrauter war. Nach seiner Verhaftung übernahm sie die Leitung seines Wahlkampfteams und schloss sich mit Tichanowskaja und Zepkalo zusammen.

Das hört sich heute einfach an, aber so einfach war es natürlich nicht. Am 7. Mai 2020, als Tichanowskajas Mann Sergej schon einen Tag im Gefängnis sitzt, kämpft dieser noch um seine Teilnahme an der Wahl. Aus dem Gefängnis heraus gelingt es ihm, ein YouTube-Video zu verbreiten, in dem er sagt: »Ich, Sergej Tichanowskij, belarussischer Unternehmer und Blogger, verkünde hiermit meine Absicht, als Kandidat an der Präsidentschaftswahl teilzunehmen.« Er will seine Dokumente einreichen, damit er für die Wahl am 9. August 2020 zugelassen wird. Swetlana wusste davon nichts, erfährt von den Plänen ihres Mannes aus dem Netz, hatte aber längst geahnt, dass so etwas kommen würde. Sie hat Angst, sammelt aber trotzdem alle Dokumente für seine Registrierung, bittet Sergejs Anwalt, ihn im Gefängnis alles Notwendige unterschreiben zu lassen. Aber umsonst. Die Behörden verhindern den Besuch des Anwalts bei Sergej. So fehlt dessen Unterschrift. Ohne Unterschrift keine Zulassung.

In dieser Lage fasst Swetlana einen tollkühnen Entschluss: »Ich werde an Stelle meines Mannes kandidieren.« Sie entschied das, ohne vorher ihren Mann zu fragen, denn sie war sicher, er würde verstehen, dass sie das aus Liebe zu ihm beschlossen hatte.

Einen Plan hatte sie allerdings nicht. Woher auch? Sowieso hatte sie gedacht, dass sie ja doch nicht zugelassen werde.

Trotzdem reicht sie Mitte Mai, kurz bevor die offizielle Frist für die Registrierung abläuft, ihre Dokumente in der Wahlbehörde ein. Fast zeitgleich wird ihr Mann Sergej aus der Haft entlassen, staunt über seine Frau und macht sofort ihre Sache zu seiner.

Er ist es, der jetzt durch die Städte zieht, ohne sie, und Unterschriften sammelt für seine Frau. Wo er auftrat, stellte er eine lebensgroße Pappfigur von seiner Frau auf, was ihr den Spitznamen »Pappkandidatin« einbrachte. Und Lukaschenko lachte sich tot. Eine Hausfrau will ihn herausfordern?

Das fand er so lächerlich und aussichtslos, dass er überhaupt nicht auf die Idee kam, sie verhindern zu wollen. Lass sie nur ... Sie wird es ja vermutlich nicht einmal schaffen, die nötigen Stimmen für ihre Zulassung als Kandidatin zu bekommen.

Und Swetlana, wenn sie ehrlich war, dachte das auch. Allerdings sah sie im Fernsehen kilometerlange Schlangen von Menschen, die für sie unterschreiben wollten. Lukaschenko ist das natürlich auch nicht entgangen. Und so ließ er Sergej am 29. Mai abermals verhaften und dachte: Mann aus dem Verkehr gezogen. Erledigt. Läuft.

Swetlana saß daheim am Computer und sah, wie ihr Mann abgeführt wurde. Sie sollte ihn nicht mehr wiedersehen.

Die Unterschriften, die ihr Mann bis dahin gesammelt hatte, reichten noch lange nicht, und sie dachte, wie soll ich das jetzt allein hinkriegen in so kurzer Zeit?

Aber sie war nicht allein, wie sie dann rasch merkte. Da waren die früheren Unterstützer*innen Sergejs. Die sammelten jetzt einfach weiter Unterschriften für Swetlana. Manche hatten dafür sogar ihre Jobs aufgegeben. Und am Ende hatten sie 100 000 Unterschriften beisammen. Swetlana konnte kandidieren. Musste. Jetzt gab es kein Zurück mehr. Und Lukaschenko, noch immer überzeugt, dass er sie zum Frühstück verspeisen werde, unternahm nichts. Er hatte jetzt eine Gegenkandidatin und das Volk von Belarus eine Wahl-Alternative.

Eigentlich bräuchte Swetlana jetzt ein Wahlprogramm. Hatte sie nicht. Wäre auch nicht mehr zu schaffen, und außerdem: Ist auch gar nicht nötig. Was sie wollte, und was auch ihre Unterstützer*innen wollten, ließ sich in einem Satz zusammenfassen: Sie soll Übergangspräsidentin werden, um echte Wahlen zu ermöglichen und aus Belarus eine echte Demokratie zu machen.

Trotzdem brauchte sie auch dafür die Hilfe anderer, Berater*innen, Leute, die Strippen ziehen und organisieren und machen und tun. Daran mangelt es nicht. Rasch baut sie sich einen Stab aus 30 Mitarbeiter*innen auf. Lukaschenko kriegt es nun allmählich doch ein wenig mit der Angst zu tun.

Schon erhält Swetlana Drohanrufe. Schon sagen ihr anonyme Stimmen am Telefon, dass ihren Kindern etwas zustoßen werde. Diese Drohung funktioniert immer. Swetlana will aufgeben, weint, scheut sich nicht, in dieser Stimmung per Video öffentlich mitzuteilen, dass und warum sie aufhören will. Aber nun bekommt sie andere Anrufe, mit viel Zuspruch, mit flehentlichen Bitten, weiterzumachen. Also macht sie weiter, wenn auch ängstlich.

Vermutlich hätte sie doch noch aufgegeben, wenn da nicht Veronika Zepkalo und Maria Kolesnikowa gewesen wären.

Sie kennt die beiden noch nicht, also fährt sie zum Stab von Viktor Babariko, den Maria Kolesnikowa leitet. Die wartet dort bereits auf Swetlana. Veronika ist auch schon da. Binnen 15 Minuten werden sich die drei Frauen einig. Swetlana soll antreten für freie und faire Neuwahlen mit allen alternativen Kandidaten und für eine Rückkehr zur alten Verfassung von 1994, die von Lukaschenko bis zur Unkenntlichkeit verstümmelt wurde. Und: Veronika und Maria unterstützen Swetlana. Zu dritt werden sie gemeinsam kämpfen.

So geschieht es. Gemeinsam reisen die drei durch Belarus, sprechen auf Bühnen zu Zigtausenden, und vor den Kameras der Welt setzen sie ihre Zeichen – das Herz, die Faust und Victory, während Lukaschenkos Schläger die Versammlungen auseinandertreiben, Menschen niederknüppeln und in Polizeiwagen abtransportieren. Aber: Nie zuvor kamen in der jungen Geschichte des Landes so viele Menschen in den unterschiedlichsten Regionen zusammen. Und: Die ganze Welt schaute auf Belarus und dieses dreiköpfige Frauenwunder.

Das Wunder bestand vor allem in ihrer Einigkeit, in der Art, wie sie füreinander einstanden, nie auch nur eine Sekunde lang den Eindruck von Rivalität oder Konkurrenz aufkommen zu lassen. Alles machen sie zu dritt. Swetlana liegt das Reden nicht so, daher antwortet sie bei Pressekonferenzen meist immer nur kurz. Manchmal vergisst sie Wichtiges. Dann flüstert ihr Veronika Zepkalo zu, was sie noch erwähnen sollte. Willst du nicht noch dieses und jenes erwähnen? Oder die redegewandte Maria springt ein und sagt, was gesagt werden muss. Und dann kommt auch noch hinzu, dass die drei sehr verschiedenen Frauen unterschiedliche Bevölkerungsgruppen ansprechen: Veronika sprach jene Menschen an, die Swetlana Tichanowskaja, »die Hausfrau«, als zu traditionell empfanden und Maria Kolesnikowa, »die Feministin«, als zu emanzipiert. Jede der drei Frauen zog ihre eigene Anhängerschaft an.

Und jede der drei wartete mit bestimmten Eigenschaften auf, die sie in der Summe zu einem unschlagbaren Team machten: Swetlana, die Gutmütige und Warmherzige; Maria, die Führungsstarke; Veronika, die Vermittelnde, die über Maria sagt, diese könne sehr gut organisieren. »Sie ist so stark, sie kann unglaublich motivieren, sie gibt Kraft. Mascha war immer so: Los, los, los! Nach vorn, nach vorn, nach vorn! Los, Mädels, wir gehen jetzt essen. Mädels, wir ruhen uns jetzt aus!«

Und wenn Veronika mal wieder gesagt hat, dass die Stärke der Frau in ihrer Schwäche liege, widersprach Maria heftig. Die habe mit der Vorstellung von verhuschter weiblicher Stärke nichts anfangen können. Aber diese Unterschiede spielten keine Rolle für ihre Zusammenarbeit.

Gerade deshalb waren sie zu dritt so stark, dass Lukaschenko nun doch begann, sie ernst zu nehmen. Leider. Denn nun wurde er von Tag zu Tag nervöser, was man daran erkannte, dass die Brutalität und Intensität seiner Repressionen gegen die Frauen und ihre Anhänger von Tag zu Tag zunahm. Immer mehr Menschen wurden verhaftet. Immer mehr Polizei marschierte auf. Mehrere Mitstreiter*innen aus Tichanowskajas Wahlkampf-Team, darunter die Stabschefin, wurden verhaftet.

Am Samstag vor der Wahl wurde auch Maria Kolesnikowa festgenommen, dann aber wieder freigelassen. Angeblich sei sie verwechselt worden. Das Innenministerium hat sich entschuldigt.

»Aber«, sagt Maria, das »verstehen wir nicht als Entschuldigung. Das ist wieder eine Lüge, eine Manipulation durch die Regierung, damit es vor dem Wochenende ein bisschen ruhiger auf den Straßen wird. Damit die Leute vielleicht auf die Datscha fahren. Die gehen aber nicht, alle bleiben in der Stadt. Auch heute sind die Straßen in Minsk und anderen Städten seit dem Morgen voll. Die Leute stehen mit Blumen aus Solidarität in Menschenketten. Viele Fabriken streiken jetzt.«

Als Maria festgenommen wurde, konnte sich Veronika Zepkalo ausrechnen, dass sie die nächste sein würde. Daher verließ sie ihr Land und floh zu ihrem Mann und ihren Söhnen nach Russland.

Swetlana Tichanowskaja verbrachte die Nacht vor dem Wahltag sicherheitshalber nicht in ihrer Wohnung.

Dann kam der Wahlsonntag. Soziale Netzwerke wie Telegram oder YouTube in Belarus waren zeitweise nicht erreichbar, Internetseiten unabhängiger Medien nicht zugänglich, Wahlbeobachter der OSZE nicht eingeladen, andere unabhängige Beobachter auch nicht. Die Menschenrechtsorganisation Wjasna veröffentliche Fotos von Bürger*innen, die sich von der Rechtmäßigkeit des Wahlvorgangs ein Bild machen wollten. Sie mussten draußen bleiben. Ihnen blieb nichts anderes übrig, als von außen durch die Scheiben in die Wahllokale zu schauen.

Am Abend dann das zu erwartende Ergebnis: Alexander Lukaschenko ließ sich mit 80,1 Prozent zum Sieger ausrufen. So schamlos hatte er noch nie übertrieben. Nie da gewesene Proteste begannen. Lukaschenko griff immer härter durch.

Schon am ersten Tag nach der Wahl, in der Nacht zum 11. August, wurde Swetlana Tichanowskaja gezwungen, Belarus zu verlassen. Veronika nicht mehr da. Swetlana nicht mehr da. Plötzlich war Maria Kolesnikowa allein.

Sollte sie fliehen, bevor es zu spät ist dafür? Dem Regime wäre es höchst gelegen gekommen, denn alle drei Aufrührerinnen wären dann außer Landes gewesen, und ihre Männer im Gefängnis.

Genau deshalb beschloss Maria, zu bleiben. Sie hatte vor nichts Angst, wie Swetlana einmal über Maria sagte, die sie Mascha nennt. Sie spürte, dass ihre Anwesenheit als Letzte der zersplitterten Dreiergruppe nötig war. Die Proteste gegen das Regime mussten weitergehen, und so ging sie, nun allein, ohne Swetlana und Veronika, aber mit den vielen Demonstrant*innen weiterhin auf die Straße und machte weiter in dem Versuch, Lukaschenko gewaltlos zu stürzen. An jedem Sonntag seit dieser gefälschten Wahl gehen nun die Menschen auf die Straße, um Lukaschenko zu sagen, dass sie fertig sind mit ihm, dass er abhauen soll, ungeachtet der Tatsache, dass sie mit Knüppeln, Verhaftungen, Folterungen rechnen mussten.

Das war von Anfang an das Besondere an diesem Aufstand in Belarus, dass die Menschen sich weigerten, sich von der Gewalt des Regimes provozieren zu lassen. »Die Menschen benehmen sich rücksichtsvoll, räumen nach den Demonstrationen auf und hinterlassen keinen Müll«, sagt die russische Schriftstellerin Olga Martynova, die wie viele Russ*innen auch, die Vorgänge in Belarus aufmerksam und mit großer Sympathie verfolgte. »Sie ziehen sogar ihre Schuhe aus, bevor sie auf eine Gartenbank steigen, um ihre Plakate hochzuheben.

Sie helfen sich gegenseitig, verteilen Essen und binden Erste-Hilfe-Kästen für die von Sicherheitskräften Verwundeten an Bäume.« (Martynova) Und der tumbe Lukaschenko liefert dazu den Kontrast, indem er mit einem Maschinengewehr vor der Kamera posiert, um Eindruck zu schinden und einzuschüchtern, aber erntet dafür nur Spott und Verachtung.

In Maria Kolesnikowa sieht die Schriftstellerin die Verkörperung des Geistes dieser Revolution, die ja eigentlich keine ist, wenn man bedenkt, dass Revolutionen meist gewaltsam und blutig verlaufen und von einem männlichen Charismatiker alten Schlages angeführt werden. Und doch sei auch Kolesnikowa »Charismatiker«, jedoch eine mit dem Charisma einer Künstlerin.

»Sie ist Flötistin und ist aus Deutschland zurückgekehrt, wo sie barocke Musik studierte. Sie positioniert sich nicht als Politikerin, sondern als Mensch, der nicht anders handeln kann. Und auch sie bleibt, wie die gesamte neue Bewegung in Weißrussland: unpathetisch. Ruhig. Ausgewogen. Undemagogisch. Das ist die milde Kraft der menschlichen Würde.«

Genauso, wie Martynova das beschreibt, verhielt sie sich schon vor der gefälschten Wahl und so verhält sie sich auch jetzt, nach allem, was schon passiert ist. Im weißen Top läuft sie Anfang September 2020 vor den Präsidentenpalast in Minsk, wo Lukaschenkos schwarz gekleidete Männer mit Masken und Helmen, Gittern und Wasserwerfern die Einfahrt verbarrikadieren, als sei eine feindliche Armee im Anmarsch. Dabei kommen da nur unbewaffnete Menschen. Sie halten Abstand. Nur Maria Kolesnikowa geht furchtlos auf die Uniformierten zu, läuft an der dunklen Wand aus Schutzschilden entlang, formt mit beiden Händen ein Herz, und fragt: »Wird euer Chef mit mir sprechen?« Natürlich erwartet sie keine Antwort, sie will nur, dass die Bewaffneten nicht aus Angst losschlagen und sagt zu ihnen: »Jungs, passt auf euch auf, wir retten auch euch, wir sind mit euch bis zum Ende.«

Ein paar Tage noch macht sie das so, hält »Pressekonferenzen, stellt sich mit dem Megafon vor streikende Arbeiter, ruft Protestierenden zu, friedlich zu bleiben. Manchmal stellt sie sich dazwischen, wenn die Leute den Stacheldrahtabsperrungen und den Soldaten zu nahe kommen. Sie schickt Botschaften an die EU, damit die sich nicht zu sehr einmischt.« Sie will »deeskalieren und gleichzeitig den Druck auf Alexander Lukaschenko erhöhen«.

Am 2. September gründet sie die Partei »Wmestje« (Miteinander). Damit wolle sie Menschen, die Veränderungen wollten, eine Basis geben, sagt sie, und wahrscheinlich tut sie das in dem Bewusstsein, dass Lukaschenko früher oder später auch sie verhaften lassen wird. Damit es dann auch ohne sie weitergeht, soll es zumindest eine Partei geben, die dran bleibt an dem Ziel, aus Belarus eine Demokratie zu machen.

Am Sonntag, dem 6. September 2020, ist sie, wie an jedem Sonntag seit den gefälschten Wahlen im August, wieder auf der Straße und demonstriert mit allen anderen vor dem Präsidentenpalast. Da weiß sie noch nicht, dass es ihre letzte öffentliche Aktion sein wird, denn am nächsten Tag passiert, womit sie die ganze Zeit schon immer gerechnet hatte, allerdings in der verschärften Variante.

Am Montagmorgen wird sie auf einer Minsker Hauptstraße von Maskierten in einen Minibus gezerrt. So berichten es Zeugen den Medien. Die Nachricht geht um die Welt. Aber wo sie nun ist, was mit ihr gemacht wurde, bleibt lange im Dunkel. Ihre beiden Mitstreiter aus dem Stab, Anton Rodnenkow und Ivan Krawzow, suchen sie, fahren gemeinsam zu ihrer Wohnung – und verschwinden ebenfalls.

Erst sehr viel später erfährt man von den beiden und über ihre Anwälte und ihre Schwester, was geschehen ist: Sie, Anton und Ivan wurden in einem Auto zur ukrainischen Grenze gebracht. Sie sollten gemeinsam außer Landes gebracht werden, und es sollte so aussehen, als hätten sie sich freiwillig abgesetzt, und als kehrten sie der Protestbewegung den Rücken.

Dass Maria wegmuss, so erzählte es Anton der Journalistin Alice Bota, »hatte für den Geheimdienst höchste Priorität – ihm und Ivan Krawzow kommt die Rolle von Statisten zu bei diesem Unterfangen.« Aber Maria müsse verschwinden.

Zuerst wurde sie von Geheimdienstlern verhört und bedroht. Wenn sie nicht freiwillig ausreise, werde man sie töten. Oder auf ewig wegsperren. Oder sie gewaltsam außer Landes bringen – »lebendig oder in Stücken«.

Maria weigert sich. Sie will nicht ausreisen, um sich zu retten. Schließlich ziehen ihr die Beamten einen Sack über den Kopf, zerren sie ins Auto und bringen sie an die Grenze zur Ukraine. Dort stand schon Ivans alter BMW. In den werden die beiden Männer gesetzt, auf die Vordersitze. Im Auto liegen ein Flugticket, das auf Marias Namen ausgestellt ist, und ihr Pass. Von der Ukraine aus soll sie weiterreisen, nach Deutschland. Doch sie wehrt sich heftig, schreit, dass sie nie ins Ausland gehen werde, greift sich den Pass, zerreißt ihn in Stücke und wirft die Schnipsel aus dem Fenster. Dann klettert sie aus dem Rückfenster und marschiert zurück Richtung belarussische Heimat.

Die beiden Männer bleiben zurück und fahren weiter zur ukrainischen Grenzkontrolle. Sie leben heute in Warschau.

Und Maria? Sitzt seitdem im Gefängnis. Warum? Warum ist sie zurück? Sie wusste doch, dass dies ihr Schicksal sein würde, wenn sie zurückkehrt. Sie hätte an der Grenze weiterreisen können nach Deutschland, nach Stuttgart, ihre zweite Heimat, und wäre dort in Sicherheit gewesen. Warum also ging sie zurück, wie Alexej Nawalny, der ebenfalls nach dem Giftanschlag auf ihn in Deutschland war, nach Russland zurückkehrte und seitdem unter unwürdigen Bedingungen in einem Straflager lebt?

Die Antwort erfahren wir fünf Monate später von ihrer

jüngeren Schwester Tatjana. Sie steht auf einer Bühne in Stuttgart und nimmt einen Preis in Empfang, der nicht für sie bestimmt ist, sondern für Maria. Es ist ein Menschenrechtspreis, gestiftet von dem FDP-Politiker Gerhart Baum und dessen Frau Renate.

Tatjana hat einen Brief dabei. Von Maria. Aus ihm liest Tatjana nun vor:

»Am 8. September habe ich meinen Pass in Stücke gerissen, um mich verzweifelt meiner Zwangsausweisung zu widersetzen. Ich wusste ohne den Hauch eines Zweifels, dass sie mich zumindest einsperren, wenn nicht gar töten würden. Aber ich konnte meine Versprechen nicht brechen und meine unglaublichen Freunde und Kollegen, meine Belarussen im Stich lassen. Wir haben das alles zusammen durchgestanden, haben gemeinsam unsere Ängste überwunden und einen unvorstellbaren Preis für unsere künftige Freiheit bezahlt. Vor genau fünf Monaten wurde ich entführt und eingesperrt. Ich bereue meine Entscheidung nicht. Ich habe keine Angst. Und ich weiß, dass Tausende Belarussen dasselbe Gefühl teilen. Wir wissen nun ganz genau, dass Freiheit in jedem von uns steckt. Keine Gefängnisse, keine Gesetze und keine Gitter können sie töten. Die Freiheit ist den Kampf wert.«

»Die Freiheit ist den Kampf wert«… – die Freiheit ist kostbar, heißt das, und darum kostet sie uns manchmal was, nicht selten das Leben, sehr häufig die eigene Freiheit. Nicht alle verstehen das. Und von denen, die es verstehen, sind nur wenige bereit, den Preis auch zu bezahlen. Nur wenige, ganz besondere Menschen sind bereit dazu, Menschen wie Maria Kolesnikowa. Menschen wie sie haben verstanden, dass es etwas gibt, das größer ist als sie selbst.

Auch ihre Kampfgenossin Swetlana Tichanowskaja hat das verstanden. In einem Interview wurde sie gefragt, was sie tun würde, wenn man ihr vorschlüge, ihre Kandidatur zurückzuziehen, wenn im Gegenzug ihr Mann freikomme. Ihre

Antwort: Wenn er auf diese Weise freikäme, machte sie zwei Menschen glücklich, sich selbst und ihn. Aber das empfände sie als Verrat an den Millionen Menschen, die ihr vertrauen. Daher könne sie doch nicht ihren Mann gegen sieben Millionen Wähler austauschen.

Und wenn man eine Familie hat, wie Swetlana, dann bezahlen auch die Kinder einen Preis. Ihren Vater haben sie schon verloren. Durch die Flucht der Mutter nach Litauen verloren sie auch ihr gewohntes Leben in Geborgenheit, wurden von einem Tag auf den anderen mit ins litauische Exil genommen, und wenn sie noch klein sind, verstehen sie das alles nicht. Anfangs, so erzählt Swetlana, habe sie ihrer kleinen Tochter noch erzählt, ihr Vater sei beruflich auf einer Reise. Von dort schicke er ihr Geschenke. Aber irgendwann habe dann ihr zwölfjähriger Sohn seiner kleinen Schwester erzählt, dass ihr Vater im Gefängnis sitzt. Sie glaube, das Kind verstehe noch nicht so ganz, was das bedeutet, ist ja erst sechs. »Aber gestern hat sie beim Schlafengehen geweint, weil ihr Vater nicht da ist. Das passiert oft.« Daher versuche sie, den Vater in ihrem Leben so präsent wie möglich zu halten. »Überall stehen Fotos von ihm, wir schauen uns viele Videos an. Meine Tochter war erst vier, als er verhaftet wurde. Sie kann so leicht seine Stimme vergessen und wie er ausgesehen hat. Deshalb sind Erinnerungen so wichtig. Wir reden viel über ihn und über Momente, die wir als Familie erlebt haben. Er ist unterwegs, er ist nicht hier, aber er liebt uns. Es ist wichtig, ihre Gefühle ihm gegenüber zu bewahren.«

Maria Kolesnikowa beschreibt am 22. Februar 2021 die spartanischen Bedingungen des Lebens in ihrer Zelle im Untersuchungsgefängnis Nummer 1 in Minsk: 3,5 Meter mal 2,5 Meter, Toilette, Waschbecken mit kaltem Wasser, zwei Stockbetten, ein Tisch, eine Bank, ein vergittertes Fenster mit Blick auf einen Wachturm und den Himmel. »Um sechs Uhr morgens weckt ein furchtbares Signal zum Aufstehen, um 22 Uhr

Nachtruhe. Eine Dusche mit heißem Wasser – ein Luxus, zugänglich einmal die Woche. Wir waschen uns und unsere Sachen, indem wir das Wasser mit einem Tauchsieder erhitzen. Täglicher Ausgang im Hof, der drei mal drei Meter groß ist. Dort laufe ich, mache Sport und habe meinen persönlichen Rekord aufgestellt: 40 Minuten Laufen bei minus 25 Grad. Ein großartiges Gefühl.«

Maria ist Asthmatikerin. Im Gefängnis kommt es bei ihr zu Atem- und Lungenproblemen sowie Bluthochdruck. Ihre Zelle muss sie sich mit Raucherinnen teilen. Es sei absurd, schreibt sie belustigt an Tatjana: In einer hoch entwickelten Zivilisation habe sie Probleme mit frischer Luft, mitten in Europa.

In keinem ihrer Briefe beklagt sie sich. In jedem ihrer Briefe sorgt sie sich um die Menschen, die ihr etwas bedeuten, und macht ihnen Mut: »Vor uns liegt noch sehr viel Arbeit, und wir stehen erst am Anfang des Weges. Nicht aufgeben, nicht die Hände in den Schoß legen, nicht den Kopf hängen lassen! Ihr seid die Besten, Ihr seid stark, Ihr seid meine Teuren, meine Unbesiegbaren. Gemeinsam werden wir siegen! Ich drücke Euch fest! Eure Mascha.«

So schreibt die Frau, die keinen Besuch empfangen, nur mit ihrem Anwalt sprechen darf, und selbst dessen Zugang zu ihr ist streng reglementiert.

Elf Mal hat ihr Vater die Behörden gebeten, seine Tochter besuchen zu dürfen. Elfmal haben sie abgelehnt. Anrufen darf er sie auch nicht.

Also schickt er Pakete. Das geht. Bis zu 30 Kilogramm darf er pro Monat schicken. Und so schickt er Kaffee und Schokolade aus Deutschland, Turnschuhe, warme Kleidung und, ganz wichtig, Kosmetik, Wimperntusche und den roten Lippenstift, der zu ihrem Markenzeichen geworden ist.

»Ein Hauch von Lippenstift für die Würde« heißt ein 2014 erschienenes Buch von Henriette Schroeder. Darin beschreibt die Journalistin und Dokumentarfilmerin, wie Frauen in großer Not versuchen, ihre Weiblichkeit und ihre Würde zu bewahren unter unwürdigen Bedingungen. Schroeder sprach mit Frauen aus dem Iran, Grosnyj, Nordkorea, Sarajevo und mit Überlebenden aus den Lagern der Nationalsozialisten und den Gulags der Sowjetunion. Sie alle betonten, wie wichtig es für sie gewesen sei, sich gerade an trostlosen Orten, wo es dreckig ist, wo man sie mit allen Mitteln brechen will, mit improvisierten Mitteln, Reinlichkeit und Schminke ein wenig Würde zu erkämpfen.

Die Literaturnobelpreisträgerin Herta Müller schreibt darin über ihre Erlebnisse mit der rumänischen Geheimpolizei Securitate: Immer dann, wenn es gefährlich wurde, wenn es »zu Verhören beim Geheimdienst kam und Freunde verhaftet wurden, habe ich besonderen Wert darauf gelegt, mich nicht aus der Hand zu geben. Schminken gehörte dazu. Ich wusste, wenn ich mich nicht mehr schminke, wenn mir das nicht mehr wichtig ist, dann habe ich mich aufgegeben.« Und da sei sie keine Ausnahme gewesen. »Die Frauen in der Fabrik haben sich geschminkt und die Arbeiterinnen, die eine schrecklich schwere, dreckige Arbeit hatten, denen das Maschinenöl nicht mehr aus den Händen ging. Nach der Arbeit, nach der Dusche, haben sie sich geschminkt. Oder die Beine enthaart.«

In Maria Kolesnikowas Gefängnis in Minsk haben sich die Frauen Peelings aus Kaffeesatz gemacht und Haarmasken aus angefeuchtetem Brot.

Im August 2021, ziemlich genau ein Jahr nach Lukaschenkos dreister Wahlfälschung, steht Maria Kolesnikowa vor Gericht, natürlich unter Ausschluss der Öffentlichkeit. Nur einmal, ein einziges Mal, haben sie ihren Vater in den Gerichtssaal gelassen. Da konnte er seine Tochter aus der Distanz sehen. »Papa« habe sie gerufen, und das Herz habe sie ihm gezeigt.

Sie schreibe täglich Briefe an ihn, an ihre Freunde, aber nur die wenigsten kämen an. Dennoch wisse er nun, was sie am meisten vermisse: Die Matthäus-Passion von Bach, ihre Querflöte, Notenblätter. Und sie wisse nun, dass das die drei Dinge wären, die sie auf eine einsame Insel mitnehmen würde.

Sie wird einen langen Atem brauchen, große Stärke, viel Hoffnung und Zuversicht, denn im September 2021 wurde sie zu elf Jahren Haft verurteilt. Ihr Freund Viktor Babariko war schon am 6. Juli 2021 zu 14 Jahren Haft verurteilt worden. Swetlana Tichanowskajas Ehemann Sergej ist am 14. Dezember 2021 zu 18 Jahren Straflager unter verschärften Bedingungen verurteilt worden.

Anfang Dezember 2022 wurde bekannt, dass Maria Kolesnikowa aus dem Gefängnis auf die Intensivstation des Krankenhauses im belarussischen Gomel verlegt und anscheinend operiert wurde. Weder ihr Vater noch ihre Schwester erfuhren, warum und weshalb. Nur durch Zufall habe ihre Familie von der Sache erfahren. »Wir sind schockiert«, erklärte Marias Schwester Tatjana Chomitsch. »Aber man sagt uns nichts. Noch nicht einmal unserem Vater sagen sie, warum sie operiert wurde.« Maria sei ihres Wissens nicht krank gewesen. Auch wisse sie nicht, ob etwa Verletzungen der Grund für die Einweisung auf die Intensivstation seien.

Nachfragen beantworteten die zuständigen Behörden mit der üblichen Ausrede: Es fehle eine schriftliche Genehmigung von Maria für die Erlaubnis, Informationen über ihren Gesundheitszustand weiterzugeben, sagte Chomitsch in einem Interview mit dem ARD-Studio Moskau.

Nach Medienberichten ist Kolesnikowa einige Tage nach ihrer Operation wieder aus dem Krankenhaus entlassen und ins Gefängnis zurückgebracht worden. Ihr Vater habe angeblich zu ihr gedurft oder zumindest – im Beisein von Regierungsbeamten – mit den Ärzten sprechen dürfen. Aber zuverlässige Informationen fehlen.

Ihre Schwester appellierte daher an die Weltöffentlichkeit, Maria Kolesnikowa bitte nicht zu vergessen, auch nicht die anderen 1300 politischen Gefangenen in den belarussischen Gefängnissen und nicht die belarussischen Oppositionellen, die noch in Freiheit sind. Das Klima der Repression halte an, so Chomitsch. Verhaftet werde jeden Tag.

Damit hatte Alexander Lukaschenko sein Ziel, die Opposition niederzuschlagen und seine Herrschaft zu sichern, erreicht. Die drakonischen Strafen entfalteten, wie gewünscht, ihre Wirkung.

Schon im November 2020 ebbten die Proteste ab. Es fehlten ja nun auch die Galionsfiguren der Demokratiebewegung. Alle waren entweder für lange Zeit im Gefängnis oder außer Landes.

Ohne ihre Führungsfiguren verloren die Leute ihren Mut, genau wie Lukaschenko es erwartet hatte. Stattdessen fühlte er sich nun ermutigt, noch brutaler vorzugehen. »Wir werden von heute an keine Gefangenen mehr machen«, drohte er.

Gerade kommt Lukaschenko zupass, dass Russland einen Krieg gegen die Ukraine führt und russische Truppen in Belarus stationiert sind. Aber fraglich ist, wie lange er das noch durchhält, dieses Regieren gegen das eigene Volk. Fraglich ist, was passiert, wenn Putin gegen die Ukraine verlieren, vielleicht sogar gestürzt werden sollte. Am fraglichsten ist, ob Lukaschenko sich wirklich noch so viele Jahre an der Macht halten kann, wie seine Gegner in Haft bleiben sollen – elf Jahre, vierzehn Jahre, achtzehn Jahre.

Längst hat Swetlana Tichanowskaja eine Exilregierung gegründet, organisiert sie den Widerstand im In- und Ausland durch eine Untergrundbewegung. Im Juli 2022 hat sie getwittert, dass sich 200 000 Belarussinnen und Belarussen der Untergrundbewegung »Peremoga«, also »Sieg«, angeschlossen haben, einer Bewegung, die auf einen Regierungswechsel abzielt. Der Plan sei von früheren Justizbeamten entwickelt worden, die 2020 zurücktraten, weil sie die Gräueltaten und die Gewalt in Belarus nicht mehr ertragen konnten.

Natürlich sei der Plan geheim, aber im Wesentlichen gehe es um die Koordination für einen Tag X. Man wolle »sicherstellen, dass jeder an seinem Platz ist, wenn sich die Gelegenheit zum Wandel ergibt. Diese 200000 Menschen, die sich online und anonym registriert haben, werden dann Nachricht erhalten, was sie tun sollen. Sie werden nicht wissen, was diese konkrete Aktion für die Revolution bedeutet, aber sie werden etwas beitragen, etwa einen Knopf drücken oder ein Fenster öffnen. Unsere Aufgabe ist es, auf diesen Moment vorbereitet zu sein und die Energie für diesen besonderen Moment zu bündeln«.

Maria Kolesnikowa, Swetlana Tichanowskaja, und Veronika Zepkalo sind im Mai 2022 in Aachen mit dem Karlspreis ausgezeichnet und auch anderswo mit zahlreichen Ehrungen überhäuft worden. Das heißt: Sie werden gestützt von Deutschland, von der Europäischen Union, sämtlichen westlichen Demokratien. Sie werden nicht vergessen. Im Gegenteil. Gerade seit Putin Krieg gegen die Ukraine führt, rücken beide Länder – die Ukraine und Belarus – ins Bewusstsein der westlichen Europäer, die zu verstehen beginnen, dass beide Länder europäisch sind, eine gemeinsame Geschichte mit Westeuropa haben, und dass sie zusammengehören. Gerade durch diesen Krieg wird den Menschen in der EU jetzt wieder bewusst, wie kostbar die Freiheit ist, wie wenig selbstverständlich, und dass sie es wert ist, sie zu verteidigen, und wert, für sie zu kämpfen.

Den in Belarus inhaftierten Freiheitskämpfer*innen schulden wir daher unseren Dank, unsere Erinnerung und unseren Einsatz für ihre Freilassung. *Amnesty international* kämpft bereits seit September 2020 für Maria Kolesnikowa. Wer dabei helfen will, geht auf die Website der Organisation und unterschreibt deren Appell auf Freilassung.

Alexej Nawalny

Putins Lord Voldemort

* 1976 in Butyn, Oblast Moskau — 1993–1998 Studium der Rechtswissenschaften an der Juristischen Fakultät der Russischen Universität der Völkerfreundschaft in Moskau — 1999–2001 Studium an der Fakultät Finanzen und Kredit der Finanzuniversität der Regierung der Russischen Föderation in Moskau, Spezialisierung auf die Gebiete Wertpapiere und Börsenhandel — 2010 Stipendiat der US-amerikanischen Yale University — 2011 Gründung der »Stiftung für Korruptionsbekämpfung« — 2013 Kandidat bei der Bürgermeisterwahl in Moskau — März 2017 Aufruf zu Korruptionsprotesten — 2013 Entzug der Berufszulassung als Rechtsanwalt — 2018 Beginn der Strategie der »intelligenten Stimmabgabe« — 20. August 2020 Giftanschlag mit einem Nowitschok-Nervenkampfstoff, Ausreise nach Deutschland — 2021 Rückkehr nach Russland und Verhaftung — 2022 Verurteilung zu einer mehrjährigen Haftstrafe, Straflager

»Haben Sie keine Angst?«

Der Mann, dem diese Frage in einem Flugzeug gestellt wird, sagt nicht: Nein.

Aber auch nicht: Ja.

Er ignoriert die Frage einfach, weil sie keiner Antwort bedarf, denn mit seinem ganzen Leben und seinem Verhalten hat er längst bewiesen, dass er keine Angst kennt, sie zumindest nie zeigt. Und jetzt, im Herbst 2020, in dem diese Frage gestellt wird, ist er im Begriff, von Deutschland in seine Heimat zu fliegen, nach Russland, also in das Land, in dem die Angst regiert.

Man hat ihn dort schon einmal umbringen wollen, und es ist sehr wahrscheinlich, dass man ihm erneut nach dem Leben trachten wird, wenn er erst wieder da ist. Trotzdem fliegt er. Braucht es da noch eine Antwort?

Dieser Mann, Alexej Nawalny, der bekannteste russische Regierungsgegner, zeigt nicht nur nie Angst, sondern häufig auch noch gelassenen Humor. So zum Beispiel als er vor der Kamera des kanadischen Dokumentarfilmers Daniel Roher sitzt und gespannt und konzentriert auf dessen erste Frage wartet. Und die lautet: »Wenn du getötet wirst, falls es wirklich dazu kommt – welche Botschaft hinterlässt du dem russischen Volk?«

Ein echter Held von jener alten Sorte, die wir aus Hunderten von Abenteuerromanen und Thrillern kennen, würde jetzt ein feierlich-ernstes Gesicht aufsetzen und mit bedeutungsschwangerer Stimme eine pathetische Blut-Schweiß-und-Tränen-Rede in die Kamera sprechen nach dem Motto: Ich verkünde euch jetzt meinen letzten Willen.

Nicht so Nawalny. »Ach komm schon, nein, kommt nicht infrage, du willst einen Nachruf über mich bringen«, sagt er mit leisem Spott in den Augen und schlägt vor, einen anderen Film zu machen, Film Nr. 2, einen Thriller, »und sollte ich umgebracht werden, kannst du einen langweiligen Film zu meinem Gedenken machen.«

Nein, Nawalny hat nicht vor, sich umbringen zu lassen. Und deshalb wird der Film tatsächlich ein Thriller mit ihm in der Hauptrolle. Und man sieht, dass er großen Spaß daran hat, obwohl er weiß, dass geschehen kann, was Daniel Roher gedanklich mit ihm durchzuspielen versucht.

Es ist ein finsteres Land, in das Nawalny im Januar 2021 zurückkehren wird, nicht nur ein Land, in dem die Angst regiert, sondern auch die Korruption. Wenige Reiche, Politiker und Oligarchen, bestehlen seit Jahrzehnten ihr Volk, das in großer Armut lebt. Jede Regung von Freiheit, jeder Ansatz von Widerspruch, gar Opposition, wird im Keim erstickt. Nur einer macht trotz aller staatlichen Repressalien immer wieder und weithin sichtbar Opposition, deckt die Korruption auf, nennt Namen, recherchiert und dokumentiert die Machenschaften der korrupten Elite auf seinem eigenen YouTube-Kanal – Nawalny.

Eigentlich war und ist er Jurist und Unternehmer. Längst schon ist er aber auch Blogger, Dokumentarfilmer, Dissident, Antikorruptions-Aktivist und oppositioneller Politiker.

Schon früh spezialisierte er sich als Anwalt auf Korruptionsbekämpfung, meistens in von ihm selbst angestrebten Gerichtsverfahren. Um wirtschaftlich unabhängig zu sein, aber auch um Einblick in die Tricks von Geschäftsleitungen zu erhalten, kaufte er sich als Minderheitsaktionär in mehrere staatsnahe oder staatseigene Betriebe ein und kam von da an immer mehr krummen Geschäften auf die Spur. Seinen ersten größeren Coup landete er 2010 als er der Geschäftsleitung eines Konzerns namens Transneft nachweisen konnte, dass sie rund vier Milliarden Dollar veruntreut hatten und er den Verdacht äußerte, dass der russische Präsident Wladimir Putin dabei seine Hände im Spiel hatte.

Ein Jahr später gründete er die »Stiftung für Korruptionsbekämpfung«, die sich an die Fersen russischer Oligarchen und korrupter Politiker heftete.

Im Jahr 2015 veröffentlichte Nawalny auf YouTube eine Filmdoku über die Geschäfte des Generalstaatsanwalts Juri Jakowlewitsch Tschaika. Von da an ging es Schlag auf Schlag weiter, immer gegen die mächtigsten Menschen in Russland, wenn nicht gegen Putin, dann gegen dessen Schwiegersohn oder gegen Ministerpräsident Dmitri Medwedew, bei dem es ihm nicht reichte, ihm Korruption nachzuweisen. Er verknüpfte den Skandal auch noch mit einer Geschichte, die Medwedew im ganzen Land lächerlich machte, indem er dessen Datschengrundstück mit Ententeich samt luxuriösem Entenhäuschen filmte. Seitdem dienen Quietschenten als Symbol für die Korruption in Russland.

Es folgten: 2017 ein Film über den Lebensstil des mutmaßlichen Sohnes von Präsidentensprecher Dmitri Sergejewitsch Peskow und 2021 ein Film über den Privatpalast des russischen Präsidenten Putin – der bisher größte Coup Nawalnys.

Man staunt, wenn man diese Entwicklung verfolgt, über den Niedergang dieses Landes, das eine Zeit lang auf einem sehr guten Weg war und heute wieder in einem Zustand ist, der noch schlimmer erscheint als jener der ehemaligen »Union der sozialistischen Sowjetrepubliken« (UdSSR) oder auch »Sowjetunion«. Das war eine lupenreine kommunistische Diktatur, in der 1985 etwas völlig Unerwartetes geschah: Ein 54-jähriger Mann wurde Generalsekretär der Kommunistischen Partei der Sowjetunion (KPdSU) und somit der mächtigste Mann im Staat. Michail Gorbatschow war das. Und vom ersten Tag an nutzte er seine Machtfülle, um unter den Schlagwörtern »Glasnost« und »Perestroika« das ganze Land umzukrempeln. Glasnost heißt Offenheit, Perestroika Umgestaltung.

Und tatsächlich: Die Sowjetdiktatur verschwand. Als »die besten Jahre meines Lebens« beschreibt die Historikerin Irina Scherbakowa die sechs Jahre unter Gorbatschow, die nun folgten. »Die Zensur ließ deutlich nach, erste scharfe und kritische Artikel erschienen, und alle diskutierten darüber. Bücher wurden veröffentlicht, die früher verboten gewesen waren.« Der Dissident und Menschenrechtler Andrej Sacharow wurde aus seiner Verbannung geholt, politische Häftlinge bekamen ihre Freiheit zurück. Das Land respektierte plötzlich die Menschenrechte, wandelte sich zu einer echten Demokratie, wurde weltoffen, hielt sich an Verträge und erlaubte seinen Vasallenstaaten in Osteuropa von Polen über Ungarn bis Bulgarien und Rumänien, sich aus sowjetischer Vormundschaft zu lösen.

Sie wurden eigenständige, unabhängige, demokratische Staaten. In ganz Osteuropa konnte man wieder frei atmen.

Und schließlich: Die zwei deutschen, durch Mauer und Stacheldraht getrennten Staaten wurden wiedervereinigt zu einem neuen einheitlichen Staat, der Bundesrepublik Deutschland. Man rüstete ab im Osten wie im Westen. Waffen wurden verschrottet, Militärbudgets zusammengestrichen.

Europas Staaten hatten plötzlich Geld für Schulen, Sozialleistungen, Krankenhäuser, Infrastruktur. Der Warschauer Pakt, das osteuropäische Verteidigungsbündnis unter sowjetischer Herrschaft, löste sich auf, der Nato war der Feind abhandengekommen, und alle im Westen dachten: Ab jetzt herrschen Frieden und Demokratie immer und überall, die Zeit der großen Kriege ist vorbei, der Kapitalismus hat gewonnen, also lasst uns shoppen gehen.

Irina Scherbakowa in Russland hörte 1988 von einer Gruppe Aktivisten, die in Moskau Unterschriften für die Errichtung eines Denkmals für die Opfer des politischen Terrors sammelte. Seit Stalins Tod waren 35 Jahre vergangen, aber nirgends im Land gab es ein Denkmal, nicht einmal eine Gedenktafel, die an die Opfer erinnerte. Es ging darum, die Tür zu dieser dunklen Vergangenheit zu öffnen und »aufzudecken, was so viele Jahre lang hinter Mauern aus Schweigen und Lügen verborgen gewesen war«, sagt sie.

Aus dieser kleinen Aktivistengruppe entstand dann die Menschenrechtsorganisation »Memorial«. Sie nutzte die Jahre der Freiheit, um Wahrheiten ans Licht zu bringen, die seit ewigen Zeiten vertuscht, verschwiegen, bemäntelt wurden.

Wieder sind fast 35 Jahre vergangen, wir schreiben das Jahr 2021, und Memorial, deren Vorsitzende Scherbakowa war, wird vom russischen Staat aufgelöst und verboten. Im Oktober 2022 wurde die verbotene Organisation mit dem Friedensnobelpreis ausgezeichnet.

Das Verbot von Memorial war ein vorläufiger Schlusspunkt in der Rück-Entwicklung Russlands von einer Demokratie zur Diktatur. Auf Gorbatschow, der sechs Jahre nach seinem Amtsantritt von konservativen Kreisen und Militärs weggeputscht wurde, folgte der Alkoholiker Boris Jelzin, der das Land herunterwirtschaftete. Ihm folgte 1999 Wladimir Putin, ehemaliger Mitarbeiter des berüchtigten Geheimdienstes KGB, der heute FSB heißt. Putin regiert Russland bis heute, und wie es aussieht, auf Lebenszeit. Unter seiner Führung wurde im Lauf der Zeit in Russland wieder alles so, wie es zu Sowjetzeiten war. Er ist es, vor dem sich alle fürchten in Russland. Von ihm weiß man, dass er bereit ist, über Leichen zu gehen, wenn es um seine Macht geht.

Es ist ein fast zwangsläufiger Prozess jeder Diktatur: Ein machthungriger Mensch, der schon über Leichen ging, als er noch ganz unten war, aber eben deshalb aufstieg, weil er immer bereit war, zu morden, zu drohen, einzuschüchtern, sammelt im Lauf dieser Zeit viele Feinde, die ihm nach dem Leben trachten. Vor ihnen kann er sich nur schützen, indem er immer weiter an der Macht bleibt und alles unter Kontrolle behält. Um das zu erreichen, muss er die Presse- und Redefreiheit und überhaupt alle Freiheiten abschaffen, die Opposition ausschalten, das ganze Land bespitzeln und diejenigen einsperren, die ihm gefährlich werden können. Oder sie gleich umbringen lassen. Und nie wieder die Macht aus der Hand geben.

Die Straflager in Russland sind voll mit uns unbekannten Menschen, die irgendwann einmal gegen Putins Regime aufbegehrt haben. Die Zahl mysteriöser Morde während Putins Herrschaft ist zweistellig, vielleicht schon dreistellig, die Öffentlichkeit bekommt ja immer nur die spektakulärsten Vorfälle mit. Das Regime achtet sorgfältig darauf, dass möglichst alles im Geheimen erfolgt und für immer im Dunkel bleibt, wie einst bei Stalin, wie einst in der Sowjetunion.

Aber seit dem 24. Februar 2022 ist es in Russland noch

schlimmer als damals. An diesem Tag haben russische Truppen die Ukraine überfallen. Als ich in den Morgennachrichten davon hörte, spürte ich zum ersten Mal in meinem mehr als 70 Jahre währenden Leben etwas in mir, das ich bis dahin nicht kannte: Herzklopfen.

Die Nachrichten, die ich seit meiner Kindheit verfolge, waren und sind meist immer unerfreulich. Deshalb bin ich längst an sie gewöhnt. Wie Millionen andere lasse ich mich daher nicht aus der Ruhe bringen, wenn mir die Zeitungen und das Fernsehen den üblichen Mix aus Krieg, Mord, Unheil und Katastrophen zum Frühstück servieren.

Aber diesmal war es anders. Diesmal hatte ich tatsächlich Angst. Angst vor einem dritten Weltkrieg. Angst vor einem Atomkrieg. Angst vor Atomraketen, die in Berlin, Hamburg, Frankfurt, Stuttgart, München einschlagen, denn vom ersten Tag an bewies Putin, dass er keine Skrupel hat und bereit ist, einen erbarmungslosen Krieg gegen das Nachbarland zu führen.

Putin lässt bombardieren, foltern, morden, vergewaltigen, plündern, verschleppen, auf Kinder, Frauen und Greise schießen. Millionen Menschen sind geflohen, Tausende tot. Und während dieses Buch geschrieben wird, ist kein Ende des Tötens in Sicht.

Es wäre gut, wenn die Russen selbst Putin aus dem Amt jagen würden. Aber dafür haben zu viele Russen zu viel Angst.

Die Russen bräuchten also jetzt den Mut, den Alexej Nawalny ihnen seit Jahrzehnten demonstriert. Nur wenige folgen ihm. Aber viele hoffen auf ihn. Er hätte vielleicht das Zeug, aus Russland wieder eine Demokratie zu machen – wenn er nicht unter unwürdigsten Haftbedingungen im Straflager säße.

Dass er dort jetzt sitzt, ist vielleicht sogar das Ergebnis von einem Überschuss an Mut, ja Über-Mut, denn er hätte in Deutschland oder anderswo in Freiheit leben können. Er hätte einfach hierbleiben können, als ihm der kanadische Dokumentarfilmer Daniel Roher diese Frage nach der Botschaft stellte, die Nawalny für den Fall seines Todes dem russischen Volk hinterlassen möchte. Er hätte von hier aus den Widerstand gegen Putin organisieren können.

Aber er wollte zurück nach Russland. Und er wollte keinen Film über sich, seine Befindlichkeiten, sein Privatleben. Er wollte einen Film über den, der vor ihm zittert: Wladimir Putin. Ihn wollte er vorführen als das angstgepeinigte Männlein im Bunker. Dem nämlich jagt Nawalnys Mut Angst ein. Deshalb lässt er Nawalny, dessen Helfer, Verbündete und dessen Ehefrau überwachen, verfolgen, schikanieren, vor Gericht stellen, einsperren, immer wieder.

Was Nawalny für Putin so gefährlich macht, ist erstens: dessen Persönlichkeit. Intelligent, elegant, eloquent und darüber hinaus auch noch mutig und witzig. Wir werden später noch sehen, mit welcher Souveränität er im Gerichtssaal auftritt und das Männlein im Kreml-Bunker verspottet. Er ist in allem das Gegenteil des kleinen verdrucksten Putin, der es bei öffentlichen Auftritten nicht einmal schafft, Nawalnys Namen auszusprechen, sondern immer nur von »jener Person, die …« spricht oder von dem »Gefangenen, der …«. Damit will er Nawalny kleinmachen, als unbedeutend und unwichtig hinstellen, macht ihn aber nur noch größer.

Zweitens: Nawalnys Begabung, weitere intelligente und fähige Menschen um sich zu scharen, zu begeistern und mitzureißen.

Und drittens: Nawalnys »Smart-Voting-Strategie«. Die besteht darin, bei jeder Wahl in Russland auf lokaler, regionaler und nationaler Ebene dazu aufzurufen, dass alle, die Putin nicht wollen, ihre Stimmen nicht auf verschiedene Oppositionskandidaten verkleckern, sondern mit ihren Stimmen klotzen. Das heißt: Wählt alle den aussichtsreichsten Oppositionskandidaten. So lassen sich die Stimmen der Protestwähler bündeln.

Über eine spezielle »Smart-Voting-App« teilt Nawalnys

Team mit, wer in ihrem Wahlbezirk die größten Erfolgsaussichten gegen eine Putin-Marionette hat. So lassen sich die Stimmen zusammenfassen, und der Protest bekommt die größtmögliche Wucht.

Seit 20 Jahren schon kämpft Nawalny mit List und Geschick gegen Putin, anfangs nicht ohne Widersprüche und fragwürdige Entscheidungen, wie zum Beispiel einem Flirt mit nationalistischen Strömungen. Aber das ist längst vorbei. Eine Zeit lang sah es so aus, als könnte Nawalny durch Beharrlichkeit und Wahlen, auch wenn sie manipuliert werden, doch etwas drehen. So holte er beispielsweise bei der Bürgermeisterwahl in Moskau 27 Prozent gegen den Kandidaten des Kreml.

Davon ermutigt kündigte er Ende 2016 an, im Präsidentschaftswahlkampf anzutreten. Er machte einen fulminanten Wahlkampf, obwohl er ahnte, dass er nicht zur Wahl zugelassen werden würde. Und so ist es dann auch gekommen.

Aber: Durch diese jahrelange beharrliche Oppositionsarbeit ist es ihm gelungen, treue Mitstreiter zu gewinnen, einen Stab professioneller Mitarbeiter aufzubauen, Regionalbüros zu gründen und dank einer geschickten Social-Media-Strategie immer wieder auf sich aufmerksam zu machen und als das Gesicht der russischen Opposition präsent zu sein. Auf seinem YouTube-Kanal, der im Jahr 2022 sechs Millionen Follower hat, deckt er nun schon seit rund einem Jahrzehnt regelmäßig die Machenschaften russischer Oligarchen auf und enthüllt den Reichtum der Moskauer Politelite.

Einer seiner spektakulärsten Coups in dieser Hinsicht war ein Film, den er am 19. Januar 2021 auf YouTube veröffentlichte: Eine Drohne fliegt über dem Schwarzen Meer, nähert sich dem Ufer und filmt eine baumgesäumte Küste mit einem gewaltigen Gebäude. Mit 17 691 Quadratmetern sei es das »größte private Wohngebäude in Russland« mit einem Grundstück, auf dem »39 Fürstentümer von Monaco« Platz finden könnten. Es gibt: ein unterirdisches Eishockeyspielfeld, ein Arboretum, Hubschrauberlandeplätze, eine Aqua-Disco, Weinberge, ein privates Casino, ein Freilufttheater, einen Geheim-Tunnel zum Strand.

Ist dies das Domizil eines Bond-Bösewichts?

Nein. Laut der Recherche von Nawalnys »Fonds für Korruptionsbekämpfung« ist das Putins Palast, die geheimste und bestgeschützte Einrichtung in Russland, kein Landhaus, keine Datscha, keine Villa – sondern eine ganze Stadt oder eher ein Königreich.

Der Film wird sofort zum internationalen Hit im Netz. Innerhalb der nächsten sieben Tage seit Veröffentlichung wurde er mehr als 100 Millionen Mal aufgerufen. Bis Anfang Februar hatten mehr als ein Viertel aller Erwachsenen in Russland den Film gesehen.

Ein Detail aus diesem Film wird später zu einem Symbol: eine einzelne italienische Toilettenbürste, die 700 Euro kostet. Seitdem wedeln Anti-Putin-Demonstranten immer mit Klobürsten. Und mit Unterhosen. Aber die stehen in einem anderen Zusammenhang. Auf den kommen wir noch.

Natürlich hat Putin sofort dementiert, dass dies sein Palast sei. Und präsentierte den russischen Milliardär Arkadi Rotenberg, der behauptete, der Eigentümer zu sein. Er habe vor, das Gebäude zu einem Hotel umzubauen.

Es sind solche Geschichten, mit denen sich Nawalny den Ehrentitel »Staatsfeind Nummer 1« erarbeitete. Niemand im ganzen Land ist für Putin so gefährlich wie Nawalny. Daher erscheint es fast logisch, dass man so einen irgendwann einmal elegant vergiften lassen will. Was glücklicherweise scheiterte.

Warum es scheiterte, und dass wirklich der russische Geheimdienst hinter dem Giftanschlag steckte, und wie er das herausgefunden hat, das hat Nawalny in dem Film des kanadischen Regisseurs erzählt. Und diese Geschichte des gescheiterten Giftanschlags ist tatsächlich ein Thriller.

Sie beginnt im August 2020. Nawalny war auf Besuchstour

in Sibirien, um dort eine politische Opposition gegen Putin zu organisieren. In der westsibirischen Universitätsstadt Tomsk wird er gefragt, was er schon oft gefragt worden ist: wieso er eigentlich noch am Leben sei.

Nawalny lächelt und sagt amüsiert: »Jetzt muss ich mich also dafür rechtfertigen, dass man mich noch nicht umgebracht hat.« Dann zeigt er auf den Anstecker mit der Aufschrift »Nemzow-Brücke«, den jemand trägt – in Erinnerung an den Oppositionspolitiker Boris Nemzow, der 2015 auf einer Brücke vor dem Kreml erschossen wurde. Nawalny sagt: »Wenn man mich umbringt, schafft das den Mächtigen nur noch mehr Probleme. So wie es bei Nemzow war. Demos, Abzeichen, T-Shirts mit seinem Namen und so weiter.«

Das erklärt seine Angstfreiheit. Ich bin zu prominent für Putin, heißt das, bin berühmt in der ganzen Welt. Wenn man mich ermordete, bekäme Putin international massive Probleme und müsste mit Sanktionen rechnen. Deshalb, so glaubt Nawalny, lasse man ihn am Leben. Was ihn schütze, sei die Öffentlichkeit.

Wenn er sich da mal nicht täuscht …

Am 20. August 2020 will er von Sibirien nach Moskau zurückfliegen. In Tomsk besteigt er sein Flugzeug. Eine Stunde nach dem Start denkt er: »Irgendwas ist falsch, ich habe kalten Schweiß.« Er bittet seine Pressesprecherin Kira neben ihm um ein Taschentuch und sagt zu ihr: »Sprich zu mir! Ich muss eine Stimme hören, irgendwas ist komisch mit mir. Sie schaut mich an wie einen Verrückten und fängt an zu reden.«

Er geht auf die Toilette, um sich kalt zu waschen, fühlt keinen Schmerz, aber denkt: Ich sterbe. Als er wieder herauskommt und zu seinem Platz zurückgehen will, sinkt er zu Boden. Das letzte, was er sieht und woran er sich erinnern kann, ist ein Gesicht und die Frage: »Haben Sie Herzprobleme?« Aber ihm tut das Herz nicht weh. Ihm tut überhaupt nichts weh, er weiß einfach nur, dass er jetzt stirbt. Bald darauf zirkulierte im Internet unter dem Titel »Nawalny schreit vor Schmerz« das Video eines Passagiers, der die Szene gefilmt hat. Man hört darauf Nawalny laut schreien. »Aber«, so erzählt er später, »es war kein Schmerz, es war etwas anderes, Schlimmeres. Schmerz lässt dich empfinden, dass du am Leben bist. Hier verstehst du einfach: Das ist dein Ende.« Aber es war nicht das Ende. Eine Flugbegleiterin fragte, ob medizinisches Fachpersonal an Bord sei. Eine Krankenschwester meldet sich. Zusammen mit der Flugbesatzung leistet sie Erste Hilfe und versucht, Nawalny bei Bewusstsein zu halten. Der Pilot des Flugzeugs steuert den nächsten Flughafen an, informiert über den Vorfall, fordert einen Rettungswagen an, der steht schon bereit, als das Flugzeug in Omsk landet.

Das war zunächst sein Glück, denn im Krankenhaus diagnostizieren sie nicht ganz falsch eine »akute psychodysleptische Vergiftung«, schließen ihn an ein Beatmungsgerät an und geben ihm das richtige Mittel: Atropin. Dadurch stabilisierte sich sein Zustand. Aber dann passieren merkwürdige Dinge. Das Krankenhaus füllt sich mit Polizei, einige in Zivil. Diese beschlagnahmen Nawalnys persönliches Eigentum.

Seine Ehefrau Julia wird von mehreren Männern daran gehindert, zu ihrem Mann zu gehen. Die Krankenhausleitung behauptet, Nawalny habe ihrem Besuch nicht zugestimmt. Die behandelnden Ärzte reden kaum noch mit Julia, und diese hört bei einem Gespräch mit dem Chefarzt eine Polizistin sagen, eine Substanz, die sowohl für Nawalny als auch Menschen in seiner Umgebung gefährlich sei, sei an ihm gefunden worden. Doch habe sie sich geweigert, den Namen der Substanz zu nennen, dies sei ein »Ermittlungsgeheimnis«.

Und die Ärzte korrigieren plötzlich ihre Diagnose, verheddern sich aber in Widersprüche. Einerseits behaupten sie nun, Nawalny leide nur unter den Folgen »einer ernsten metabolischen Störung«, nicht an den Folgen einer Vergiftung. Andererseits bezeichnen sie Nawalnys Zustand als »instabil«, und als sie hören, dass Julia ihren Mann nach Deutschland ausfliegen lassen will, behaupten sie, das sei nicht ratsam.

Man sieht in Daniel Rohers Film, wie der Chefarzt Alexander Murachowski, der Nawalnys Abtransport zu verhindern suchte, erklärt, Nawalny habe kein Gift im Blut, sondern anscheinend eine Stoffwechselstörung. Kurze Zeit später wurde Murachowski Gesundheitsminister der Region Omsk.

Man sieht außerdem, wie in der Klinik nicht Ärzte, sondern Uniformierte Julia daran hindern, zu ihrem Mann zu gelangen. Und der Film zeigt auch, wie Nawalny im russischen Staatsfernsehen lächerlich und verächtlich gemacht, als CIA-Marionette und als alkohol-, und drogenabhängig dargestellt wird.

Julia ist längst alarmiert, war sowieso von Anfang an misstrauisch und hat daher schon alle Hebel in Bewegung gesetzt, um ihren Mann schnellstens aus dem Land zu schaffen. Schon steht ein deutsches Flugzeug mit Sanitätsteam bereit. Aber die Ärzte schinden Zeit.

Für Nawalnys persönliche Ärztin war das Motiv klar: »Sie warten drei Tage, bis keine Spuren von Gift mehr in seinem Körper sind.«

Schließlich müssen die Ärzte dank des energischen Auftretens Julias nachgeben. Das Flugzeug bringt ihren Mann nach Berlin, wo er in der Charité aufgenommen und sofort untersucht wird. Am 24. August 2020 teilen die Ärzte mit, erste klinische Befunde wiesen auf eine Vergiftung Nawalnys durch eine Substanz hin, die die Cholinesterase hemmt und so das Nervensystem angreift.

Die russische Regierung bestritt natürlich, irgendetwas mit der Vergiftung zu tun zu haben. Aber seltsamerweise weigerte sich die russische Generalstaatsanwaltschaft, den Fall zu untersuchen. Untersucht wurde die geheimnisvolle Substanz in Nawalnys Körper von einem Speziallabor der Bundeswehr, außerdem von Speziallaboren in Frankreich und Schweden.

Alle drei kamen unabhängig voneinander zu dem Ergebnis: Es ist ein Nervengift der Nowitschok-Gruppe.

Das wurde der Öffentlichkeit am 14. September mitgeteilt. Außerdem leitete die Bundesregierung die Untersuchungsergebnisse der drei Labore an die Organisation für das Verbot chemischer Waffen (OPCW) weiter. Diese bestätigte am 6. Oktober, dass Nawalny mit einer neuen, nicht im Anhang der Chemiewaffenkonvention enthaltenen Nowitschok-Variante vergiftet wurde.

Nawalny ging es zu jenem Zeitpunkt schon wieder viel besser. Er konnte das Krankenhaus am 22. September verlassen und hielt sich danach für mehrere Wochen zur Erholung im Schwarzwald auf. Nur aufgrund dreier glücklicher Umstände war er noch am Leben: dank der Notlandung und Ersten Hilfe im sibirischen Omsk, der Behandlung in Berlin und der Hartnäckigkeit und Klugheit seiner Frau Julia.

Über Nowitschok muss man wissen: Das Nervengift gilt als einer der tödlichsten je erfundenen Kampfstoffe. Entwickelt wurde es während der 70er- und 80er-Jahre in der Sowjetunion. Das Gift hat nicht nur den »Vorzug«, schon in kleinsten Dosen rasch und tödlich zu wirken, sondern vor allem die für kriegführende Militärs wichtige Eigenschaft, kurz nach seinem Einsatz kaum mehr nachweisbar zu sein. Deshalb war es so wichtig, dass Nawalny rasch aus Russland ausgeflogen wurde. Wäre er noch ein paar Tage länger in Omsk festgehalten worden, hätten sie in der Charité vermutlich nichts mehr gefunden.

Aber was ist damit bewiesen? Etwa, dass nur Putin höchstselbst hinter dem Anschlag auf Nawalny stecken muss? Natürlich nicht.

Nawalny hat viele Feinde. Dutzende Male ist er angegriffen, mit ätzenden Flüssigkeiten beworfen, wegen falscher Verdächtigungen ins Gefängnis geworfen worden. Dahinter muss nicht immer Putin stecken. Es können ebenso gut reiche Oligarchen sein, denen Nawalny Korruption nachgewiesen hatte. Es können übereifrige Geheimdienstler sein, die um Putins Gunst buhlen. Und es können politische Gegner sein, die in Nawalny einfach nur eine Konkurrenz sehen.

Andererseits: Schon im Fall des abtrünnigen Geheimagenten und Putin-Kritikers Alexander Litwinenko, der 2006 in London mit Polonium vergiftet wurde, keimte der Verdacht auf, Putin stecke dahinter. 2018 wurden der übergelaufene Spion Sergej Skripal und dessen Tochter Julija im englischen Salesbury mit Nowitschok vergiftet. Im Sommer 2019 erschoss in Berlin ein FSB-Mann den ehemaligen Tschetschenienkämpfer Zelimkhan Khangoshvili in Berlin. Und: Bereits kurz nach dem Anschlag auf Nawalny sagten Experten und Politiker, nur der russische Staat verfüge über nennenswerte Mengen des seltenen Gifts Nowitschok.

Auch das beweist noch nicht, dass Putin den Befehl gab, Nawalny zu vergiften. Es könnte ja sein, dass höchste Geheimdienststellen den Anschlag planten, ohne Wissen Putins. Dann hätte er jedoch seinen Geheimdienst nicht im Griff. Schwer vorstellbar, dass der ehemalige Geheimdienstmann Putin nicht weiß, wie man diesen Laden kontrolliert.

Als wahrscheinlicher erscheint es daher, wenn nicht Putin selbst den Befehl gegeben hat, dass der Geheimdienst in solchen Fällen ohne konkreten Auftrag und direkte Anweisungen handelt, aber mit geheimer Billigung Putins und der Garantie, dass die ausführenden Geheimdienstmitarbeiter geschützt werden.

Ob Putin nun den Befehl gab oder nicht, ob er Bescheid wusste oder nicht: Der Verdacht, dass die Tat in Putins unmittelbarem Umfeld geplant und vorbereitet wurde, verdichtete sich zur Gewissheit, als Nawalnys Team ein weiterer aufsehenerregender Coup gelang, der in Rohers Film genüsslich präsentiert wird.

Es ist der Höhepunkt des Films. Darin sieht man Nawalny,

wie er unter falschem Namen und falschen Angaben der Reihe nach einige der Geheimdienstleute anruft, die ihn vergiftet haben. Und die ihm auch noch direkt oder indirekt bestätigen, dass sie es getan haben.

Wie kam er an die Namen?

Es war vor allem das investigative Recherchenetzwerk *Bellingcat*, das die Namen ausfindig machte. Dieses Recherchenetzwerk hatte schon einige spektakuläre Sachen herausgefunden, beispielsweise im Fall des Flugzeugs der Malaysia-Airlines, das im Juli 2014 von einer russischen Flugabwehrrakete abgeschossen wurde. *Bellingcat* trug auch zur Identifizierung der Täter bei, die die Skripals vergifteten.

Und nun, nach dem »Fall Nawalny« arbeiteten sie mit dem *Spiegel* und weiteren Medienpartnern zusammen, um herauszufinden, wer dahintersteckt. Sie ermittelten acht Namen russischer Geheimdienstler und fanden auch heraus, dass diese Nawalny schon jahrelang beschatteten. Im Dezember 2020 veröffentlichte der *Spiegel* die Ergebnisse.

Wie ist es möglich, russische Geheimdienstmitarbeiter zu identifizieren und deren geheimes Tun zu ermitteln? Vor allem durch Auswertung der Mobilfunkverbindungen, GPS- und Standortdaten von mehr als einem Dutzend FSB-Agenten und Analysen zahlreicher Passagierlisten russischer Linienflüge. Solche Passagierlisten kann man von schlecht verdienenden Flughafen-Angestellten für nicht allzu viel Geld kaufen. Wenn man sich nun ansieht, wer zu einer bestimmten Zeit nach Tomsk flog, und wenn man sich weiter ansieht, wer in der Vergangenheit immer genau dorthin flog, wo auch Nawalny hinflog, dann stößt man auf bestimmte Namen, die regelmäßig wiederkehren. Und wenn man dann auch noch die Listen mit den GPS-Daten und Mobilfunkverbindungen aufkauft, lässt sich sehr gut verfolgen, wer wann wohin flog, in welchem Hotel wohnte und mit wem telefonierte.

Und dann hat man nicht nur die Namen und Bewegungsprofile, sondern auch die Dienststellen, für die gearbeitet oder mit denen zusammengearbeitet wird. Diese Dienststellen waren beispielsweise das »Zentrum für Spezialtechniken« des FSB, und das »staatliche Institut für organische Synthese«, das bis zu seiner Schließung 2017 neue Formen chemischer Waffen inklusive Nowitschok entwickelte. Oder ein Militärlabor für chemische Kampfstoffe, für das einer arbeitete, der seinen Abschluss an der Russischen Militärakademie für chemische, biologische und Strahlungssicherheit gemacht hat. Und so fügte sich ein Puzzleteil zum nächsten und man konnte rekonstruieren, dass Nawalny schon seit 2017 beschattet wurde. Mehr als 30mal flogen FSB-Agenten zu Nawalnys Reisezielen, waren schon da, bevor Nawalny kam, und kehrten nach Moskau zurück, wenn Nawalny wieder weg war.

Mit diesen Informationen telefoniert nun Nawalny die acht FSB-Mitarbeiter ab, die den Auftrag hatten, ihn zu vergiften. Er gibt sich als Geheimdienstmitarbeiter einer übergeordneten FSB-Einheit aus und sagt, er habe den Auftrag herauszufinden, warum es mit der Vergiftung von Nawalny nicht geklappt hat. Es sei dringend. »Unsere Vorgesetzten verlangen noch einen Bericht, was bei uns in Tomsk schiefgelaufen ist.«

Die Ersten, die er ans Telefon bekommt, verhalten sich reserviert, fragen misstrauisch zurück oder legen gleich auf. Aber dann landet er einen Volltreffer bei einem, der im Verlauf des Telefonats immer gesprächiger wird, jede Frage beantwortet und die ganze Geschichte erzählt.

Der sagt, die Frage, was schiefgelaufen ist, habe er sich auch schon gestellt. Und fährt fort: »Ich würde sagen, der Job war gut ausgeführt. Es lief alles wie geplant und wie wir es mehrfach geprobt hatten. Aber Sie wissen ja selbst, bei unserer Arbeit gibt es immer viele Unwägbarkeiten. Als das Flugzeug eine Notlandung machte, veränderte sich die Situation zu unseren Ungunsten. Hätte der Flug etwas länger gedauert, wäre es anders ausgegangen.«

Nawalny daraufhin: »Das heißt die Dosis war zu gering berechnet. Warum?«

»Sie war schon richtig berechnet. Sogar mit Puffer.«

»Gut, dann sagen Sie mir bitte: Wie wurde die Substanz verabreicht?«

Und da stellt sich nun heraus: Sie hatten seine Kleider, insbesondere die Unterhose, mit dem Gift kontaminiert. Deshalb wurden diese im Krankenhaus konfisziert. Dort wurde Nawalny auch gewaschen. Und seine Kleider samt Unterhose auch.

Man sieht im Film, wie Nawalny und seine Mitarbeiter ihr Glück kaum fassen können. Sie haben natürlich alles aufgezeichnet, die Telefonate gefilmt, und damit gingen sie am 14. Dezember 2020 an die Öffentlichkeit.

Wenige Wochen später, im Januar 2021, flog Nawalny mit seiner Frau nach Moskau zurück. Gleich nach der Landung wurde er – wenig überraschend – verhaftet. Wenige Minuten davor sagte er in die Kameras, er sei glücklich, in Russland zu sein, und fürchte sich nicht. Er appellierte an alle Umstehenden, sich ebenfalls nicht zu fürchten. Nachdem er abgeführt worden war, sagte auch Nawalnys Frau Julia zu den ihr im Flughafen zujubelnden Menschen, sie fürchte sich nicht, und sie sollten sich auch nicht fürchten.

Diese Souveränität und Furchtlosigkeit zeigte Nawalny dann auch wieder vor Gericht am 2. Februar 2021, wo er schon wusste, dass er unter fadenscheinigen Gründen zu Gefängnis oder Straflager verurteilt werden sollte. Natürlich ließ er sich die Gelegenheit nicht entgehen, Putin unter Anspielung auf seine Vergiftung zu verspotten.

»Ich habe ihn tödlich beleidigt, indem ich überlebt habe«, sagte Nawalny im Gerichtssaal. Dann habe er ihn noch ärger beleidigt. Nicht nur sei er am Leben geblieben, nein, er habe sich auch noch an Recherchen zu seiner eigenen Vergiftung beteiligt und herausgefunden, »dass es Putin war, der mithilfe des Föderalen Sicherheitsdienstes FSB das Attentat verübt hat«.

Alle wüssten das inzwischen, und das treibe den diebischen kleinen Mann im Bunker in den Wahnsinn. »Wir wissen jetzt: Um einen politischen Gegner zu bekämpfen – einen, der keinen Zugang zum Fernsehen besitzt und nicht einmal eine politische Partei hinter sich hat –, muss man einfach versuchen, ihn mit einer chemischen Waffe umzubringen. … Das ist also seine einzige Kampfmethode: Er versucht, Menschen zu töten.«

Gewiss werde er in die Geschichte eingehen, aber nicht, wie er meint, als Weltpolitiker und großer internationaler Leader, nein, als Vergifter wird er in die Geschichte eingehen. »Wir hatten Alexander den Befreier, wir hatten Jaroslaw den Weisen, und jetzt haben wir Wladimir den Unterhosenvergifter.«

Gelächter im Gerichtssaal. Die vorsitzende Richterin ringt um Fassung, versucht immer wieder, Nawalny zu unterbrechen, aber der redet weiter: Das Wichtigste an diesem Prozess sei nicht, wie er für ihn ausgeht, ob er ins Gefängnis komme oder nicht. Das Wichtigste sei, warum es passiert. Und es »passiert, um möglichst vielen Menschen Angst einzujagen. Denn so funktioniert das: Einer wird eingesperrt, um Millionen andere einzuschüchtern«. Schauprozesse wie dieser seien »ein Versuch, den Menschen den Mund zu verbieten. Diesen einen einsperren, um Millionen einzuschüchtern. Und wenn ein paar es wagen, auf die Straße zu gehen, sperren sie noch fünf Leute ein, um fünfzehn Millionen weitere einzuschüchtern«.

Daher sei das Wichtigste, was er sagen möchte, »dass die Menschen das hier nicht als Zeichen sehen, dass sie mehr Angst haben sollten«, denn all das sei doch kein Zeichen von Stärke, sondern von Schwäche. Man könne nicht Millionen oder auch nur Hunderttausende einsperren, und wenn diese das endlich erkennen, »bricht all das hier einfach zusammen. Schließlich kann man nicht ein ganzes Land einsperren.«

Diese Rede im Gerichtssaal war vorläufig Nawalnys letzter Triumph gegen Putin. Danach kam er in ein Straflager 100 Kilometer östlich von Moskau. Es folgten: Verschlechterung seines Gesundheitszustands, Schlafentzug, Hungerstreik, Verlegung auf eine Krankenstation, Verlegung in ein anderes Straflager, Isolationshaft in einem Betonloch, Entzug des Rechts auf vertrauliche Kommunikation mit seinem Anwalt, Rückenschmerzen. Statt physiotherapeutischer Behandlung Schmerzmittel. Drohung, ihn zum Invaliden zu machen, sollte er nicht schweigen.

Leonid Wolkow, Nawalnys engster Mitarbeiter, fürchtet, dass der Kreml zurzeit alles unternimmt, um die Kommunikation zwischen dem Häftling und der Außenwelt vollständig abreißen zu lassen. Wolkow vermutet, Mitte August habe Putin den Befehl gegeben, »den Druck auf Alexej zu erhöhen«, und dass das mit dem Krieg in der Ukraine zusammenhänge. Putin werde nervös, habe Angst, dass es zu einer Protestbewegung in Russland kommen könne, die Nawalny als ihren Anführer ansähe.

Das würde er wahrscheinlich auch, wenn sich in Russland etwas änderte, wenn die Russen endlich aufstünden oder wenn Putin den Krieg verlöre. Aber im November 2022 ist das alles ungewiss, und ungewiss ist Alexej Nawalnys weiteres Schicksal.

Wer etwas für ihn tun möchte, kann auf der Website von *amnesty international* eine Petition unterschreiben und damit die sofortige Freilassung von Alexej Nawalny fordern.

Edward Snowden

Ich will nicht in einer Gesellschaft leben, die so etwas macht

* 1983 in Elizabeth City, North Carolina als jüngstes Kind, aufgewachsen in Wilmington — Umzug nach Ellicott City, Maryland — Arundel Highschool in Maryland ohne Schulabschluss — bis 2005 Informatik-Kurse am Arundel Community College — 2005 Abbruch des Studiums — Ab 2005 bei der CIA — Ab 2009 bei Booz Allen Hamilton in Hawaii, die für die NSA arbeitete — 2013 Flucht nach Hongkong über Tokio — Informationen an die Filmemacherin Laura Poitras und den Guardian-Journalisten Glenn Greenwald, teilweise Veröffentlichung ohne Angabe einer Quelle — 9. Juni 2013 Offenbarung seiner Identität — 14. Juni 2013 Strafanzeige des FBI wegen Spionage und Haftbefehl — August 2013 Asyl in Russland — Auszeichnung mit dem Right Livelihood Award — 2017 Heirat mit Lindsay Mills — 2020 unbefristete Aufenthaltserlaubnis in Russland

Es gibt kollektive Ereignisse im Leben, an die sich jeder und jede erinnert. Oft sind solche Ereignisse mit der Frage verknüpft: Wo warst du, als …

- der erste Mensch auf dem Mond landete
- in Berlin die Mauer fiel
- in New York zwei Flugzeuge in das World Trade Center flogen
- russische Truppen die Ukraine überfielen

Die meisten Menschen können solche Fragen beantworten. Man erinnert sich daran, weil man in dem Moment, in dem einen die Nachricht erreicht, sofort weiß: Das ist etwas Bedeutsames. Es macht mich zum Zeitzeugen von etwas Historischem. Und es wird gravierende Folgen haben.

Aber wie es die Welt verändern wird, erfährt man erst im weiteren Verlauf. Manchmal sind die Folgen dann doch nicht so gravierend wie gedacht. Und manchmal offenbart sich erst sehr viel später, dass ein Ereignis neben den sichtbaren auch noch unsichtbare, weit gravierendere Folgen hatte.

So war es bei jenem Ereignis, das unter der Chiffre »9/11« oder auch »Nine-Eleven« in die Geschichte eingegangen ist. An jenem 11.09.2001 – darum 9/11 – hatten Angehörige des islamistischen Terrornetzwerks Al-Qaida unter der Führung von Osama bin Laden vier US-Passagierflugzeuge entführt.

Eines davon stürzte ab, bevor es sein Ziel, das Kapitol in Washington, erreichte. Ein weiteres flog ins Pentagon und richtete dort große Schäden an. Das dritte flog in den Nordturm eines Wahrzeichens von New York: dem World Trade Center. Und als das vierte in den Südturm flog, waren bereits die Kameras aufgebaut, und die ganze Welt konnte live mit ansehen, wie beide Türme des World Trade Centers – Twin Towers genannt – komplett einstürzten und einen riesigen Berg aus pulverisiertem Beton und geschmolzenem Stahl hinterließen. Am Ende waren 2.996 Menschen tot und noch mehr verletzt. Die US-amerikanische Gesellschaft, die sich bis dahin für unverwundbar gehalten hatte, war in ihren Grundfesten erschüttert. Und der US-Präsident George W. Bush schwor Rache.

Der Rachefeldzug währte rund zwei Jahrzehnte, in dessen Verlauf mehr als eine Million Menschen getötet wurden. Das war die sichtbare, wenn auch gern verdrängte Folge von 9/11.

Aber es gab noch eine weitere weltverändernde Folge, und die war unsichtbar. Sie wäre es vielleicht noch heute, wenn nicht 12 Jahre nach 9/11 ein junger Nerd den Vorhang weggezogen hätte. Sein Name: Edward Snowden, vielfach ausgezeichneter und preisgekrönter Whistleblower, ehemaliger Spion der CIA (Central Intelligence Agency) und der NSA (National Security Agency), leidenschaftlicher Hacker, hochbegabter Spezialist für Informationstechnologie. Und: Staatsfeind Nr. 1 der Vereinigten Staaten von Amerika.

Was die Welt durch Edward Snowden zu sehen bekam, war ein Monster, ein babylonischer Turm der Überwachung der gesamten Menschheit. Sein Bau hatte unmittelbar nach 9/11 begonnen. Und Snowden war von Anfang an dabei, hatte in jenen zwölf Jahren wesentlich an der Entstehung des Monsters mitgewirkt. Er arbeitete in dessen Zentrum, kannte es in all seinen Verästelungen, optimierte es stetig, mit reinem Gewissen. Es diente ja einem guten Zweck. Es sollte die Amerikaner vor weiteren Terroranschlägen schützen. Nie wieder sollte so etwas wie 9/11 möglich sein.

Aber irgendwann erkannte er: Gewiss erhöhte das Monster die Sicherheit aller US-Bürger*innen. Aber absolute Sicherheit konnte es nicht garantieren. Und dafür, dass es nur eine erhöhte relative Sicherheit brachte, war der Preis zu hoch. Denn was für die Sicherheit geopfert wurde, war die Privatsphäre aller Menschen, nicht nur in den USA, sondern auf der ganzen Welt. Was Snowden und seine jungen Kollegen – überwiegend Männer – in wenigen Jahren geschaffen hatten, war ein Spionagewerkzeug, wie es die Welt noch nicht gesehen und George Orwell in seinem Buch *1984* nicht vorausgesehen hatte. Sein »Big Brother« aus diesem Roman erscheint wie ein Waisenknabe im Vergleich zu dem Überwachungsmonster der US-Geheimdienste.

Es versetzt diese in die Lage, jederzeit in jede Wohnung dieser Welt einzubrechen, um darin zu schnüffeln und intimste Details zu erkunden – und zwar einzubrechen, ohne physisch in der Wohnung anwesend zu sein, und ohne Spuren zu hinterlassen. Früher, in analogen Zeiten, war die Überwachung von Menschen und Organisationen aufwendig, kostspielig und personalintensiv. Durchsuchungsbefehle mussten genehmigt, Häuser verwanzt, Menschen beschattet werden. Immer konnte etwas schiefgehen, und 50000 oder noch mehr Häuser und Wohnungen zu verwanzen, wäre ein Ding der Unmöglichkeit gewesen.

Heute, in der digitalisierten Welt, können im Prinzip sämtliche Wohnungen aller Menschen überwacht werden, zu geringsten Kosten, mit geringstem Risiko. Und die Milliarden von Wanzen muss der Geheimdienst nicht einmal selbst bezahlen und auf eigene Kosten im Geheimen installieren, denn die tragen wir alle schon längst dauernd mit uns herum. Nur nennen wir es nicht Wanze, sondern Handy.

Seit es Computer, Tablets, Smartphones und das Internet gibt, produzieren Milliarden Menschen Tag und Nacht einen unaufhörlichen Strom von Daten und Metadaten mit ihren Handyfotos, Mails, SMS, WhatsApp-Nachrichten, ihren Postings in Twitter, Facebook, Instagram und Tiktok, ihren Google-Abfragen, Navis, E-Books, Zeitungs- und Streaming-Abos, ihren Bestellungen bei Amazon, Zalando und Lieferdiensten, ihren Zahlungen mit Kreditkarten, und mit den Tausenden von Apps, die sie nutzen.

All die damit produzierten Daten und Metadaten landen auf irgendeiner Festplatte irgendeiner Betreiberfirma, wo sie zwischengespeichert, weitergeleitet und endgültig gespeichert werden in der ominösen »Cloud«.

Die ist kein harmloses Wölkchen am Himmel, wie der Name suggeriert, sondern eine Armada von Festplatten, die in riesigen Hallen, sogenannten Serverfarmen, fast die gesamte Weltdatenproduktion speichern. Sie stehen fast alle in den USA und gehören zu einem großen Teil den Internet-Giganten Amazon, Apple, Facebook, Google, Microsoft, daneben noch weiteren, weniger bekannten Cloud-Dienstleistern.

Dort, in den Welt-Datenspeichern, landen unsere Daten und Metadaten. Letztere, die Metadaten, werden nicht von uns, sondern von unseren Geräten automatisch erzeugt und mitgesendet, ohne dass wir davon etwas mitbekommen. Auch sie landen in der Cloud. Wenn wir etwa telefonieren, wird dort in der Regel nicht der Inhalt unserer Gespräche gespeichert, wohl aber Datum und Uhrzeit eines Anrufs, seine Dauer, die Nummer des Anrufers, die Nummer des Angerufenen, oft auch die Aufenthaltsorte von Anrufern und Angerufenen. Schreiben wir eine Mail, senden wir nicht nur, was wir geschrieben haben, sondern schickt der Computer oder das Smartphone unabhängig von uns auch wieder den Ort und das Datum mit auf den Weg, zusätzlich unsere IP-Adresse, über die unsere Geräte, und damit wir, identifizierbar werden. Es sind vor allem diese Metadaten, die uns gläsern machen.

Ein Diktator, der darüber verfügte, könnte damit seine Herrschaft auf Lebenszeit sichern. Jede Form von sich organisierendem Widerstand wäre sofort erkennbar und könnte im Keim erstickt werden. Chinas Regierung arbeitet bereits daran.

Für Demokratien ist solch ein Werkzeug gewiss hilfreich, um Terroristen schon festzunehmen, bevor sie ihre geplanten Anschläge in die Tat umsetzen. Aber um die vielleicht 0,01 Promille der Weltbevölkerung zu identifizieren, die man dem engeren terroristischen Umfeld zurechnen kann, erachten es die Geheimdienste als notwendig, 999,99 Promille der Menschheit zu überwachen – ein eklatantes Missverhältnis zwischen Nutzen und Schaden.

Trotzdem fand diese Überwachung statt, als Snowden bei der CIA arbeitete.

Um zu verstehen, wie Snowden in diese Welt der Geheimdienste hineingeraten konnte, müssen wir gedanklich zurück zu jenem Ereignis, das als 9/11 in die Geschichte eingegangen ist. Snowden schreibt darüber in seinem eigenen Buch

Permanent Record, dessen ich mich im Folgenden bediene: »Die zwei Jahrzehnte nach 9/11 waren geprägt von amerikanischer Zerstörungswut, durch die sich Amerika selbst zerstörte: mit geheimer Politik, geheimen Gesetzen, geheimen Gerichten und geheimen Kriegen, deren traumatische Auswirkungen, ja selbst deren Existenz die US-Regierung wiederholt unter Geheimhaltung gestellt, verleugnet, dementiert und verfälscht hat.«

Um wiederum zu verstehen, wie Snowden zu einer Schlüsselfigur des NSA-Skandals werden konnte, müssen wir noch weiter zurück in die Vergangenheit, in die Zeit, als er selbst die Voraussetzungen für seine Karriere schuf. Und noch ein Stückchen weiter zurück, bis in seine Kindheit und Schulzeit, müssen wir, wenn wir verstehen wollen, wie er im Innersten tickt, was für ein Charakter er ist, und wie er schließlich fast zwangsläufig zum Whistleblower und Staatsfeind der USA wurde.

Einen Job im Geheimdienst anzunehmen, dürfte den meisten Menschen ziemlich fernliegen. Für Edward lag es allein schon deshalb nahe, weil er den Geheimdiensten nahe war. Das hatte mit seinen Eltern zu tun, denn die waren »Govvies« (von Government), Regierungsbeamte, wohnhaft in Fort Meade, im Bundesstaat Maryland, dem Sitz des Hauptquartiers der National Security Agency (NSA). Edwards Mutter arbeitete dort, jedoch nicht als Spionin, sondern als Büroangestellte bei einem unabhängigen Versicherungsunternehmen, das den Mitarbeitern der NSA diente und Spione mit Pensionsversicherungen ausstattete.

Auch Edwards Vater war Beamter. Er arbeitete in der Abteilung für Luftfahrttechnik im Hauptquartier der Küstenwache. So gut wie alle, die dort im Bundesstaat Maryland wohnen, arbeiten entweder direkt für die NSA oder für irgendwelche Ministerien oder deren Zulieferer oder Dienstleister. »Eine Zeit lang hatte fast jedes Mädchen in der Schule, für das ich schwärmte, einen Vater beim FBI«, schreibt Snowden. »Fort Meade beherbergte neben Personal aus allen fünf Teilstreitkräften mehr als 115 staatliche Behörden.« Daher hatte, wer dort wohnte und wohnen bleiben wollte, fast gar keine andere Wahl, als entweder für eine Behörde oder einen Geheimdienst zu arbeiten oder für ein privates Unternehmen, das aber wiederum für die Regierung arbeitete. Regierung und Geheimdienste waren also für Edward ganz normale Arbeitgeber, etwa so wie für ein Kind aus dem Ruhrgebiet in den 50er- und 60er-Jahren, dessen Eltern entweder in der Kohle- oder der Stahlindustrie arbeiteten.

Man musste nicht unbedingt ein Faible für Spionage haben oder den Wunsch verspüren, James Bond nachzueifern, um für die Spionage-Industrie in Maryland zu arbeiten. Auch anders Interessierte wurden gebraucht, so wie Edwards technikbegeisterter Vater, der seine Begeisterung auf seinen Sohn übertrug. Im Grunde legte er den Grundstein für die weitere Karriere des Sohnes, als er eines Tages einen Commodore mit nach Hause brachte und abends damit erste primitive Computerspiele ausprobierte. Der kleine Edward war sofort fasziniert. Anfangs schaute er seinem Vater von seinem Kinderzimmer aus durch ein Fenster heimlich zu. Da steckte dann doch auch schon ein kleiner Spion in ihm, aber das Interesse galt dem Gerät.

Als der Vater das heimliche Interesse bemerkte, setzte er den Sohn auf seinen Schoß und trainierte mit ihm als Copilot das Hubschrauberfliegen. Ed war so aufgeregt, dass er gar nicht merkte, dass der Joystick in seiner Hand gar nicht angeschlossen war.

Wichtig war aber auch seine Mutter, die ihm während ihrer Einkäufe wie nebenbei die Grundrechenarten beibrachte. Er durfte sich immer Bücher, Modellautos und Lastwagen aussuchen, die sie ihm kaufte, aber nur, wenn er im Kopf die Preise richtig zusammenzählte. Diesen Nebenbei-Unterricht steigerte sie im weiteren Verlauf bis zur Prozentrechnung mithilfe der Umsatzsteuer, die für jedes Produkt zu zahlen war.

Für seine klassische Bildung wiederum sorgte die in seiner Nähe wohnende Großmutter mit ihrer Bibliothek. Dort las er Fabeln von Äsop, die Sagen über König Artus und Geschichten über fliegende Pferde, komplizierte Labyrinthe und Gorgonen mit Schlangenhaaren, die Sterbliche in Stein verwandelten. Dort bekam er Ehrfurcht vor Odysseus, und er mochte auch Zeus, Apollon, Hermes und Athena. Aber seine Lieblings-Gottheit war Hephaistos, der hässliche Gott des Feuers, der Vulkane, der Schmiede und Zimmerleute, der Gott der Bastler. Er wusste auch, dass man seinen römischen Namen Vulcanus in Star Trek für den Heimatplaneten von Spock verwendet hatte.

An Weihnachten 1989 kam etwas ganz Neues ins Leben der Familie Snowden: ein Nintendo. Und mit ihm ein Klempner: Super Mario. Edward behauptet, dass er über diese Spielekonsole seine »eigentliche Bildung« bezog. »Aus der Legende von Zelda erfuhr ich, dass die Welt im Grunde dazu da ist, erforscht zu werden; vom Mega Man lernte ich, dass ich von meinen Feinden viel lernen kann.« Nebenbei lernte er auch das Lesen, denn um in einem Spiel auf den nächsten Level zu kommen, mussten versteckte Hinweise erkannt oder auch nur beschriftete Tafeln gelesen werden können.

Dann ging sein Lernmittel, der Nintendo, kaputt. Sein Vater war gerade beruflich unterwegs, würde erst in zwei Wochen zurückkehren. Also versuchte er, das Ding zu reparieren.« Ging natürlich schief. Der Nintendo war nach seiner Reparatur noch kaputter als davor. Eine Welle von Schuld- und Angstgefühlen sei in ihm hochgestiegen. Sein Vater würde nicht stolz auf ihn sein. Aber nicht seinen Zorn fürchtete der kleine Ed, sondern seine Enttäuschung.

Als sein Vater nach Hause kam und das Fiasko sah, war er zwar nicht erfreut, aber auch nicht verärgert, sondern setzte sich mit ihm vor das kaputte Ding und erklärte ihm die Funktion der Einzelteile, und wie diese zusammenwirken müssen, damit am Bildschirm Mario erscheint und auf die Eingaben am Joystick reagiert. Dabei lernte Edward mehr als nur das Reparieren. Und wieder bekam er ein Gespür für etwas, diesmal ein Gespür für Systeme, die als Ganzes mehr sind als nur die Summe ihrer Teile.

Der Vater war es auch, der ihm das Programmieren beibrachte. Natürlich nur allereinfachste Basics. Er war ja auch erst sieben. Aber hatte schon begriffen, »dass diese Maschinen tun, was sie tun, weil jemand es ihnen auf eine ganz besondere, sehr sorgfältige Weise sagt. Und dass dieser Jemand nicht älter als sieben Jahre sein muss.«

Und schließlich brachte der Vater eines Tages einen richtigen Computer ins Haus, einen »Compaq Presario 425« – und stellte ihn auf den Tisch im Esszimmer, »sehr zum Missfallen meiner Mutter«. Aber nun war es um den kleinen Edward geschehen. Er und dieser Computer wurden unzertrennlich. »War ich schon vorher nur ungern ins Freie gegangen, um einen Ball herumzukicken, so erschien mir jetzt allein die Idee lächerlich. Nichts dort draußen konnte großartiger sein als das, was ich im Inneren dieses grauen, klobigen Kastens vorfand.«

Diese Zeit, in welcher der Compaq, dieser klobige Kasten, Edwards »ständiger Begleiter«, ja seine »erste Liebe« wurde, fiel zusammen mit dem Beginn seiner Pubertät. Es sei »eine technologisierte Pubertät« gewesen, geprägt von der Faszination für diese grauen Kästen.

Diese Faszination hat damals eine ganze Generation geprägt. Die ungeheuren Veränderungen, die damit verbunden waren, »fanden in gewisser Weise überall und für alle anderen in gleicher Weise statt.« Und bald schon kam das nächste faszinierende Ding, noch so ein Kasten, eher ein Kästchen, viel kleiner als der graue Compaq – ein summendes, piependes, blinkendes Teil, Modem genannt. Es hing zwischen der Telefonbuchse und dem Computer, war über ein Telefonkabel mit der Telefonleitung verbunden und über ein zweites Kabel mit dem Compaq. Durch diese zwei Kabel und das kleine Kästchen strömte unsichtbar etwas revolutionär Neues, das sich am Ende, nämlich auf dem Monitor, in etwas Sensationelles verwandelte. Man nannte es: Internet, World Wide Web, Cyberspace – für Edward und viele seiner Generation so etwas wie der Urknall in ihrem Leben.

Man war nun »wired«, auf Draht, online. Und das veränderte alles. Für ihn, Edward, aber auch für seine ganze Generation. »Seit ich zwölf Jahre alt war, bemühte ich mich, in jedem wachen Augenblick meines Lebens online zu sein« berichtet Edward über sich. »Wenn das nicht möglich war, war ich in Gedanken schon bei meiner nächsten Session. Das Internet war mein Heiligtum. Das Web wurde mein Klettergerüst, mein Baumhaus, meine Festung, mein Klassenzimmer ohne Wände. Wäre es möglich gewesen, hätte ich nur noch sitzend gelebt. Wäre es möglich gewesen, wäre ich noch blasser geworden. Allmählich schlief ich nicht mehr nachts, sondern tagsüber in der Schule. Meine Noten befanden sich im freien Fall.«

Das war ihm egal, denn er ging jetzt in eine andere Schule, wo er etwas anderes lernte, und vor allem: Wo er selbst bestimmte, was er wissen und lernen wollte. Wo er sein eigener Lehrer wurde, der sich selbst beibrachte, was er noch nicht konnte. Wo er selbst auch anderen, meist Gleichaltrigen und Jüngeren, etwas beibrachte, was diese noch nicht konnten. Und wo sie gemeinsam immer neugieriger wurden auf diese neue Welt, die sich ihnen da auftat. Wieder wurde etwas wie nebenbei gelernt, wieder war es vor allem ein Gefühl, ein Gespür, ein Erleben: das Gefühl von Zusammenarbeit und Solidarität, von Geben und Nehmen und die Abwesenheit von Konkurrenz. Aber vor allem: Faszination.

Die anderen Gleichaltrigen, die nicht so fasziniert waren, kamen bald schon nicht mehr mit. Es war damals noch nicht so einfach wie heute, online zu gehen. Der Weg dahin war mit vielen Hürden gepflastert. Bald schon koppelten sich die Faszinierten von den anderen ab. Spielend, tüftelnd, lötend, programmierend, Strippen ziehend, ihre Erfahrungen austauschend, sich gegenseitig unterstützend, entwickelten sie sich zu jener Techno-Elite, die später in den Garagen ihrer Eltern Welt-Unternehmen gründeten oder – wie Bill Gates (Microsoft) und Steve Jobs (Apple) – schon gegründet hatten. Oder für die Geheimdienste ein Überwachungsmonster bauten. Oder für Google, Facebook, Instagram, Twitter, Tiktok den Überwachungskapitalismus vorbereiteten und gestalteten. Und von den Konzernen einer gnadenlosen Konkurrenz unterworfen wurden.

Davon war für Edward noch nichts zu ahnen, als er sich während seiner Schulzeit zum Hacker entwickelte, aber noch nicht genau sagen konnte, was das eigentlich ist, ein Hack. Er konnte es erst später erklären, aus der Rückschau.

Und er erzählt es am Beispiel seines ersten Hacks, mit dem er ein damals für ihn typisches Problem löste. Das Problem beschrieb er so: »In dem Sommer, als ich 13 wurde, entschloss ich mich, meine Pflichten im Klassenzimmer nicht länger zu erfüllen, oder sie zumindest deutlich zu reduzieren.« Er wollte einfach mehr Zeit haben für sein Hobby, den Computer, das Internet.

Andererseits wollte er natürlich nicht das Schuljahr wiederholen. Also lautete das Problem: Wie komme ich mit geringstmöglichem Aufwand durch die Schule? In seiner Sprache hieß das: Er muss »einen Hack finden!«.

Einen Hack finden? Gegen die Langeweile der Schule? Wollte er in den Schulcomputer eindringen, um die Noten zu manipulieren? Nein, es ist ganz anders.

Edward war nie einer dieser Hacker, die in fremde Computersysteme eindringen, um Daten zu stehlen oder die Systeme zu manipulieren. Nein, Edward war so etwas wie ein Ehren-

Hacker, also einer, der Systeme analysiert und Schwachstellen findet. Und das meint nicht nur Computersysteme, sondern jedes System, sei es die Schule, das ganze Bildungssystem, das Ökosystem, ein Regierungssystem. Und das System, das der Schüler Edward damals analysierte, war ein relativ kleines und überschaubares: das Notengebungssystem seiner Schule.

Er bekam es transparent erklärt am ersten Tag des neuen Schuljahres. Sein Lehrer sagte ihm, welcher Stoff behandelt werden sollte, was man lesen musste und wann Lernzielkontrollen, Klassenarbeiten und Sonderaufgaben stattfinden sollten. Und wie dabei gewichtet und benotet wurde.

Mit diesen Daten ging der junge Systemanalytiker nach Hause, aber statt seine Hausaufgaben zu machen, analysierte er die Daten. Und fand heraus: Semesterarbeiten und Hausaufgaben sind die größten Zeitfresser, aber wirken sich auf die Notengebung gar nicht so sehr aus.

Schlussfolgerung: »Wenn ich überhaupt keine Hausaufgaben machte, aber in allem anderen gut abschnitt, würde unterm Strich eine Gesamtpunktzahl von 85 Punkten stehen, ein B. Wenn ich keine Hausaufgaben machte und keine Semesterarbeit schrieb, aber in allem anderen gut abschnitt, bekam ich 70 Punkte, ein C minus. Mein Puffer würden die zehn Prozent Mitarbeit im Unterricht sein. Selbst wenn der Lehrer mir darin eine Null gab – wenn meine Mitarbeit also als Störung gewertet würde –, würde ich immer noch 65 Punkte schaffen, ein D minus.« Er würde bestehen, und da er gar nicht vorhatte, den Unterricht zu stören, würde er sogar sehr sicher bestehen.

Damit hatte der 13-jährige Systemanalytiker Edward das Notengebungssystem seiner Schule gehackt und machte ab sofort keine Hausaufgaben mehr. Darüber war er glücklich, darauf war er stolz, und er hielt sich für das schlaueste Kind seiner Schule.

Bis zu dem Zeitpunkt, an dem ihn sein Lehrer, Mr Stockton, vor der ganzen Klasse fragte, warum er das letzte halbe

Dutzend Hausaufgaben nicht erledigt hatte. Worauf Edward stolz seine Systemanalyse erklärte. Worauf Mr Stockton am nächsten Tag das System änderte: Jetzt bekam automatisch ein F, wer bis zum Ende des Semesters mehr als sechs Hausaufgaben nicht erledigt hatte.

So hatte Edwards Lehrer nun ihn »gehackt«. Aber von jetzt an hörte Edward nicht mehr auf mit dem Analysieren von Systemen und den Versuchen, sie zu hacken. Die Systeme, die er analysierte, wurden immer größer und komplexer. Am Ende hackte er das Geheimdienst-System der amerikanischen Weltmacht.

Das konnte Mr Stockton natürlich nicht wissen, als er seinen schlauen Schüler beiseite nahm und ihm sagte: »Du solltest Deinen Grips nicht darauf verschwenden, herauszufinden, wie man Arbeit vermeidet, sondern wie man die beste Arbeit leisten kann, zu der man in der Lage ist. Du hast so viel Potential, Ed, aber ich glaube, Dir ist nicht klar, dass die Noten, die Du hier bekommst, Dich den Rest Deines Lebens begleiten werden. Darüber solltest Du nachdenken – über Deinen Permanent Record.«

Das Wort übernahm Ed dann als Titel für das Buch, das er viele Jahre später schrieb. Was Mr Stockton nicht wusste und vielleicht auch nicht verstanden hätte: Edward hatte schon damals und auch später sein ganzes Leben lang versucht, die beste Arbeit zu machen, nur halt eine andere als die, die in Schulen und Highschools und Universitäten gefragt war.

Die Zeit, in der er seine Hausaufgaben hätte machen sollen, hatte er durchaus nicht mit Faulenzerei verbracht, sondern mit dem Studium von Hackermagazinen. Mit ihrer Hilfe fand er heraus, wie man mit einfachen Mitteln Computerspiele hacken und sich selbst zusätzliche Leben schenken konnte, wenn man bereits tot war. Er lernte auch, wie man es anstellt, kostenlos zu telefonieren. Das war damals noch relativ teuer. Spielerisch, schnell, und ohne dass er es angestrebt hätte, erwarb er sich die wichtigsten Kompetenzen des Informationszeitalters: Computerwissen, Vernetzung, Programmierkunst, Systemanalyse.

Nichts davon erschien ihm und seinesgleichen als Arbeit. Es war ein Hobby, Spiel, Sport, zwar anstrengend, auch anspruchsvoll, aber letztlich ein Vergnügen. Ein unschuldiges Vergnügen. Kaum einer dieser Techno-Enthusiasten wäre auf die Idee gekommen, Bankkonten zu hacken, um sich zu bereichern. Die Belohnung lag im Erfolg. Erfolg war, wenn sie ein System so weit durchschaut hatten, dass sie es manipulieren konnten. Dann machten sie in aller Regel die Besitzer der Systeme auf deren Schwachstellen aufmerksam.

Bei der Frage, was gehackt wird, ließen sie sich von ihren Fragen, Neigungen und Augenblicksproblemen treiben. Bei Edward kam auch die Angst vor einem Atomkrieg hinzu. Er hatte sich damals viel mit dem Bau der ersten Atombombe und ihrer Zündung über Hiroshima beschäftigt. Entwickelt und gebaut wurde sie im weltberühmten Los Alamos National Laboratory, das heute eines der größten Forschungsinstitute der Welt ist.

Also steuerte Edward die Website dieses Instituts an – und traute seinen Augen nicht: Die digitalen Türen dieser altehrwürdigen, mit zahlreichen geheimen Forschungsprojekten betrauten Institution standen sperrangelweit offen. Er spazierte durch die Verzeichnisstrukturen der dort gespeicherten Daten wie durch einen öffentlichen Park.

Danach tat er brav, was er tun sollte: Er schickte eine Mail an den Webmaster. Und bekam keine Antwort. Er schaute regelmäßig nach, ob der Webmaster denn wenigstens die digitalen Türen verriegelt hatte. Hatte er nicht.

Also rief er in Los Alamos an, landete aber nur auf einer Mailbox. Mit ruhiger Stimme teilte er der Forschungseinrichtung mit: Euer Computersystem ist undicht. Jeder kann rein. Ich kann eure Dokumente lesen.

Nach einigen Wochen, in denen nichts passierte und Los Alamos weiter undicht blieb, klingelte eines Abends das Telefon bei den Snowdens. Edwards Mutter hob ab, und Edward hörte sie sagen: »Ja, aha, ja, er ist da.« Und dann: »Darf ich fragen, wer anruft?«

Dann sah Edward, dass seine Mutter zitterte und erbleichte. Flüsternd fragte sie ihn: »Was hast Du getan?«

Statt zu antworten, fragte er: »Wer ist denn dran?

»Los Alamos, das Atomlabor.«

»Ach, na Gott sei Dank.«

Er nahm den Hörer und sprach mit einem Erwachsenen, der ihn für einen Erwachsenen hielt, sich höflich für den Bericht über das Problem bedankte und mitteilte, dass sie es jetzt gelöst hätten. Der Mitarbeiter der IT-Abteilung von Los Alamos brauchte noch einige Zeit, um herauszufinden, dass er es mit einem Teenie zu tun hatte und sagte schließlich: »Nun gut, mein Junge, Du hast ja meine Kontaktdaten. Melde Dich wieder, wenn Du 18 wirst.« So war die Situation damals: Die Jungen und ganz Jungen eroberten sich in Windeseile die rasant schnell entstehende digitale Welt, in der die wenig Älteren nur langsam und die viel Älteren überhaupt nicht mehr mitkamen. Diese Jungen hatten vielleicht miserable Highschool-Abschlüsse oder auch gar keine, hatten wenig Ahnung von Politik, Geschichte, Literatur und klassischer Musik und außerdem null Lebenserfahrung, aber auf einem Gebiet – jenem, das in den Folgejahren das Wichtigste werden sollte für die Technik, die Wissenschaft, das Militär, die Wirtschaft, die Kultur und für alle Regierungen – waren sie allen anderen voraus. Und Edward Snowden war einer von ihnen.

Dass sich die ganz in seiner Nähe residierenden Geheimdienste für so einen interessierten, versteht sich von selbst. Dass er selbst auch interessiert war, für diese Dienste zu arbeiten, lag nahe, verstand sich aber dennoch nicht von selbst, ergab sich jedoch als Folge von: 9/11.

Auch Edward Snowden erinnert sich natürlich, wo er war, als er davon erfuhr und im Fernsehen sah, wie zwei Flugzeuge in die Twin Towers rasten und sie zum Einsturz brachten, nämlich bei seiner Chefin Mae, die er damals als »ältere Frau« bezeichnete – nun ja, sie war 25, er allerdings erst 16. Und natürlich war er verliebt in die verheiratete Frau.

Sie hatte eine Webdesign-Firma. Die Firma war sie. Einziger weiterer Mitarbeiter: der 16-jährige Edward. Sitz der Firma: ihr Büro in ihrem zweigeschossigen Reihenhaus auf militärischem Gelände in Fort Meade, also auf dem Sitz der National Security Agency (NSA). Für die arbeitete ihr Mann, ein Linguist.

Edward hatte, als er bei seiner Freundin Mae anheuerte, 1999, noch keinen Highschool-Abschluss, machte ihn auch später nicht, machte ihn nie, weil er konnte, was all die studierten, graduierten und promovierten Amerikaner*innen nicht konnten, oder noch nicht konnten: Computer beherrschen, Computer vernetzen, Websites programmieren und gestalten, für jedes digitale Problem eine Lösung finden.

Noch buk Edward kleine Brötchen. Für seine Chefin Mae baute er Websites, ungefähr zwei Jahre lang. Dann passierte es: Ein Anruf von Maes Ehemann. Entsetzen auf deren Gesicht. Sie rief eine Nachrichtenseite auf ihrem Computer auf. Dort konnte Edward mitlesen: Terroristen, Flugzeuge, Zwillingstürme, World Trade Center … Und Mae sagte zu Edward, er soll jetzt besser nach Hause fahren.

Danach brach Chaos aus, nicht nur in New York, wo das Chaos schon herrschte, sondern jetzt auch in Fort Meade, wo alle dachten, dass sie das nächste Ziel der Terroristen sein könnten. Vier entführte Flugzeuge, zwei im Twin Tower, eins im Pentagon, wohin das vierte flog, wusste man noch nicht – ins Weiße Haus, ins Capitol? Oder bewegte es sich auf Fort Meade zu, ins Hauptquartier der NSA? Damit musste man rechnen.

»Solange ich lebe, werde ich mich daran erinnern, wie ich, nachdem das Pentagon angegriffen worden war, über die Canine Road zurückfuhr – vorbei am Hauptquartier der NSA. Chaos strömte aus den schwarzen Glastürmen der Behörde, eine Flut aus Geschrei, klingelnden Handys und den aufheulenden Motoren der Autos, die sich ihren Weg von den Parkplätzen auf die Straße freikämpften. Im Augenblick des schlimmsten Terrorangriffs in der Geschichte der USA verließ die Belegschaft der NSA – der wichtigsten Aufklärungsbehörde der US-amerikanischen Geheimdienste – zu Tausenden fluchtartig ihren Arbeitsplatz, und ich wurde von der Flut mitgerissen.«

Danach beängstigende Funkstille in Edwards Auto. Und die Frage: Wo sind jetzt die Eltern? Der Vater im Pentagon? Lebt er? Ist er verletzt? Und die Großeltern in New York, was ist mit ihnen? Als Edward den Highway erreicht hatte, versuchte er, mit einer Hand zu lenken und mit der anderen wahllos irgendwelche Familienmitglieder anzurufen, aber er kam nie durch. Also fuhr er weiter, nach Hause, wo er den Fernseher einschaltete und parallel dazu den Computer. Schließlich kam seine Mutter, in Tränen aufgelöst, und wusste zu berichten, dass Vater und Großeltern in Sicherheit sind.

Am Tag danach war die Welt eine andere. »Fast 100 000 Agenten kehrten an ihre Arbeitsplätze bei den Geheimdienstbehörden zurück in dem Bewusstsein, dass sie bei ihrer vorrangigsten Aufgabe, die USA zu beschützen, versagt hatten. Wie alle anderen verspürten sie Wut, aber darüber hinaus plagte sie auch ein Gefühl von Schuld.« Daraus erwuchs der Wille, künftig alles zu tun, was nötig ist, damit so etwas nie wieder passiert. Dieser Wille deckte sich mit dem Willen der meisten Politiker*innen, der meisten Medien und der großen Mehrheit der Bevölkerung und erweckte die Erwartung: Es muss etwas geschehen. Sofort. Irgendjemand muss bestraft werden. Alle, die bei diesem Anschlag geholfen, die Strippen gezogen, die Pläne gemacht haben, müssen aufgespürt, verfolgt, gejagt, zur Rechenschaft gezogen werden.

Im Rückblick hätte sein Land das Verbrechen als Chance nutzen können, schreibt Snowden später. Fast die ganze Welt zeigte Mitgefühl mit den Menschen und dem verwundeten Land – ein seltener Moment von großer Solidarität mit den verhassten USA. Es hätte daraus etwas machen können. Es hätte sagen können: Wir schlagen jetzt nicht blindwütig zurück, verzichten auf grausame Rache, sondern überlegen, was getan werden muss, damit diese Welt eine friedlichere wird. Wir wollen lieber fragen, warum Amerika in so vielen Ländern, besonders in arabischen und muslimischen, so gehasst wird und wollen versuchen, diesen Hass abzubauen.

Amerika jedoch hasste zurück. Milliarden und Abermilliarden US-Dollar wurden in einen zwanzig Jahre währenden Krieg gegen den Terror gesteckt, der letztlich erfolglos blieb. Allein der 20-jährige Krieg in Afghanistan habe zwei Billionen Dollar gekostet, hat das Brown University Costs of War Project errechnet. Da sind die Kosten für den Krieg in Irak noch gar nicht dabei, und auch nicht die Kosten der anderen Verbündeten, die sich an diesen Kriegen beteiligt hatten. Und nicht die Kosten an Menschenopfern. Ungefähr 240 000 Menschen seien der Brown University zufolge im Umfeld des Krieges ums Leben gekommen, rund 80-mal mehr als bei den Anschlägen vom 11. September 2001.

Wie sähe die Welt heute aus, wenn man die zwei Billionen anders verwendet hätte? Man hätte Schulen, Universitäten, Krankenhäuser bauen können im Libanon, in Syrien, in Irak, Ägypten, Libyen, Tunesien, Algerien, um den verfeindeten Staaten ein Friedensangebot zu machen. Oder, wenn schon nicht das, wenigstens etwas Vernünftiges im eigenen Land: Der US-Staat hätte für das Geld zehn Jahre lang Betreuung und Schule für sämtliche Kinder finanzieren können, wie die Agentur Bloomberg errechnete. Und danach wären noch 600 Milliarden Dollar übrig geblieben.

Doch so etwas scheint in der DNA der USA nicht vorhanden zu sein. Daher folgte alles, was nach 9/11 passierte dem Drehbuch eines jener typischen B-Movies, in denen eine brave amerikanische Familie von einem bösen Killer umgebracht wird. Daraufhin tritt ein Rambo in Erscheinung und sucht den Killer, verfolgt ihn rücksichtslos, viele müssen sterben, bis er ihn schließlich zur Strecke bringt und die Ordnung unter großen Opfern und nach viel Zerstörung wiederhergestellt ist. Auf eine einzelne Gewalttat gegen Gute folgt eine Orgie der Gewalt gegen Böse und vermeintlich Böse. Wahrscheinlich graben sich solche von Kindheit an gesehene Muster tief in die Psyche derer ein, die damit aufwachsen.

Auch Edward tickte nach diesem Muster. Bei ihm waren es aber weniger die B-Movies, sondern die Videospiele, wie er selber schreibt. Sein Blick auf die Welt glich »simpelsten Videospielen, in denen Gut und Böse klar definiert sind und nicht infrage gestellt werden.«

Mae dachte ganz anders und wenig später trennten sich ihre Wege.

Edwards Gefühle waren im Gleichklang mit der Mehrheit. Auch er hasste zurück. »Ich war außer mir vor Empörung.« Deshalb wollte er nun »ein Befreier« werden, »die Unterdrückten retten«.

Und so wurde er Teil von etwas, nämlich Teil jener Spionageorganisation, in deren Nähe er aufgewachsen ist. Anfangs war das schwierig. Er hatte ja keinen richtigen Schulabschluss, und die NSA, wie auch die CIA und überhaupt alle Regierungsabteilungen legten damals noch Wert auf traditionelle College- und Highschool-Abschlüsse. Wie also überhaupt reinkommen?

Und da fiel ihm auf, dass es etwas gab, was ihm immer irgendwie völlig normal und gewöhnlich erschien, nicht weiter der Rede wert: seine technische Begabung. »Mir ist alles rund um den Computer immer so leichtgefallen, dass ich meine Fähigkeiten kaum ernstgenommen habe und weder Lob dafür noch Erfolg damit haben wollte. Daher war nun klar: Er möchte »irgendwas mit Computern« machen.

Aber was genau? Er kam zu dem Schluss: Wenn schon irgendetwas mit Computer, dann nicht irgendwelche Einzelteile – Hardware, Software, Netze – sondern das Ganze, das mehr ist als die Summe seiner Teile. Denn wenn man sich »mit den Systemen beschäftigte, war man ein Stadtplaner, der alle verfügbaren Komponenten nutzt und mit maximaler Wirkung interagieren lässt. Es war, kurz und einfach gesagt, als würde man dafür bezahlt, dass man Gott spielte – oder zumindest einen Westentaschendiktator.«

Also wurde er ein Systemexperte, der konnte, was überall gebraucht wurde, auch in der NSA, der CIA und den vielen Unternehmen, die den Geheimdiensten lieferten, was sie brauchten. Es war eine gute Zeit für Snowden, den Mann ohne Schulabschluss. Es war aber auch eine gute Zeit für die Chefs der Geheimdienste. Nach 9/11 bekamen sie von der Politik praktisch alles, was sie verlangten. Viele Jahre lang. Und wurden kaum noch kontrolliert.

Und sie verlangten: Computer, Software, Netze und all die Spezialisten, die sich damit auskennen, mit oder ohne Schulabschluss, egal. Daher dauerte es naturgemäß nicht lange, bis viele der in Maryland ansässigen Behörden und Geheimdienste Snowden allerhand Angebote machten.

Er nahm das beste und wurde Spion, jedoch einer, der mit einem Spion aus der analogen Zeit nichts mehr zu tun hatte. Bleiche Nerds wie Edward Snowden saßen jetzt unspektakulär auf Bürostühlen vor irgendwelchen Computern und stellten damit spektakuläre Dinge an.

Er machte rasch Karriere, allerdings nicht nach oben, in der Hierarchie, vom Leiter zum Abteilungsleiter, zum Chef, sondern in die Tiefe, als Spezialist mit immer mehr Befugnissen, in die strengst geheimen Bereichen der NSA und der CIA vorzudringen. Und je tiefer er im Lauf der Jahre in die staatlichen

Geheimnisse vordrang, desto klarer sah er, wie alles ineinandergriff und wie er dabei half, die Zahnräder einer gewaltigen Maschine – das System der globalen Massenüberwachung – am Laufen zu halten. Und wie gewaltig Politiker und Beamte mit dieser Maschine gegen die amerikanische Verfassung verstießen, jeden Tag, Jahr für Jahr.

Was ihn zu der folgenschweren Frage führte: Darf ich mit diesen Beweisen an die Öffentlichkeit gehen? Wäre das Verrat? Oder wäre das sogar meine Pflicht?

Immerhin hatte er einen Eid geschworen, nicht auf die Regierung, sondern auf die Verfassung. Wenn er die ernst nahm, musste er das Gesetz brechen, nämlich Geheimnisverrat begehen.

Es stellten sich ihm aber auch ganz praktische Fragen: Wie sollte er sich an die Öffentlichkeit wenden, wenn er sich entschlösse, das zu tun? Mit wem hätte er über all das reden können? Mit seiner Regierung? Die wusste das meiste ja eh, und manches wollte sie gar nicht wissen, und wenn ihr einer käme, der sagte, ich weiß was, wäre er in kürzester Zeit seinen Job los.

Schlimmer noch: Wenn ein Geheimdienstmitarbeiter »jemandem die Wahrheit auch nur zuflüsterte, und sei es einem Richter oder einem Anwalt oder dem Kongress, wäre dies ein gravierendes Verbrechen. So gravierend, dass auch nur ein grobes Umreißen der Fakten dazu geführt hätte, dass man eine lebenslange Freiheitsstrafe in einem Bundesgefängnis verbüßen müsste.«

Also doch lieber den Mund halten? Das Geheimnis für sich behalten und sich vielleicht einen anderen Job suchen, um nicht weiter bei den Gesetzesverstößen der eigenen Regierung mitmachen zu müssen? Das wäre der einfachere Weg gewesen.

Edward entschied sich für den schwierigeren, den gefährlichen, den mutigen Weg. Seine Überlegung lautete: Wenn er Journalisten das Ausmaß des Machtmissbrauchs eröffnen würde, der sich in seinem Land abspielte, würde er damit weder die Regierung stürzen noch die Geheimdienste zerstören. Er würde auch niemandes Leben gefährden. Und er wäre kein Verräter, denn Verräter verkaufen ihr Wissen für Geld oder andere Vorteile. Er wollte kein Geld und keine Vorteile. Nur seine Freiheit wollte er nicht verlieren, nicht ins Gefängnis gehen für etwas, was in seinen Augen weder eine Straftat noch ein Verbrechen war, sondern im Einklang mit der Verfassung, auch wenn die US-Justiz das anders sähe.

Und so beschloss er, die Wahrheit zu sagen, denn er »möchte nicht in einer Welt leben, in der alles, was ich tue und sage, aufgezeichnet wird«. So sagte er es in einem Interview mit dem *Guardian*. Solche Bedingungen wolle er weder unterstützen, noch unter solchen leben. Und er hoffte, dass das aufhört, wenn er öffentlich auspackt.

Aber wem sollte er sich anvertrauen? Wo? Und wie konnte er das alles geheim halten, auch vor seinen liebsten Menschen, seinen Eltern und seiner Lebensgefährtin Lindsay, mit der er schon etliche Jahre zusammenlebte? Es war klar, dass die US-Staatsmacht sofort die Verfolgung aufnehmen würde, sobald er sein Geheimnis öffentlich gemacht hatte.

Klar war außerdem: Er musste sich von Lindsay trennen, um sie nicht in Gefahr zu bringen. Er musste sich heimlich davonstehlen, irgendwohin, an einen Ort, den er noch finden musste.

Dann kam der schmerzlichste Tag in seinem Leben, der letzte Morgen, an dem er mit Lindsay aufwachte. Er hatte sie zu einer mehrtägigen Campingtour mit Freunden überredet, damit sie aus dem Haus war, wenn er abhaute. »Wir lagen im Bett, und ich drückte sie allzu fest an mich; als sie mich mit schläfriger Verblüffung fragte, warum ich auf einmal so liebevoll war, entschuldigte ich mich. Ich sagte ihr, wie leid es mir tat, dass ich so beschäftigt gewesen war, und dass ich sie vermissen würde. Sie sei der beste Mensch, der mir in meinem Leben jemals begegnet sei.«

Sie habe gelächelt, ihn auf die Wange geküsst, sei aufgestanden, um zu packen, und habe sich auf den Weg gemacht. Kaum war sie draußen, musste er zum ersten Mal seit Jahren weinen, denn vielleicht würde er sie nie mehr wiedersehen. Deprimierend auch die Vorstellung, wie Lindsay ein paar Tage später »zurückkehren und feststellen würde, dass er weg war«.

Sie waren auf Hawaii damals. Dort arbeitete Snowden in einem unterirdischen Bunker des Geheimdienstes. Nun verließ er Hawaii und die NSA für immer, fuhr zum Flughafen. kaufte sich ein Ticket nach Tokio, in Tokio eins nach Hongkong, wo er am 20. Mai 2013 ankam.

Warum Hongkong? Der Systemanalytiker Edward Snowden stieß nach einer ausführlichen geopolitischen Betrachtung auf diese Stadt, weil sie »einem Niemandsland so nahe wie nur möglich« kam, damals unabhängig und einigermaßen frei, noch mit einer gewissen Distanz zu China, dennoch in dessen Einfluss-Sphäre. Das verringerte »die Möglichkeit einer einseitigen amerikanischen Intervention«. Er wusste: Die US-Regierung wird alles versuchen, um seine Auslieferung zu erzwingen, egal wo er sich aufhält. Aber in Hongkong würde es sicher eine Zeit lang dauern, bis die dortigen Behörden sich bereit erklären, ihn auszuliefern. Er würde also Zeit gewinnen und konnte darauf hoffen, seine Enthüllungen auf den Weg zu bringen, bevor er geschnappt würde.

Er hatte auf verschlüsseltem Weg ein Treffen vereinbart mit der preisgekrönten Dokumentarfilmerin Laura Poitras und den Investigativjournalisten Glenn Greenwald und dessen Kollegen Ewen MacAskill. Warum gerade diese drei? Weil alle drei in ihrem beruflichen Leben schon mal mit Geheimdiensten zu tun und sich kritisch mit ihnen auseinandergesetzt hatten.

In seinem Hongkonger Hotel musste er zunächst lange auf sie warten. Gekommen sind sie erst am 2. Juni 2013.

Aber dann ging alles sehr schnell. Vier Tage lang redeten sie miteinander in dem Hongkonger Hotelzimmer, in dem Snowden sich verschanzt hatte, und Poitras filmte alles. Daraus entstand später ihr Film *Citizen Four*. Schon am dritten Tag, noch während sie redeten und Poitras filmte, erschien der erste Bericht im *Guardian*, ein weiterer am 6. Juni, zeitgleich auch in der *Washington Post*. Es war eine Sensation. Snowdens Enthüllungen erregten weltweit Aufsehen.

Ihm war klar, dass die NSA rasch herausbekommen würde, dass er die Quelle sei. Ab dem Zeitpunkt, ab dem die NSA wusste, um wen es sich handelt, würde sie die Regie übernehmen. Sie würde ihn der Lüge zeihen, als unglaubwürdige Quelle darstellen, als kleinen Fisch, der eine unbedeutende Rolle spielte in der NSA und sich nur wichtigmachen wolle.

Deshalb setzte Edward Snowden am 9. Juni 2013 seinem Coup die Krone auf. Per Video-Interview outete er sich als derjenige, der die Quelle für die Berichterstattung der Medien ist. So entstand sein Statement, das begann mit: »Ähm, mein Name ist Edward Snowden. Ich bin, äh, 29 Jahre alt.«

Es ging darum, der NSA zuvorzukommen und das Heft des Handelns in der Hand zu behalten. Das gelang ihm. Auch das gelang, müsste man eigentlich sagen, denn alles war bisher genauso verlaufen, wie er es geplant hatte. Er hatte sein Wissen über die Geheimdienste der USA der ganzen Welt offenbart, ohne dass diese ihn daran hindern konnten. Plan erfüllt, Ziel erreicht.

Aber dann stellte sich heraus, dass er gar keinen Plan hatte für »danach«. Den hatte allerdings die US-Regierung. Am 14. Juni erhob sie gegen Edward Snowden Anklage, und am 21. Juni beantragte sie seine Auslieferung. Das war sein 30. Geburtstag.

Wie weiter jetzt? Würde Hongkong ihn ausliefern? Die

Regierung dort forderte ihn auf, nach Hause zu gehen und aus dem Gefängnis heraus mit den Vereinten Nationen zu verhandeln.

Das hieß: In Hongkong war er nicht mehr sicher. In den USA wartete eine sehr lange Freiheitsstrafe auf ihn. Es war Zeit zu gehen. Nur: Wohin?

Er hatte der Welt, besonders den Demokratien dieser Welt, einen unschätzbaren Dienst erwiesen. Müssten sie ihn nicht mit Handkuss aufnehmen, ihm als politisch Verfolgten Asyl gewähren? Immerhin gibt es im internationalen Recht die Verpflichtung, verfolgte Whistleblower zu schützen. Darauf jedoch kann sich kein Whistleblower verlassen, schon gar nicht, wenn es sich bei dem Staat, der die Auslieferung verlangt, um die USA handelt, der auf fast jeden Staat dieser Welt Druck ausüben kann.

Das Spiel ist aus, dachte Snowden. Aber in dem Moment, in dem er das gedacht hatte, erschien wie durch ein Wunder ein Engel, sein Schutzengel: Sarah Harrison, Journalistin und Mitarbeiterin von *WikiLeaks*. Dass sie plötzlich auf der Bildfläche erschien, um Snowden zu helfen, ist dennoch kein Wunder, sondern wenig überraschend, wenn man weiß, dass es sich bei *WikiLeaks* um eine schon 2006 gegründete Enthüllungsplattform handelt. Gründer ist ein ebenfalls von den USA verfolgter Staatsfeind: Julian Assange.

Sowohl *WikiLeaks* wie Assange sind umstritten. Beide haben sich schon durch Aufdeckung geheimer, krimineller, zumindest fragwürdiger Machenschaften um die Demokratie verdient gemacht. Enthüllungen der Soldatin Chelsea Manning über Gefechtsaufzeichnungen der US-Army aus dem Irak- und Afghanistankrieg, Informationen über Häftlinge in Guantánamo Bay, Kabelnachrichten von US-Diplomaten sind nur einige der zahlreichen aufsehenerregenden Fälle, durch die *WikiLeaks* berühmt wurde. Andererseits haben sich zwischenzeitlich etliche ehemalige Mitarbeiter*innen wieder von

Assange und der Plattform getrennt. Vorwurf: Er regiere wie ein Diktator ohne demokratische Kontrolle.

Auch Snowden sagt, »dass Assange selbstsüchtig und eitel sein kann, launisch und sogar tyrannisch.« Und: »Nach einer heftigen Auseinandersetzung nur einen Monat nach unserem ersten schriftlichen Austausch habe ich nie mehr ein Wort mit ihm gewechselt.«

Aber jetzt wollte er Snowden aus der Patsche helfen und schickte seine engste Vertraute, Sarah. Die nahm nun das Heft in die Hand, schleuste ihn raus aus Hongkong in ein Flugzeug, das ihn nach Ecuador bringen sollte. Dort hatten sie schon Assange mal aufgenommen, und dort wäre man auch bereit gewesen, Snowden aufzunehmen.

Leider gab es keinen sicheren Flug dorthin ohne Zwischenlandung in Russland. Dort, am Flughafen Scheremetjewo, war ein Zwischenstopp von 20 Stunden geplant. Und da hielt ihn der russische Geheimdienst FSB fest. So eine Perle wie Snowden wollte man sich nicht entgehen lassen. Sie forderten ihn auf, mit ihnen zusammenzuarbeiten. Er lehnte ab. Sie zogen ihre Trumpfkarte.

»Sie wissen es noch nicht?«, fragte ihn ein FSB-Mann. Er stand auf und sah mich an, als wolle er mir den Tod eines nahen Angehörigen mitteilen. »Ich fürchte, ich muss Ihnen sagen, dass Ihr Pass ungültig ist.«

Sarah überprüfte es. Und sagte: »Stimmt.« Das US-Außenministerium hatte sein Reisedokument annulliert, noch während er sich in der Luft befand.

Insgesamt 40 biblische Tage und 40 Nächte saßen sie in dem Flughafen fest. In dieser Zeit bat Snowden 27 Staaten um politisches Asyl. Kein einziger wollte ihn nehmen. Auch Deutschland nicht.

Was geschah während dieser 40 Tage? Darüber macht Snowden keine Angaben. Wir wissen nur: Er erhielt schließlich Asyl in Russland. Gab es einen Deal mit dem russischen

Geheimdienst? Wissen wir nicht. Er sagt: Nein. Auch Russlands Präsident Wladimir Putin sagt nein.

Laut einer russischen Quelle soll er gesagt haben: »Wenn er hierbleiben möchte, gibt es eine Bedingung: Er muss mit seiner Arbeit aufhören, die darauf gerichtet ist, unseren amerikanischen Partnern Schaden zuzufügen – so merkwürdig sich das aus meinem Mund auch anhören mag.« Weiter habe er gesagt: »Was Herrn Snowden betrifft, so möchte ich wiederholen, dass er weder unser Agent ist noch mit uns kooperiert. Ich sage Ihnen ganz offen, dass er heute nicht mit uns kooperiert; wir arbeiten nicht mit ihm zusammen. Er sieht sich selbst als Menschenrechtsaktivist, und in dieser Hinsicht ist er ein freier Mann.« Das war im Juli 2013. Wie glaubwürdig das ist, weiß niemand außer Putin selbst.

Snowdens Lebensgefährtin Lindsay Mills wurde erlaubt, ihn zu besuchen. Und zu bleiben. Sie kam im Winter 2014. Sie heirateten 2017. Ende Dezember 2020 wurden Snowden und Mills Eltern eines Sohnes.

Die Snowdens leben also jetzt unter dem Schutz eines Präsidenten, der gerade einen grausam verbrecherischen Krieg gegen die Ukraine führt und sich mit seinen Geheimdiensten schon immer genau der Instrumente und Techniken bedient, die für Snowden kriminell sind. Das ist der Preis, den Snowden jetzt zahlt. Zu Putins Krieg hört man von ihm nichts.

War es das wert? Für Snowdens Schicksal wohl eher nicht. Aber er hat viel erreicht. Der Datenschutz hat sich erheblich verbessert seitdem, sowohl in den USA wie auch in Europa. Der CIA und der NSA wurde der Prozess gemacht. Behauptungen der obersten Geheimdienstler wurden als Lügen entlarvt. Natürlich musste niemand ins Gefängnis. Aber die illegalen Abhörpraktiken wurden gerichtlich verboten. Dass sich die Geheimdienste an diese Verbote halten, dass sie allesamt nur noch im Rahmen des gesetzlich Erlaubten handeln, bleibt aber unwahrscheinlich.

Immerhin ist es jetzt schwerer, an den Gesetzen vorbei zu agieren, und es ist jetzt gefährlicher für die Agenten, das zu tun. Das Abhören ist ihnen nicht nur durch neue Gesetze erschwert worden, sondern auch durch Maßnahmen der Internetkonzerne. Apple führte eine starke automatische Verschlüsselung für seine iPhones und iPads ein. Google ergriff Schutzmaßnahmen für seine Android-Produkte und Chromebooks. Unternehmen weltweit begannen, ihre Websiteplattformen umzurüsten und »http« (Hypertext Transfer Protocol) durch das verschlüsselte »https« (s für »secure«, »sicher«) zu ersetzen, was das Geschäft der Geheimdienste erschwert.

Ausdrücklich lobt Snowden die Europäische Union, denn sie erließ »eine neue Richtlinie, mit der sie den Schutz der Whistleblower in den einzelnen Mitgliedstaaten vereinheitlichte.« Damit habe sie »einen einheitlichen Rechtsrahmen zum Schutz der Privatsphäre geschaffen.« Schließlich verabschiedete das EU-Parlament im Jahr 2016 die »Datenschutz-Grundverordnung (DSGVO)«. Snowden hält sie für »die bisher bedeutendste Maßnahme im Kampf gegen die Übergriffe der technologischen Hegemonie, welche die EU, nicht zu Unrecht, als Erweiterung der US-amerikanischen Hegemonie ansieht.«

Das Jahr 2016 empfindet er daher als einen »Meilenstein in der Technologiegeschichte: Es war das erste Jahr seit der Erfindung des Internets, in dem der verschlüsselte Anteil des Webverkehrs größer war als der unverschlüsselte.«

Wirklich sicher fühlen sollten wir uns aber nicht, denn wir können davon ausgehen, dass auch die neuen Gesetze Schlupflöcher haben, gewollte und ungewollte, die man in den Geheimdiensten längst kennt und nutzt. Und wir können außerdem auch davon ausgehen, dass längst schon irgendwo in den unterirdischen Bunkern der Geheimdienste Programme entwickelt werden, die es erlauben, jede Verschlüsselung zu knacken und jede illegale Maßnahme zu tarnen und zu verschleiern. Und es sind schon lange nicht mehr nur staatliche Behörden, die uns hinterher spionieren, es sind auch private Unternehmen. Die Pegasus-Software beispielsweise, mit deren Hilfe Journalisten, Politiker und Menschenrechtsaktivisten überwacht werden, ist ein Produkt des israelischen Unternehmens NSO Group. Es gab eine Liste von 50000 Zielpersonen, die überwacht werden sollten. Das Unternehmen verdient damit viel Geld. Der Verkauf solcher Produkte ist nicht verboten.

Wir kriegen diese Möglichkeiten nicht mehr aus der Welt.

Und doch war es gut, dass Edward Snowden seine Freiheit riskierte, um uns aufzuklären und aufzurütteln und uns eine Ahnung davon zu verschaffen, wie gefährdet unsere Privatsphäre ist, sobald wir online gehen. Es gibt wachsende Möglichkeiten, sich zu schützen. Jeder und jede sollte sich informieren, wie das geht, und es tun. Eine absolute Sicherheit gibt es nicht mehr, es sei denn, man verzichtet auf jeglichen Gebrauch digitaler Geräte und Dienstleistungen. Aber man kann es den Spionen so schwer wie möglich machen – sei es durch Verzicht auf die Nutzung der Dienste der großen Internetkonzerne, wie Facebook, Google, Instagram, Tiktok, Twitter oder durch die vielen Vorsichtsmaßnahmen, die es ja auch gibt. Das fängt damit an, dass man seine Daten und Festplatten verschlüsselt und regelmäßig die Cookies in seinem Browser löscht und in den Einstellungen seines Smartphones oder Tablets der Neugier der zahlreichen Apps rigoros eine Abfuhr erteilt. Also Ortungsdienste nur einschalten, wenn sie gebraucht werden. Zugriff auf Adressbuch, Mikrofon und Kamera nur erlauben nach einer entsprechenden Frage. Und natürlich: sichere Passwörter und diese von Zeit zu Zeit ändern. Eine absolute Sicherheit gegen das Ausspioniertwerden gibt es damit trotzdem nicht, aber immerhin eine relative.

Wir wissen nicht, wie es Edward Snowden jetzt geht in

Russland. Seit dem Beginn des Kriegs gegen die Ukraine schweigt er. Alles, was wir wissen, ist: Lindsay ist bei ihm, und sie sind jetzt eine Familie.

Ray Wong

Mit dem Regenschirm gegen Wasserwerfer

* 1993 in Britisch Hongkong – Studium an der Tang Shiu Kin Victoria Government Secondary School und am Caritas Bianchi College of Careers – 2011 Gründung der Schülerprotestbewegung »Scholarism« – Arbeit als freier Innenarchitekt – 2014 Aktive Teilnahme an der Regenschirm-Revolution – 2015 gründet er mit Edward Leung die Partei »Hongkong Indigenous« – 2017 Flucht nach Deutschland – 2018 verurteilt ihn ein Hongkonger Gericht in Abwesenheit zu 10 Jahren Haft – Seit 2019 Studium Politikwissenschaften und Philosophie an der Universität Göttingen

Du bist jung, hast Träume, planst deine Zukunft, fängst an, die ersten Schritte in diese von dir gewählte Zukunft zu gehen – und auf einmal stellt sich dir eine unsichtbare Macht in den Weg, die dir laut und drohend zuruft: Halt! Keinen Schritt weiter.

Du lachst und gehst weiter. Was soll das, denkst du, wer auf dieser Welt könnte sich denn anmaßen, sich derart in mein Leben einzumischen? Ich lebe in einem freien Land. Welche Wege ich gehe, entscheide ich.

Also gehst du weiter. Die unsichtbare Macht brüllt wieder, diesmal noch lauter, noch drohender: Bleib stehen!

Du gehst lachend weiter – und auf einmal siehst du sie,

die Macht: Wasserwerfer, Polizeifahrzeuge und gesichtslose Gestalten, behelmt und bewaffnet, und schon saust ein Polizeiknüppel auf deinen Kopf. Blutend und halb betäubt fällst du zu Boden, rappelst dich wieder auf, und du denkst: Das kann nicht sein. Das lasse ich mir nicht gefallen.

Und um dich herum siehst du noch ganz viele andere Menschen deines Alters, denen es genauso ergangen ist wie dir. Sie bluten auch, und sie denken auch: Das können wir uns doch nicht gefallen lassen. Und als sie merken, dass sie tatsächlich alle das Gleiche denken, marschieren sie los. Wäre doch gelacht, wenn man uns aufhalten könnte. Wir sind viele. Wir sind jung, wir sind stark. Wir sind gefährlich. Und außerdem: Das Recht ist auf unserer Seite.

Und tatsächlich: Die Macht weicht zurück. Aber nur, um Zeit zu gewinnen, sich Verstärkung zu holen, dann schlägt sie erneut zu. Mit Reizgas. Mit Gummigeschossen. Mit Knüppeln. Mit Wasserwerfern.

Du hast jetzt nur noch die Wahl zwischen Kämpfen oder Aufgeben. Kämpfst Du, werden sie dich überwältigen, in ihre Fahrzeuge zerren, und eh du wieder klar denken kannst, sitzt du im Knast.

Aber die anderen kämpfen ja weiter. Gewinnen sie, werden sie dich wieder rausholen.

Verlieren sie, werden auch sie bald bei dir im Gefängnis sein. Oder gar tot.

Oder sie fliehen noch rechtzeitig ins Ausland und verbringen ihr Leben im Exil, so, wie Ray Wong, der aus Hongkong nach Deutschland floh und heute in Göttingen Politikwissenschaften und Philosophie studiert. Er und viele seiner Generation haben das erlebt, in Hongkong, dass sich da plötzlich eine Macht namens China in ihr Leben einmischte und sie niederknüppelte und verhaftete, nur weil sie Widerworte gaben und sich die fremde Bevormundung nicht gefallen lassen wollten.

Als Ray Wong 1993 geboren wurde, war seine Heimatstadt Hongkong noch eine britische Kronkolonie. Sie war es seit Mitte des 19. Jahrhunderts, als das britische Empire mit seinen Kriegsschiffen auf allen Weltmeeren unterwegs war und die halbe Welt zu seiner Kolonie gemacht hatte. China zu unterwerfen, war den Briten nicht gelungen, also machte man Geschäfte mit China.

Der Handel führte allerdings zu einem britischen Defizit, das die Briten durch einen illegalen Handel mit Opium auszugleichen versuchten. Die Chinesen reagierten mit drakonischen Strafen, verboten den Handel. Als sie eine ganze Schiffsladung beschlagnahmten, begannen die Briten einen Krieg, der damit endete, dass China die Halbinsel Hongkong an das Vereinigte Königreich abtreten musste. Am 5. April 1843 erklärte die britische Königin Victoria Hongkong zur Kronkolonie.

55 Jahre später, also 1898, rangen die Briten der chinesischen Kaiserdynastie einen Pachtvertrag für das erweiterte Hongkonger Territorium ab, und zwar für 99 Jahre. Was hieß: Im Jahr 1997 muss der Vertrag entweder verlängert werden, oder er läuft aus, und Hongkong fällt an China zurück. Natürlich wollte China von einer Verlängerung nichts wissen. China wollte Hongkong zurückhaben.

Aber: Was wird dann aus den Menschen dort? Sie waren in all den Jahren, in denen China eine kommunistische Diktatur war, in denen bei der Kulturrevolution Millionen Menschen starben, und Oppositionelle zuverlässig verhaftet und verurteilt wurden, von diesen Barbareien verschont. Sie waren gewohnt, in Hongkong so zu leben, wie man im kapitalistischen Westen lebt, selbstbestimmt, wohlhabend und frei.

Und so wollten sie auch weiterleben. Das gaben die Menschen in Hongkong sowohl den Briten, wie auch den Chinesen sehr deutlich zu verstehen. Großbritannien, das in der Welt gut angesehene demokratische Königreich, musste dafür sorgen, dass seinen Untertanen in Hongkong kein Leid geschieht, wenn sich dort die Zeiten ändern. Und China musste zusichern, dass das Leben wie gewohnt weitergeht in Hongkong.

Das demokratische Großbritannien wurde seiner Verantwortung gerecht und rang den Chinesen im Dezember 1984 vertraglich die Zusage ab, das liberale, soziale und wirtschaftliche System Hongkongs für einen Zeitraum von 50 Jahren unangetastet zu lassen. Die bürgerlichen Rechte und Freiheiten wie die Rede- und Pressefreiheit, die Vereinigungs- und Versammlungsfreiheit, das Streikrecht und die Wissenschaftsfreiheit wurden von China garantiert. Diese Rechte wurden am 4. April 1990 in einem Grundgesetz festgeschrieben und sollten mit der Übergabe Hongkongs am 1. Juli 1997 in Kraft treten.

Von dieser Übergabe wird Ray Wong nicht viel mitbekommen haben, denn da war er gerade mal vier Jahre alt. Er wird keine Erinnerung daran haben, wie die Briefmarken mit dem Konterfei von Elizabeth aus Hongkong verschwanden, die roten Briefkästen mit der Krone abgeschraubt und die 1200 Porträts der Monarchin in den Amtsstuben abgehängt wurden.

Am 1. Juli 1997 war dann die feierliche Übergabe der Kronkolonie an China. Auch daran wird sich Ray Wong wohl kaum erinnern. Chris Patten, der 28. und letzte britische Gouverneur von Hongkong, verlässt am Nachmittag seinen Regierungssitz, an seiner Seite die Familie.

Feierliche Reden werden gehalten. Kaum eine Rede kommt aus ohne das Mantra »ein Land, zwei Systeme«, das Versprechen, dass für die nächsten 50 Jahre alles bleiben wird, wie es war und ist. Die »Sonderverwaltungsregion« Hongkong wird seine Freiheiten behalten, seine eigene Währung, sein eigenes Steuersystem, seine Autonomie.

Das Versprechen wird gebrochen. Sanft. So, dass es Hongkong anfangs kaum merkt, denn das Leben, die Geschäfte gehen weiter wie gehabt. Allerdings kommt es nicht, wie versprochen, zur freien Wahl einer Regierung. Die wird durch eine Kommission von 1200 ausgesuchten Wahlmännern bestimmt, ausgesucht von Peking.

Na ja, denken die Hongkonger zunächst, wenn die Regierung uns in Ruhe lässt und dafür sorgt, dass alles weiter so reibungslos läuft wie unter den Engländern, soll uns das eine Weile, für eine Übergangszeit, recht sein. Die Übergangszeit aber zieht sich in die Länge. Zehn Jahre nach der Übergabe an China gibt es noch keine freie Wahl. Ray Wong ist jetzt immerhin schon vierzehn.

Es gibt sie auch noch nicht, als er achtzehn ist. Da gründet er mit anderen Schülern die Protestbewegung »Scholarism«. Sie will die Propaganda der chinesischen Regierung aus dem Lehrplan verbannen. 120 000 Schüler*innen Eltern und Lehrer*innen bringt Wong damals auf die Straße

Auch Hongkongs Bevölkerung wird allmählich unruhig. Im Juni 2014 fordern 800 000 Menschen per Online-Referendum freie Wahlen. Ein Sprecher der pekinghörigen Verwaltung von Hongkong bezeichnete die Abstimmung als »rechtlich null und nichtig«. Und damit nimmt der Konflikt seinen Lauf.

Die Initiator*innen des Referendums drohen, den Finanzbezirk der Stadt lahmzulegen, falls ihre Forderungen kein Gehör finden sollten. Schon einen Monat später, im Juli, demonstrieren 500 000 Menschen für mehr Demokratie in Hongkong.

Einen weiteren Monat später, im August, reagiert die Regierung in Peking endlich und verspricht, dass 2017 erstmals alle Bürger Hongkongs wählen dürfen. Aber: Die Kandidaten sollen von einem Wahlmännergremium ausgewählt werden. Mit anderen Worten: Peking will nur solche Kandidat*innen zur Wahl zulassen, die genehm sind, keinen Ärger machen, bereit sind, Weisungen aus Peking entgegenzunehmen.

Da gehen nun vor allem die jungen Leute, Schüler*innen, Student*innen, auf die Barrikaden. Sie boykottieren den Unterricht und Vorlesungen, versammeln sich vor dem Sitz der

Regierung. Einige versuchen, in das Gebäude einzudringen. Die Polizei kommt, nimmt 74 Demonstrant*innen fest, lässt die meisten aber wieder frei. Auch Ray Wong ist unter ihnen. Die Proteste gehen weiter.

Ray ist immer dabei, wehrt sich mit den andren gegen Chinas Bestrebungen, der Freiheit in Hongkong ein Ende zu machen. Aber wenn die Regierung in Peking damals geglaubt haben sollte, durch den Polizeieinsatz sei das Problem erledigt, hat sie sich getäuscht. Diese Proteste waren erst der Anfang.

Im Verlauf des Sommers 2014 bis in den Herbst schwillt der Aufstand der Schüler*innen und Student*innen zu einer Massenbewegung an. Sie legen das Bankenviertel und den Verkehr lahm, besetzen den Flughafen, bestreiken Schulen und Unis, gewinnen die Sympathien von immer größeren Teilen der Bevölkerung. Die Polizei greift immer härter durch mit Tränengas, Pfefferspray und Wasserwerfern. Die Demonstrierenden schützen sich mit Regenschirmen dagegen, so kommt die Hongkonger Demokratiebewegung zu dem Namen Regenschirm-Revolte oder Regenschirm-Revolution.

Bilder, die zeigen, wie sich der Staatsmacht Zehntausende von Regenschirmen entgegenstrecken, gingen um die Welt, vermittelten den Eindruck von einem Fest der Demokratie und der Jugend, einer friedlichen, ja höflichen Jugend, die sogar ihren eigenen Müll wegräumt und in Partystimmung die Botschaft verbreitet: Wir wollen nichts Besonderes, nichts weiter als freie Wahlen und Demokratie. Was soll so schlimm daran sein? Wieso muss man uns mit staatlicher Gewalt von der Straße fegen und einsperren, als seien wir Kriminelle? Seit wann ist der Ruf nach Demokratie ein Verbrechen? Ray Wong wird zu einem der Gesichter der Regenschirm-Bewegung.

Aber die Macht in Peking ist zu keiner Konzession bereit, lässt Wasserwerfer und Knüppel sprechen, verhaften und einsperren und tut alles, um den Konflikt eskalieren zu lassen. Und so, durch Verbreitung von Angst und Schrecken, gewinnt das Regime. Gegen Ende des aufrührerischen Jahres 2014 herrscht wieder Ruhe. Und: Freie Wahlen in Hongkong wird es nicht geben.

Wo bleibt der Widerstand der Jungen? Er formiert sich neu. Ihre Ziele haben sie keineswegs aufgegeben. Aber an Gewalt und Eskalation sind sie nicht interessiert. Was sie jetzt planen, ist der Marsch durch die Institutionen. Joshua Wong, das andere Gesicht der Regenschirmbewegung, gründet eine neue Partei: »Demosisto«, Wille des Volkes. Sie wollen ein Referendum in zehn Jahren, die Hongkonger sollen ihre Regierungsform dann selbst wählen.

Veränderung also erst in zehn Jahren? Schon das ist für den chinesischen Staat eine Horrorvorstellung. Der will unter der Führung von Xi Jinping die totale Kontrolle nicht nur über China, sondern auch über Hongkong und nebenbei auch über Taiwan. Sein Ziel ist es, die USA als führende Supermacht abzulösen. Daher muss es auf seinen erbitterten Widerstand stoßen, wenn Ray Wong und sein Freund Edward Leung die volle Unabhängigkeit Hongkongs von China anstreben. Das wäre noch schlimmer als nur die freie Wahl eines Regierungs-Chefs in Hongkong.

Aber Ray und Edward lassen es auf eine Machtprobe ankommen. Sie gründen nun auch eine neue Partei: »Hongkong Indigenous«. Hongkong den Hongkongern.

Dafür, so sagen sie, wollen sie mit allen Mitteln kämpfen, notfalls auch mit Gewalt. Ray Wong, der immer wieder unter Reizgas-Schwaden vor die Wasserwerfer geraten war, bedroht, eingesperrt, wieder freigelassen wurde, hat sich durch diese Schikanen radikalisiert. Wenn ein Unrechtsstaat gnadenlos auf Gewalt setzt, ist es legitim, sich gewaltsam dagegen zur Wehr zu setzen, sagt Ray.

Vorerst aber will er es noch gewaltfrei probieren, denn eine kleine, legale Veränderungschance gibt es. Im September 2016 dürfen die Hongkonger wählen. Nicht zum ersten Mal. Das dürfen sie schon immer, aber es ist natürlich eine Wahl mit Einschränkungen und mäßiger Bedeutung, denn zur Wahl steht nicht der Regierungschef, sondern nur ein Legislativrat. Der hat nicht sonderlich viel zu sagen, besteht aus 70 Köpfen, wovon 30 schon mal von chinatreuen Berufsverbänden bestimmt werden. Es geht also um die anderen 40.

Wenigstens von diesen wollte Ray Wongs Partei einige Sitze gewinnen. Das motivierte viele Junge, zur Wahl zu gehen. Die Wahlbeteiligung ist hoch, und tatsächlich schaffen es drei Aktivisten, die für Hongkongs Unabhängigkeit plädieren. Kaum zwei Wochen später wurden zwei der drei Gewählten per Gerichtsbeschluss wieder aus dem Parlament geworfen, Baggio Leung und Yau Wai Ching. Bei ihrer Vereidigung hatten sie den Text des Amtseids eigenmächtig abgeändert, um auszudrücken, dass Hongkong nicht Teil von China sei. Außerdem hatten sie das Wort »China« anders ausgesprochen – sie sagten lautmalerisch »Schie-na«, was angelehnt ist an die abfällig gemeinte japanische Aussprache während des Krieges zwischen Japan und China (1937–1945).

Verfügt hatte den Rauswurf der Volkskongress in Peking. Um aber den Anschein von Rechtsstaatlichkeit zu wahren, musste sich eine Woche später ein Hongkonger Gericht damit befassen, und natürlich entschied es im Sinne Pekings.

Die nächste Wahl-Farce fand im März 2017 statt. Gewählt wurde Hongkongs erste Regierungs-Chefin – nicht von den Hongkonger Bürger*innen, sondern von 1200 Leuten eines Wahlausschusses, dessen Zusammensetzung mit Peking abgesprochen worden war. Ungefähr zur gleichen Zeit wurden zahlreiche Aktivist*innen der Regenschirmbewegung zu mehrjährigen Haftstrafen verurteilt. Zwar gibt es Proteste, aber sie erreichen bei Weitem nicht mehr das Ausmaß von 2014.

Längst lässt Peking die gefährlichsten Aufrührer bedrohen, verhaften, bestrafen. Und da wird es für Ray Wong gefährlich. Auch er muss fürchten, demnächst verhaftet zu werden und hinter Gittern zu verschwinden, denn 2016, bei der sogenannten Fischball-Revolution, legten sich Wong und einige andere Aktivisten mit der Polizei an. Die Regierung ging damals gegen den illegalen Verkauf von frittiertem Fisch in Hongkongs Straßen vor. Die Gruppe um Wong organisierte Proteste zugunsten der kleinen Händler. Die Proteste eskalierten, Barrikaden brannten, erstmals sah man mit Steinen und Schutzschilden bewaffnete Demonstrant*innen, die Polizisten angriffen.

Am 31. Juli berichteten chinesische Staatsmedien, dass Wong wegen »Zusammenarbeit mit ausländischen Kräften und Separatismus« von der Hongkonger Polizei gesucht würde – ein gefährlicher Vorwurf, denn in Peking strickte man zu jenem Zeitpunkt an einer bedrohlichen Waffe gegen alle Dissidenten und Oppositionelle: ein »Sicherheitsgesetz«. Auch gegen dieses Vorhaben wurde heftig protestiert, aber im Juni 2020 wurde es verabschiedet.

Dieses Gesetz bedeutete im Grunde genommen das Ende der Protestbewegung in Hongkong, denn nun konnte ab sofort so ziemlich alles kriminalisiert werden, was irgendwie gegen China oder die kommunistische Partei ausgelegt werden kann – auch rückwirkend. Demonstrationen und Gedenkveranstaltungen wurden verboten, Lehrpläne umgebaut, Parteien zur Auflösung gezwungen, Medienhäuser geschlossen.

Das Gesetz richtet sich gegen »Untergrabung der Staatsgewalt«, »Terrorismus« oder »geheime Absprachen« mit Kräften im Ausland und gegen »Untergrabung der nationalen Einigung«. Damit ist gemeint, wofür Ray Wong kämpfte: die Unabhängigkeit Hongkongs von China.

Gut, dass Ray zu diesem Zeitpunkt schon in Sicherheit war. Er hatte den Braten gerade noch rechtzeitig gerochen und war Ende 2017 via Taiwan nach Deutschland geflohen, wo er politischen Schutz bekam und seit 2019 in Göttingen Politikwissenschaften und Philosophie studiert.

Wäre er geblieben, hätte er schon wenige Monate später, im Januar 2018, vor Gericht gestanden. So wurde er in Abwesenheit zu zehn Jahren Haft verurteilt, obwohl das Sicherheitsgesetz noch gar nicht verabschiedet war.

»Das Härteste war, dass ich niemandem von meiner Flucht erzählen konnte«, sagte er im Gespräch mit dem RND. Auch Mitwisser hätten in Hongkong verurteilt werden können, den Kontakt zu seiner Familie musste er abbrechen. »Ich hatte Depressionen, Angst, Appetitlosigkeit« – das übliche Schicksal von Exilanten, die irgendwo in einer für sie fremden Welt wieder bei null beginnen und sich ein neues Leben aufbauen müssen, ohne Freunde, ohne Bekannte, der Sprache des Gastlandes nicht mächtig.

Inzwischen, nach fünf Jahren, hat Ray Deutsch gelernt und bringt sein Studium in Göttingen zu Ende.

Dort fährt er in seiner Freizeit gerne mit dem Rad an einer Ruine vorbei durch die Berge des Harz und träumt sich zurück in die Berge von Hongkong und hofft, dass die Macht, der er entfloh, irgendwann genauso zerbröselt wie die Ruine bei Göttingen. Irgendwann stürzt auch das stärkste Bollwerk einer Diktatur, das sei seine Hoffnung, sagt er.

Und, nein, besonders glücklich darüber, dass er hier in Freiheit leben könne, sei er nicht. Erstens habe er Heimweh. »Im Exil zu sein ist, als ob ein Teil meiner Seele stirbt, langsam, Tag für Tag.« Zweitens habe er Schuldgefühle gegenüber seinen Freunden, die im Gefängnis sitzen, während er hier frei herumlaufe. Und drittens könne er sich auch hier nicht ganz sicher fühlen. Chinas Arm sei lang.

Schon machen Berichte die Runde, dass China überall in Europa, auch in Deutschland, geheime Polizeistationen betreibt, chinesische Staatsbürger beschattet und verfolgt.

Aber, sagt Wong, trotzdem wolle er hier, von deutschem Boden aus, auf seine Weise seinen Kampf fortsetzen für die Unabhängigkeit und Freiheit Hongkongs und ganz Chinas.

Er reist herum, spricht mit Politiker*innen, an Universitäten, mit Wirtschaftsleuten und warnt Deutschland und andere Länder vor einer zu engen wirtschaftlichen Zusammenarbeit mit China. Am 4. Juni 2019, dem 30. Jahrestag des Tian'anmen-Massakers in China, durfte er sogar im deutschen Bundestag sprechen. Dort sagte er, die chinesische Regierung habe schon in anderen Regionen Minderheiten ausgelöscht. Wenn der Westen dem keine Aufmerksamkeit schenke, werde es mehr Opfer geben. »Hongkong steht als Beispiel für den Krieg zwischen der freien Welt und dem Totalitarismus.«

Lange stieß er damit auf taube Ohren. Zu groß war das Interesse der deutschen Wirtschaft an Geschäften mit China, »diesem riesigen Markt«. Inzwischen, seit den Erfahrungen mit Putins Russland und dessen Krieg gegen die Ukraine, ist dem Glauben an »Wandel durch Handel« ein empfindlicher Schlag versetzt worden. Deutsche Ohren sind jetzt offener für Ray Wongs Warnungen vor Chinas immer offensichtlicherem Streben nach Weltherrschaft.

Die Lektion, die Deutschland und die gesamte EU gerade lernen, ermutigt Ray, auf seinem eingeschlagenen Weg weiterzugehen. Er wird weiter kämpfen für die Freiheit daheim, indem er hier in Europa die Menschen wachrüttelt, vor Chinas Großmachtbestrebungen warnt, Sanktionen fordert und an die Sehnsucht nach und den Willen zur Freiheit in Hongkong erinnert. Er wisse, dass dieser Wille zur Freiheit nicht mehr totzukriegen ist.

Er und seine Mitkämpfer*innen werden einen langen Atem brauchen. Es ist ein Kampf wie David gegen Goliath. Aber David hatte schon einmal gewonnen.

Disha Ravi

Verhaftet, weil sie das Richtige tat

* 1998 in Bangalore, Bundesstaat Karnataka, Indien – Studium der Betriebswirtschaftslehre am Mount Carmel College – 2019 Mitbegründerin von *Fridays for Future* in Indien – 13. Februar 2021 Verhaftung wegen Aufwiegelung, Volksverhetzung und koordinierter internationaler Verschwörung im Rahmen der Farmerproteste – Eine Woche später wurde sie gegen Kaution entlassen

Man nennt es »extremer Starkregen«, und in Deutschland weiß man, was das bedeutet: überflutete Straßen, Wasser in den Kellern, Schlamm überall. Am Ende kommt die Feuerwehr und pumpt alles weg. Was dabei kaputtging, wird neu angeschafft, und die Versicherung zahlt.

Am 15. Juli 2021 war es anders, ganz anders. Da regnete es auch stark, in einigen Regionen allerdings so stark wie noch nie. Und im Ahrtal so stark, dass Häuser weggerissen wurden, während die Menschen darin schon schliefen und in den Fluten ertranken. Am nächsten Tag sah man im Fernseher, wie ganze Wohnwagen in der immer noch reißenden Ahr trieben, unter den Brücken hängen blieben und auseinandergerissen wurden.

Zwei Wochen nach der Katastrophe zählte man 133 Tote, 73 Menschen wurden noch vermisst, und es war sehr schwer, die vielen Verletzten angemessen medizinisch zu versorgen, denn die Arztpraxen und Krankenhäuser standen ja auch unter Wasser, hatten keinen Strom mehr, waren teilweise ruiniert. Rettungswagen sprangen nicht mehr an. Telefonnetz kaputt.

Zugleich floss Abwasser ungeklärt in die Ahr. Benzin, Diesel, Öl, Chemikalien, Darm- und Kolibakterien und Giftstoffe aller Art verseuchten das Wasser und erhöhten die gesundheitlichen Probleme zusätzlich. Dazu kamen die wirtschaftlichen: die Gastronomie und Hotellerie, schon durch zwei Jahre Corona geschädigt, nun endgültig kaputt. Wohnhäuser und Bürogebäude, Fabriken, Gewerbebetriebe, Maschinen, Werkzeug, Lager und die darin enthaltene Ware zerstört oder stark geschädigt. Tausende von Autos schrottreif.

Auch andere deutsche Regionen wurden von dem Unwetter verwüstet. Versicherungen schätzten, dass sie die Schäden bis zu 5,5 Milliarden Euro kosten würden. Fast zwei Drittel der Schäden entstanden in Rheinland-Pfalz, knapp ein Drittel in Nordrhein-Westfalen.

Für Deutschland war das in dieser Dimension etwas Neues. Auch Waldbrände in Berlin waren etwas Neues. Und neu war die Größe der Fläche des insgesamt verbrannten Waldes im deutschen Waldbrandsommer 2022: 4300 Hektar, das Fünffache des jährlichen Durchschnittswerts.

In anderen Teilen der Welt sind Hitzewellen, Fluten, Orkane, Brände etwas längst Bekanntes und in ihren Ausmaßen noch viel Größeres. In Indien zum Beispiel. Dort lebt Disha Ravi, geboren 1998 in Bangalore, Mitbegründerin der indischen Sektion von »Fridays for Future«.

»Aber«, sagt sie, »ich kämpfe nicht für meine Zukunft, sondern für meine Gegenwart.« Tatsächlich ist das, was die Ahrtal-Flutkatastrophe für uns als drohende Zukunft ankündigte, in anderen Teilen der Welt, und eben besonders auch in Indien, längst Gegenwart.

Schon als Kind erlebte Disha Ravi, wie Wasserfluten immer wieder die Felder ihrer Großeltern überschwemmt und die ganze Ernte vernichtet haben. Später traf es dann auch das Haus ihrer Mutter, und von da an verfolgte sie aufmerksam die Nachrichten über »Extremwetterereignisse«, von denen es, wie sie längst weiß, in Indien seit 2015 mehr als 300 gegeben hat.

Natürlich ist Disha dadurch sehr früh auf »Greta« aufmerksam geworden, die sehr junge Frau, die der Welt sagte: Hört endlich auf mit eurer Klimakillerei. Fangt an, diese Gefahr endlich in euer Bewusstsein zu lassen und Konsequenzen daraus zu ziehen. Ändert euer Leben!

Sie war fast noch ein Kind, gerade mal 15 Jahre alt, als sie am 20. August 2018 erstmals den Unterrichtsbesuch verweigerte und sich stattdessen vor das schwedische Reichstagsgebäude in Stockholm setzte mit einem Schild, auf dem stand: »Skolstrejk för klimatet«, Schulstreik fürs Klima. Europa stöhnte gerade über eine Dürre- und Hitzewelle.

Drei Wochen lang streikte Greta Thunberg auf diese Weise fürs Klima und wurde in kürzester Zeit weltberühmt, weil vor allem Gleichaltrige und etwas Ältere hauptsächlich über die sozialen Medien auf sie aufmerksam wurden, sie ernst nahmen und erkannten: Es ist unsere Zukunft, um die es hier geht.

Rasch bildete sich eine weltweite Bewegung unter dem Namen »Fridays for Future«. Aber nicht überall. Und nicht überall fand Greta die gleiche Aufmerksamkeit. Und wo ihr doch Aufmerksamkeit zuteilwurde, stieß sie häufig auch auf starke Ablehnung oder Ignoranz, besonders in den Ländern, die für den größten CO_2-Ausstoß verantwortlich sind.

CO_2 ist das Gas, das überall entsteht, wo Menschen fossile Energien – Kohle, Öl, Erdgas – verbrennen. Es steigt in die Atmosphäre und bildet dort eine Schicht, die von der Erde abgestrahlte Wärme wie unter einem Deckel hält. Deshalb wird es seit rund einem Jahrhundert wärmer auf der Erde. Und mit ihnen steigen die Extremwetterereignisse.

Weltmeister im CO_2-Ausstoß ist China. Das Land ist für fast 30 Prozent des Klimakillers verantwortlich. An zweiter Stelle folgen die USA mit knapp 14 Prozent. Indien bringt es auf knapp sieben Prozent. Danach kommen Russland, Japan und Deutschland.

Niemand in China klebt sich auf die Straße, um gegen die CO_2-Wirtschaft zu demonstrieren. Das würde die Regierung niemals zulassen.

Und in Indien? Dort ist normalerweise der Mai der heißeste Monat des Jahres. Im Jahr 2022 stiegen die Temperaturen aber schon im April bis auf 38 Grad Celsius, in der Hauptstadt Neu-Delhi auf über 40 Grad. Es waren die höchsten jemals im April gemessenen Temperaturen. Und gemessen wird seit 122 Jahren.

Sich bei solch einer Hitze auf die Straße zu kleben, wäre tödlich. Schon allein deshalb würde Disha nie auf diese Idee mit dem Sekundenkleber kommen. Aber sowieso setzt sie wie alle Fridays for Future-Aktivist*innen auf Aufklärung, Überzeugung, und auf Aktionen, die auf ihr Thema aufmerksam machen, ohne die Bevölkerung vor den Kopf zu stoßen.

Trotzdem wurde sie am 13. Februar 2021 in Bengaluru (wie Bangalore seit 2014 offiziell heißt) verhaftet, nach Delhi geflogen und ohne Anwalt von der Polizei verhört, weil sie an etwas mitgeschrieben und auf Twitter geteilt hat, was von Greta Thunberg verschickt wurde. Disha war damals gerade 23 Jahre alt.

Die Polizei hatte Anzeige erstattet gegen Disha wegen »Aufwiegelung, Volksverhetzung und koordinierter internationaler Verschwörung«. Indische Reporter berichteten, sie sei im Gericht zusammengebrochen, als sie erfuhr, was ihr zur Last gelegt wird. Dem Richter versicherte sie, sie habe doch nur zwei Zeilen eines Dokuments bearbeitet.

Volksverhetzung? Verschwörung? Was stand denn drin in diesem »Toolkit« genannten Dokument? Worum ging's eigentlich?

»Toolkits«, Werkzeugkästen sind nichts weiter als Dokumente, die von Aktivist*innen für Aktivist*innen zu bestimmten Themen verfasst und übers Netz verbreitet werden. Sie dienen der Werbung für das jeweilige Anliegen einer Bewegung, egal ob es um Klima, Rassismus, Sexismus oder irgendein anderes Thema geht. Es ist eine Zusammenstellung von Informationen, Links, Aktionsvorschlägen, Ideen, Berichten, Gesprächsleitfäden und Kontakten. Alle schreiben mit, korrigieren, ergänzen, verbreiten es weiter – ein übliches Instrument organisierter Protestbewegungen.

Im Fall von Disha Ravi ging es noch nicht einmal direkt um Klima-Aktivismus, sondern um Landwirtschaft, speziell um die Unterstützung indischer Bauern, die seit Monaten zu Hunderttausenden gegen die indische Regierung protestierten. Sie fordern die Aufhebung von drei neuen umstrittenen Landwirtschaftsgesetzen, da sie befürchten, dass ihr Lebensunterhalt der Gnade privater Konzerne ausgeliefert wird. Die Landwirtschaft ist Lebensgrundlage für rund 60 Prozent der 1,3 Milliarden Einwohner des Landes. Aber eben diese Lebensgrundlage wird durch die häufigen Überschwemmungen, Orkane, Hitzewellen, Dürreperioden und Wasserknappheit stark gefährdet. Auch deshalb werden die indischen Bauern unruhig.

Im Januar war es zu gewaltsamen Zusammenstößen zwischen ihnen und der Polizei gekommen. Daraufhin wurden einige Bauern als Terroristen angeklagt.

Ravi, die Enkelin von Landwirten, hatte sich für die Bauern eingesetzt. Greta Thunberg, die durch Disha Ravi davon hörte, solidarisierte sich mit den Bauern, schickte ein Toolkit, und Disha Ravi ergänzte dazu ein paar Zeilen zu der Frage, wie man die Bauern unterstützen könne. Das war alles. Also eigentlich fast nichts.

Aber der Polizei reichte dieser kleine Anlass, um daraus eine Verschwörung gegen den indischen Staat zu konstruieren, Disha Ravi als eine »Hauptverschwörerin« zu bezeichnen, die hinter der Gewalt der Bauern stecke, und ihr zu unterstellen, mit religiös-nationalistischen Gruppen zusammenzuarbeiten. Religiöse Konflikte zwischen Hindu-Nationalisten, Muslimen, Sikh-Separatisten, Buddhisten, Christen, Parsen sind ein großes, gewaltträchtiges Thema in Indien, seit es vom rechtspopulistischen, islamfeindlichen Hindu-Nationalisten Narendra Modi regiert wird. Alles, was ihm in die Quere kommt, wird sofort zum Problem, also auch protestierende Bauern, überhaupt Unzufriedene. Schnell hatten Mitglieder von Modis Partei Bharatiya Janata den Bauernprotest benutzt, um zu behaupten, dieser sei von Sikh-Separatisten unterwandert worden. Und wenn sich dann noch jemand von außen einmischt, wie diese Greta, und auch noch eine Verbündete in Indien findet, wie diese Disha, dann herrscht Alarmstufe eins.

Es ging also in diesem Fall gar nicht direkt ums Klima, sondern um Religion, Politik, soziale Ungleichheit und Modis Macht, aber weil Disha Ravi in ihrer Heimatstadt Bengaluru schon länger als Klima- und Umwelt-Aktivistin bekannt ist und nun via Twitter mit Greta Thunberg korrespondierte und die Polizei Erfolge brauchte im Kampf gegen Regierungsgegner und politische Gewalttäter, wurde sie als politische Verschwörerin verhaftet, vom Rest der Welt aber als verhaftete Umwelt-Aktivistin wahrgenommen.

Und das war auch die treffendere Wahrnehmung, denn natürlich dreht sich auch und gerade in Indien alles ums Klima. Bis 2100 könnte es hier jährlich 1,5 Millionen Hitzetote geben.

Dazu trägt das Land auch selbst sehr viel bei, denn es verheizt viel zu viel Braunkohle, die einen besonders hohen CO_2-Ausstoß verursacht. Aber Braunkohle ist billig, man hat sie im eigenen Land, sie schafft Arbeitsplätze und sie ist ein Garant für anhaltend hohes Wirtschaftswachstum. Das braucht man, denn noch immer gibt es viel Armut. Deshalb will sich die Regierung Modi die Wirtschaft nicht von Klima-Aktivist*innen wie Disha Ravi kaputt machen lassen.

Blöd nur, dass ihre Verhaftung durch ein paar übereifrige Polizisten weltweit Aufsehen erregte. Auf einmal galt Disha Ravi der Weltöffentlichkeit als »die Greta von Indien«.

Nicht zu Unrecht, denn in allerlei politischen Bewegungen aktiv ist sie schon lange. Seit sie 2019 den indischen Zweig des Netzwerks Fridays for Future mitgründete, organisiert sie im ganzen Land Streiks. Über den Klimawandel und seine Auswirkungen hat sie sich seitdem immer mehr Wissen angeeignet, wurde darüber zur indischen Fachfrau fürs Klima und zur Organisatorin zahlreicher Aktionen. Schon als 18-Jährige, noch während ihres Studiums, pflanzte sie Bäume, initiierte Umweltstreiks und bestritt Klimaworkshops. Im weiteren Verlauf leitete sie eine Kampagne zur Reinigung der Seen und Parks von Bengaluru, veranstaltete vegane Picknicks, startete Kampagnen gegen Plastikmüll und koordinierte Schulstreiks. Das alles tat sie nebenbei, denn hauptberuflich musste sie als Alleinverdienerin den Lebensunterhalt für sich und ihre Mutter bestreiten. Sie hat einen Bachelor-Abschluss in Betriebswirtschaftslehre und arbeitet in einem Unternehmen, das pflanzliche Lebensmittel herstellt.

Ihre Verhaftung schockierte viele Inder*innen, auch die Elterngeneration. Die bekamen es mit der Angst zu tun und drängten ihre Kinder, möglichst nichts mehr zu tun, was der Regierung missfallen könnte. War es das, was die Regierung eigentlich bezwecken wollte? Einschüchterung der Protestgeneration? Der »Indian Express« schrieb, der Prozess gegen Disha Ravi sende »eine eiskalte Botschaft insbesondere an die jungen Menschen im Land«.

Doch dieser Schuss ist nach hinten losgegangen, denn plötzlich schaute die ganze Welt nach Indien, auf die indische Regierung, und die sah nicht gut aus. Die Verhaftung einer jungen Frau, die regelmäßig von der indischen Presse, inzwischen auch von der internationalen, zu Klimafragen interviewt wird, stellte sich nun als großer Fehler heraus. Es hagelte Kritik auch in Indien. Der Regierungschef des Unionsterritoriums Delhi, Arvind Kejriwal, kritisierte das Vorgehen der Polizei scharf. Die Festnahme sei ein noch nie da gewesener Angriff auf die Demokratie. »Unsere Bauern zu unterstützen ist keine Straftat.« Der ehemalige Umweltminister Jairan Ramesh bezeichnete ihre Festnahme als »völlig abscheulich« und »ungerechtfertigte Belästigung und Einschüchterung«. Der ehemalige Finanzminister P. Chidambaram äußerte, Indien werde »zum Theater des Absurden«.

In einer gemeinsamen Erklärung von mehr als 50 Akademikern, Künstlern und Aktivist*innen wurde das Vorgehen der Polizei von Delhi als »rechtswidrig« und als »Überreaktion des Staates« bezeichnet. Die Delhi Commission for Women, eine Regierungsbehörde, forderte von der Polizei weitere Informationen zu Ravis Fall. Dann gingen auch noch Schüler*innen und Student*innen auf die Straße, hielten Schilder mit Dishas Gesicht vor die Kameras und zeigten, dass sie sich keineswegs einschüchtern lassen.

Die Proteste zeigten Wirkung. Eine Woche nach Dishas Verhaftung urteilte ein Gericht, dass die Beweise gegen sie dürftig und unzureichend seien. Sie sei gegen eine Kaution von umgerechnet 1135 Euro aus der Haft zu entlassen.

Gegen Kaution entlassen heißt jedoch nicht: Freispruch. Sondern heißt nur ein endgültiges Urteil ist noch nicht gesprochen. Und: Sie hat gewisse Bedingungen zu erfüllen, zum Beispiel nicht allzu häufig mit der Presse zu sprechen, und wenn, dann vorsichtig.

Ein Jahr nach ihrer Entlassung aus der Haft hat sich daran noch nichts geändert. Es gab noch immer keine Gerichtsverhandlung. Sie steht noch immer unter den Kautionsauflagen, und daher hört die Weltöffentlichkeit von Disha Ravi derzeit wenig.

Aber ihr Gesicht ist in der Welt. Ihr Anliegen und ihr Kampf sind in der Welt. Und viele ihrer Altersgenoss*innen führen ihren Kampf weiter, nicht nur in Indien, auch in anderen Ländern Asiens. Sie werden noch lange kämpfen müssen.

Nachwort

Der laute Schrei nach Freiheit

Der Kampf für Freiheit beginnt oftmals überraschend und nicht selten scheinbar harmlos. So war es in Belarus, als Alexander Lukaschenko es mit diesen drei Frauen zu tun bekam, die da plötzlich wie aus dem Nichts auftauchten und vom Volk bejubelt wurden. Er unterschätzte sie alle drei. Aber am Ende musste er mit brutalstmöglicher Gewalt vorgehen, um seine Herrschaft zu sichern. Sie ruht auf tönernen Füßen seitdem.

Auch Mahatma Gandhi kam aus dem Nichts. Und wurde unterschätzt, als er sich von britischen Polizisten öffentlichkeitswirksam verprügeln ließ. Als er wieder aufstand und einfach weiter gegen die britische Kolonialherrschaft agitierte, wurde er noch immer unterschätzt. Und auch noch, als er sich erneut verprügeln und ins Gefängnis werfen ließ, wieder freikam und weitermachte, wo er aufgehört hatte. Aber: Nach jedem Verprügeltwerden und nach jeder Verhaftung strömten ihm neue Unterstützer*innen zu und machten seine Sache zu ihrer eigenen. Und nach jeder Freilassung fiel ihm etwas Neues ein, womit er die Kolonialmacht vorführen, provozieren oder in Verlegenheit bringen konnte. Am Ende musste sich die britische Weltmacht geschlagen geben.

Nelson Mandela musste sich noch nicht einmal regelmäßig verprügeln und verhaften lassen. Es genügte, dass er 30 Jahre im Gefängnis saß. Die Rechnung des weißen Apartheidsregimes, dass er in seinem Gefängnis allmählich der Vergessenheit anheimfallen und ihn das brechen würde, wie so viele andere Verhaftete, ging nicht auf. Je länger er saß, desto berühmter wurde er, denn er hatte draußen seine Leute, die

Öffentlichkeit, die internationalen Medien, die Anti-Apartheids-Aktivist*innen dieser Welt. Je länger er saß, desto heftiger wurde seine Freilassung gefordert. Am Ende kam er frei und war es mit der Apartheid in Südafrika vorbei.

Daher ist es für jede Befreiungsbewegung meistens gut, wenn sie eine Persönlichkeit hat, um die sie sich scharen kann, die dem Ganzen ein Gesicht verleiht, so wie es derzeit Alexej Nawalny für die russische Opposition tut. Er hatte sich ganz bewusst für seine Rückkehr aus Deutschland nach Russland entschieden und gewusst, dass er wahrscheinlich wieder im Gefängnis oder Straflager landen wird.

Das nahm er in Kauf wie einst Nelson Mandela. So wie dieser nicht mehr von der Welt vergessen wurde, so wird Nawalny nicht vergessen werden. Dafür sorgt schon sein Team, und dafür sorgen die Unterstützer*innen, die er im Lauf vieler Jahre gewonnen hat.

Es geht aber auch anders. Es kann auch eine völlig unbekannte Tote sein, die einen Aufstand auslöst und im Geist an der Spitze der Bewegung steht. Wie etwa die 22 Jahre alte Mahsa Amini aus Teheran, die in Polizeigewahrsam ums Leben kam. Ihr Tod war – für alle völlig unvorhersehbar und für das Mullah-Regime unberechenbar – eine Initialzündung für den Volksaufstand im Iran.

Oder es ist ein Wohnungsbrand wie in China, der plötzlich die Leute auf die Straße treibt.

Der Kampf um die Freiheit hat viele Gesichter, entzündet sich an unterschiedlichsten Anlässen, bringt vielfältige Ausdrucksformen und immer neue Bewegungen hervor. Und was ihnen trotz aller Verschiedenheit gemein ist, ist ihre Unvorhersehbarkeit, Unberechenbarkeit und Unplanbarkeit.

Deshalb stimmt, was der ungarische Schriftsteller Imre Kertész einmal gesagt hat: »Das wirklich Irrationale und tatsächlich Unerklärbare ist nicht das Böse, im Gegenteil: Es ist das Gute.«

Das Böse ist rational erklärbar, berechenbar und daher vorhersehbar. Das Gute dagegen bricht stets wie ein gleißendes Licht inmitten der Nacht herein. Es ist diese Überraschung, die alle Diktatoren am meisten fürchten. Und es ist diese Angst, die jeden Diktator so berechenbar macht.

Um diese Angst loszuwerden, muss er selber zur Quelle von Angst und Schrecken werden. Darum braucht er Polizei, Geheimdienste, Spitzel, Zuträger, die miteinander rivalisieren und untereinander um seine Gunst konkurrieren. Und er braucht Killer, Auftragsmörder, Henker, Schlächter, Folterer und Spezialisten fürs Grobe, um bei den Untertanen das Bewusstsein dafür wachzuhalten, dass ihnen jederzeit ohne Angabe von Gründen etwas Unangenehmes passieren kann. Erst wenn alle in Angst leben, fühlt der Diktator sich sicher.

So funktioniert jede Diktatur. So kann jede Diktatur berechenbar und vorhersagbar über viele Jahre und Jahrzehnte funktionieren.

Jedoch – und das ist das Hoffnungsvolle – niemals über viele Jahrhunderte, denn irgendwann kommt die Überraschung in Form von Widerstand und Aufruhr, manchmal so eruptiv und mit solch einer Gewalt, dass die Polizei nicht mehr mit dem Verhaften und Hinrichten nachkommt und irgendwann selber überläuft zu den Aufständischen.

Am Ende des Jahres 2022 ist die Welt Zeuge von gleich drei solcher Überraschungen, und zu diesem Zeitpunkt weiß man von keiner, wie sie enden wird: In der Ukraine führt ein ganzes Volk einen Freiheitskrieg gegen russische Truppen. Im Iran versuchen sich die Menschen, vor allem die jungen, von der Herrschaft der Mullah-Diktatur zu befreien. Und in China gibt es den ersten größeren Protest seit dem Tiananmen-Massaker von 1989.

Zu Beginn des Krieges in der Ukraine im Februar 2022 versicherten einige Experten, in drei Tagen werde er vorbei sein.

Aber seitdem sehen wir im Fernsehen ein ganzes Volk um seine Freiheit kämpfen. So viele Bürger*innen und Soldat*innen dort riskieren lieber ihr Leben, frieren lieber ohne Strom und Wasser in ihren zerbombten Häusern, als dass sie sich von einem Verbrecher im Kreml die Freiheit und die Würde, ihr Land und ihre Souveränität nehmen lassen. Und jetzt, ein dreiviertel Jahr später, sagen Experten, die Ukraine könne diesen Krieg gewinnen. Ob sie diesmal recht haben? Noch weiß es niemand.

Ganz anders ist der Freiheitskampf der Menschen im Iran, ausgelöst vom Tod der 22 Jahre alten Mahsa Amini. Sie war zu Besuch in Teheran. Die Sittenpolizei nahm sie fest, weil sie angeblich ihr Kopftuch, den Hidschab, nicht so getragen habe, wie es vorgeschrieben ist. Sie wurde auf eine Polizeistation gebracht. Wenige Stunden später war sie tot. Bis heute ist nicht klar, woran und unter welchen Umständen sie starb.

Ursprünglich behauptete die Polizei, Mahsa Amini sei ohne Fremdeinwirkung an einem Herzversagen gestorben. Der Vater der jungen Frau, sagte, sie sei völlig gesund gewesen. Dann zeigte der in London ansässige persischsprachige Satellitensender »Iran International« Videoaufnahmen aus einem Teheraner Krankenhaus. Darauf sah man die junge Frau auf der Intensivstation, dazu Röntgenbilder von ihren Schädelverletzungen.

Zu diesem Zeitpunkt waren schon viele junge Frauen auf der Straße, und es wurden von Tag zu Tag mehr. Sie nahmen ihre Kopftücher ab, schwenkten sie über ihren Köpfen, warfen sie ins Feuer, tanzten auf der Straße, sangen Freiheitslieder und forderten die Mullahs auf, abzuhauen, und ließen sich von der Polizei nicht mehr aufhalten und einschüchtern.

Im Netz verbreiten sie seitdem Videos von sich, die zeigen, wie sie sich ihre langen Haare abschneiden. Damit kontern sie die Behauptung der Religionsführer, dass Frauen mit ihren Haaren die Männer verführten. Darum jetzt: keine Haare mehr, also auch keine »Verführung« mehr, wozu also noch der Kopftuchzwang?

Das Regime reagiert mit brutaler Gewalt. Die Zahl der Toten und Verletzten steigt von Tag zu Tag. Doch davon lassen sich die Protestierenden, inzwischen sind es nicht mehr nur Frauen, nicht aufhalten. Sie rebellieren weiter, fühlen sich ermutigt von der internationalen Solidarität, die sie erfahren. In Europa, in den USA gehen ebenfalls Menschen auf die Straße, darunter sehr viele Exil-Iraner*innen, und viele schneiden sich ebenfalls die Haare ab und machen Druck auf ihre Regierungen, damit diese wiederum Druck aufs Mullah-Regime ausüben. Mit Erfolg. Deutschland, die EU und die USA beraten über Sanktionen.

Wie es ausgehen wird? Man muss sich nur der wichtigsten Aufstände der letzten sieben Jahrzehnte erinnern, um pessimistisch zu werden:

2013 gab es einen Aufstand der Jugend in der Türkei. Vor allem im Gezi-Park in Istanbul versammelten sich täglich junge Menschen, um gegen die Regierung von Recep Tayyip Erdoğan zu demonstrieren. Er ist noch immer an der Macht.

Eine Reihe von Aufständen in arabischen und nordafrikanischen Ländern – Ägypten, Algerien, Libyen, Marokko, Tunesien – zwischen 2010 und 2012 wurde unter dem Wort »Arabellion« zusammengefasst. Tatsächlich wurden eine Reihe von Diktatoren gestürzt. Nur: Die, die ihnen folgten, waren nicht besser. Von Freiheit und Demokratie oder wenigstens Wohlstand für die Bevölkerung kann bis heute keine Rede sein.

1989 rebellierten zahlreiche Chines*innen, vor allem Studierende gegen das Regime. Sie versammelten sich in Peking am »Tor des Himmlischen Friedens« (Tian'anmen-Platz). Es endete mit dem Tian'anmen-Massaker, das in China aus allen Geschichtsbüchern getilgt wurde. Laut Presseberichten, die sich auf Quellen des chinesischen Roten Kreuzes beriefen, hat die Niederschlagung des Aufstands durch chinesisches Militär 2600 Menschen das Leben gekostet. Wer heute das Wort Tian'anmen auch nur erwähnt, hat mit staatlichen Repressionen zu rechnen.

1968 wollte Alexander Dubček, Generalsekretär der tschechoslowakischen Kommunisten, einen »Sozialismus mit menschlichem Antlitz« realisieren. Man sprach vom »Prager Frühling«. Er endete unter russischen Panzern. Genauso endete 1956 der ungarische Volksaufstand gegen die Regierung der kommunistischen Partei und der sowjetischen Besatzungsmacht. Und ebenso scheiterte in der DDR der Volksaufstand vom 17. Juni 1953. Truppen der Sowjetarmee unter Beteiligung von Polizeikräften des DDR-Regimes beendeten die Sache innerhalb kürzester Zeit. Danach herrschte wieder Ruhe für 36 Jahre.

Und dennoch spricht vieles für Optimismus, denn 1989 fiel die Berliner Mauer, riss der Eiserne Vorhang, die Sowjet-Diktatur verschwand aus der Geschichte. Es gibt die begründete Hoffnung, dass Freiheitskämpfe nie vergebens und auch dann siegreich sind, wenn sie zunächst verloren werden. Denn man kann zwar die Kämpfer*innen für Freiheit einsperren, foltern, töten, aber nicht die Idee der Freiheit. Das Virus der Freiheit ist immer da.

Und wie virulent es werden kann, zeigt sich im November 2022 sogar in China. In dem Land mit der brutalsten Unterdrückung, der schärfsten Überwachung, der rigidesten Kontrolle und der strengsten Zensur der Welt ist es jetzt ausgerechnet ein Virus, nämlich das Covid-Virus, welches möglicherweise dem Virus der Freiheit zu neuem Leben verhilft. Weil seit Beginn der Corona-Pandemie Menschen in China immer wieder über Wochen in ihre Häuser eingesperrt werden, weil die ganze absurd strenge Corona-Politik wenig gebracht hat und die Corona-Fälle wieder steigen, während sie im Rest der Welt sinken oder keine schweren Verläufe mehr zeitigen. In den meisten Ländern scheint die ältere Bevölkerung überwiegend wirksam durchgeimpft zu sein oder nach mehreren überstandenen Ansteckungen immunisiert.

China dagegen weigert sich bis heute, westliche Impfstoffe einzusetzen. Der eigene Impfstoff ist weniger wirksam, und selbst mit diesem sind viele Ältere noch nicht geimpft. Tägliche Tests, Zwangsquarantänen und immer wieder strikte Lockdowns wollen sich viele Bürger*innen nicht mehr gefallen lassen, seit bei einem Wohnungsbrand in der Metropole Urumqi in Nordwestchina mindestens zehn Menschen ums Leben gekommen sind. Viele führten das Unglück auf die strengen Corona-Maßnahmen zurück, durch die Rettungsdienste und Rettungsarbeiten behindert worden seien.

Während dieses Buch zu Ende geschrieben wird, leisten in China viele Menschen kreativen Widerstand. Weil politische Kritik in den sozialen Medien sofort gelöscht wird, schreiben junge Leute jetzt: »Gut gut gut gut gut, jawohl jawohl jawohl jawohl, toll toll toll toll!« Einer bestand aus der dutzendfachen Wiederholung des Wortes »Okay!«. Und alle, die das lesen, wissen, was gemeint ist.

Dann stellte sich ein junger Mann in einem Einkaufszentrum in Urumqi an einen gut sichtbaren Platz und hielt ein Blatt Papier hoch, auf dem nichts anderes stand als: »Ihr wisst schon, was ich sagen möchte.« Die Polizei führte ihn ab. Aber da war das Foto davon schon unterwegs in China. Seitdem sieht man überall im Land junge Menschen mit weißen Blättern, auf denen gar nichts steht. Aber die leeren Blätter sagen alles.

Und die Leute singen. Die Internationale, die chinesische Nationalhymne: »Steht auf, ihr, die ihr nicht länger Sklaven sein wollt. « Die Polizei kommt, aber unternimmt nichts. Sie unternimmt auch noch nichts, als gerufen wird: »Lang lebe das Volk!« – »Fuck Zero Covid!« – »Freiheit!« Und unternimmt immer noch nichts, als es heißt: »Nieder mit Xi Jinping!« Erst morgens gegen fünf Uhr löst sie die Demonstration auf.

Es erscheint unwahrscheinlich, dass daraus ein Flächenbrand entsteht und Chinas Staatsführung nicht damit fertigwird, aber es beweist: Die Glut der Freiheit glimmt. Die Sehnsucht nach Freiheit ist nicht einmal in China totzukriegen. Die Tage werden kommen, an denen sie gestillt wird. In Belarus, in der Ukraine, im Iran, in Russland. Überall, wo den Menschen die Rechte vorenthalten werden, die ihnen zustehen, werden sie sich irgendwann erheben und rufen: Freiheit!

Quellen- und Literaturverzeichnis

(in alphabetischer Reihenfolge)

zu Simone de Beauvoir

Heidenreich, Elke: Männer in Kamelhaarmänteln. Kurze Geschichte über Kleider und Leute, Hanser, München 2020

Kirkpatrick, Kate: Simone de Beauvoir. Ein modernes Leben. Piper, München 2020

de Beauvoir, Simone: Das andere Geschlecht, Erstes Buch, Fakten und Mythen, Deutsch von Uli Aumüller, Rowohlt, Reinbek 2018

Der Spiegel, 22.02.1998

zu Peter Benenson

Benenson, Peter: The Forgotten Prisoners, in: The Observer, 28.05.1961, nachzulesen unter: http://www.amnestyusa.org/about-us/london-office-to-gather-facts/page.do?id= 1101201&n1=2

Platthaus, Andreas: Ein Zeitungsleser steht auf. Peter Benenson, Gründer von Amnesty International, wird achtzig Jahre alt, in: Frankfurter Allgemeine Zeitung, 31.07.2001

Pax Christi: Peter Benenson. Two articles that changed the world, unter: http://www.paxchristi.org.uk/PeacePeople/Peter%20Benenson.pdf

amnesty international Deutschland: Wir über uns, Geschichte, unter: http://www2.amnesty.de/internet/aiallgem.nsf/WaiDok?Open View&Start=1&Count=50

amnesty international Großbritannien: Peter Benenson's biography, unter: http://www.amnesty.org.uk/content.asp?CategoryID=10090

zu Bartolomé de Las Casas

Eggensperger, Thomas/Engel, Ulrich: Bartolomé de las Casas. Dominikaner – Bischof – Verteidiger der Indios, Topos Taschenbücher Bd. 207, Mainz 1992

Lewis, Norman: Die Missionare. Über die Vernichtung anderer Kulturen. Ein Augenzeugenbericht, Klett-Cotta, Stuttgart 1991

Paczensky, Gert von: Verbrechen im Namen Christi. Mission und Kolonialismus, Orbis Verlag, München 2000

Weyhofen, Hans-Theo: Der Verteidiger der Indianer – Bartolomé de Las Casas. Vom Eroberer zum Anwalt der Indios, unter: http://www.boswirt.musin.de/~hsweyhof/kapitel5.htm

Zander, Hans Conrad: Las Casas. Der Kolonialismus, in: Gottes unbequeme Freunde. Heilige für unsere Zeit, Stern-Buch, Hamburg 1962

zu Mahatma Gandhi

Rau, Heimo: Mahatma Gandhi: In Selbstzeugnissen und Bilddokumenten, (rororo Monographien), Reinbek 2005

Franz, Angelika: Der eitle Asket. Gandhis Weg der Gewaltlosigkeit erwies sich als Sackgasse, in: DIE ZEIT, 09/2005

Kallscheuer, Otto: Exerzitien. Salz und Wahrheit, in: Frankfurter Allgemeine Sonntagszeitung, 13.03.2005

Rushdie, Salman: Gandhi – der spindeldürre Freiheitskämpfer einer Nation sitzt Modell für Apple, in: DIE ZEIT, 19/1998

Wolle, Stefan: »We Shall Overcome«. Das Jahrhundert der Befreiung, gewaltfreier Widerstand. Der Inder Mahatma Gandhi zeigte der Welt, daß durch zivilen Ungehorsam eine Großmacht besiegt werden kann, in: DER SPIEGEL 12/1999 vom 22.03.1999

Web-Links: http://www.gandhiserve.org/gss/gandhi.html

http://www.gandhifoundation.org

https://de.qantara.de/content/150-jahre-gandhi-wie-indien-seinen-gruendervater-vergisst

https://www.theguardian.com/world/2021/jan/17/mahatma-gandhis-killer-venerated-as-hindu-nationalism-resurges-in-india

https://de.qantara.de/inhalt/indiens-muslime-unter-narendra-modi-abgesang-auf-gandhi?nopaging=1

zu Maria Kolesnikowa

Bota, Alice: Die Frauen von Belarus. Von Revolution, Mut und dem Drang nach Freiheit. Piper, München 2021

Viktor Martinowitsch im Interview mit Sonja Zekri, Süddeutsche Zeitung, 18.08.2020

Frank Nienhuysen, Süddeutsche Zeitung, 19.08.2020

Friedrich Schmidt, Frankfurter Allgemeine Zeitung, 30.07.2020

Sergej Sumlenny, Heinrich-Böll-Stiftung, 17.07.2020

bah/dpa/Reuters/AFP, Der Spiegel, 24.07.2020

Deutsche Welle, 24.06.2020

Silke Bigalke, Süddeutsche Zeitung, 08.08.2020

Silke Bigalke, Süddeutsche Zeitung, 10.08.2020

Silke Bigalke, Süddeutsche Zeitung, 02.09.2020

Silke Bigalke, Süddeutsche Zeitung, 06.09.2021

Süddeutsche Zeitung, 03.09.2020

Hanna Ljubakowa im Interview mit der Süddeutschen Zeitung, 11.12.2020

Swetlana Alexijewitsch im Interview mit der Süddeutschen Zeitung, 8.04. 2021

Maria Kolesnikowa im Interview mit der Süddeutschen Zeitung, 17.08.2020

Olga Martynova, Süddeutsche Zeitung, 03.09.2020

Swetlana Tichanowskaja im Interview mit der Süddeutschen Zeitung, 21.07.2022

Joachim Auch, SWR aktuell, 30.11.2022

Tatjana Chomitsch im Interview mit Annette Kammerer, ARD-Studio Moskau, 01.12.2022

Silke Bigalke, Süddeutsche Zeitung, 01.12.2022

3sat Kulturzeit, 02.12.2022

Die Menschenrechtsorganisation Wjasna spricht von 1.500 politischen Gefangenen

Schroeder, Henriette: Ein Hauch von Lippenstift für die Würde, Elisabeth Sandmann, München 2014

Süddeutsche Zeitung, 2. November 2020 (Zitate Lukaschenko)

Swetlana Tichanowskaja im Interview mit dem Spiegel, 20.07.2022

zu Martin Luther

Luther, Martin: Gesammelte Werke, herausgegeben von Kurt Aland, Digitale Bibliothek Band 63, Directmedia, Berlin 2002

Denzler, Georg/Andresen, Carl: Wörterbuch Kirchengeschichte. Digitale Bibliothek Band 81, Directmedia, Berlin 2003

Fausel, Heinrich: D. Martin Luther. Leben und Werk, 1483–1521, Gütersloher Verlagshaus, Gütersloh 1977

Jedin, Hubert (Hrsg.): Handbuch der Kirchengeschichte. Digitale Bibliothek Band 35, Directmedia, Berlin 2000

Kaufmann,Thomas: Martin Luther, Verlag C. H. Beck, München 2006

Krockow, Christian Graf von: Martin Luther, in: Porträts berühmter Männer, List Verlag, München 2004

Zitelmann, Arnulf: »Widerrufen kann ich nicht«. Die Lebensgeschichte des Martin Luther, Beltz Verlag, Weinheim 1999

Leicht, Robert: Luther brauchte keinen Hammer. Auch der neueste Fund klärt nicht, ob der Reformator seine Thesen wirklich angeschlagen hat, in: DIE ZEIT, 10/2007

Zahrnt, Heinz: Glaubst du, so hast du. Luther nach dem Tod Gottes: Was bleibt von dem Reformator, der das Evangelium ans Licht und die Welt zu Ehren brachte? Frankfurter Allgemeine Zeitung, 17.02.1996

Web-Links: http://www.luther.de

http://www.martinluther.de

http://www-igh.histsem.uni-bonn.de/EinfuehrungMA/fuenfzehntesjahrhundert.asp

http://www.theology.de

zu Nelson Mandela

Mandela, Nelson: Der lange Weg zur Freiheit. Fischer TB, Frankfurt am Main 2002

Gottschalk, Maren: »Die Morgenröte unserer Freiheit«. Die Lebensgeschichte des Nelson Mandela, Beltz Verlag, Weinheim 2002

Marx, Christoph: Apartheid in Südafrika, Bibliographisches Institut & F. A. Brockhaus AG, 2006

Geschichte Südafrikas, Bibliographisches Institut & F. A. Brockhaus AG, 2006

Web-Links: http://www.anc.org.za/people/mandela.html

http://www.nelsonmandela.org/index.php/memory/views/chronology

zu Alexej Nawalny

Dollbaum, Jan Matti; Lallouet, Morvan; Noble, Ben: Nawalny – Seine Ziele, seine Gegner, seine Zukunft, Hoffmann und Campe, Hamburg 2021

Irina Scherbakowa, Süddeutsche Zeitung, 2. September 2022

https://www.charite.de/service/pressemitteilung/artikel/detail/zweites_statement_der_charite_klinische_befunde_weisen_auf_vergiftung_von_alexei_nawalny_hin/

ARD Alpha, 03.09.2020

Ann-Dorit Boy, Der Spiegel, 17.09.2022

Jörg Diehl, Roman Dobrokhotov, Christian Esch, Matthias Gebauer, Christo Grozev, Roman Lehberger und Fidelius Schmid, Der Spiegel, 14.12.2020

Nawalny, Alexej: Schweigt nicht! Reden vor Gericht, Droemer Knaur, München 2021

zu Rosa Parks

Eisenhauer, Bertram: Rosa Parks' arme Enkel. In Montgomery hat vor 50 Jahren die amerikanische Bürgerrechtsbewegung begonnen. Vielen Schwarzen hat sie nichts genutzt. Frankfurter Allgemeine Sonntagszeitung, 04.12.2005

Klüver, Reymer: Jeder Traum hat seine Zeit. Memphis und das Vermächtnis von Martin Luther King, in: Süddeutsche Zeitung, 03.04.2008

Rüb, Matthias: Die Busfahrerin. Rosa Parks machte mit einer Geste Geschichte. Nach ihrem Tod erfährt sie eine große Ehre, in: Frankfurter Allgemeine Sonntagszeitung, 30.10.2005

Winkler, Willi: Als die Geschichte sitzenblieb. Zum Tode von Rosa Parks, in: Süddeutsche Zeitung, 25.10.2005

Loeb, Paul Rogat: The Real Rosa Parks, in: CommonDreams.org, 31.10.2005, http://www.commondreams.org/views05/1031-32.htm

Carson, Clayborne: 50 Jahre Bus-Boykott von Montgomery: der aufrechte Gang, http://www.lebenshaus-alb.de/magazin/003010.html

Carson, Clayborne: Erinnerung an Rosa Parks, unter: http://www.lebenshaus-alb.de/magazin/ 003436.html

Schmid, Michael: Vor 50 Jahren: Busboykott in Montgomery, »Ohne Mut und Inspiration sterben die Träume von Freiheit und Frieden«, unter: http://www.lebenshaus-alb.de/magazin/003378.html

Schmid, Michael: »Die Welt stand auf, als Rosa Parks sitzen blieb«, unter: http://www.lebenshaus-alb.de/magazin/002777.html

Web-Links: http://www.e-portals.org/Parks

http://www.watson.org/~lisa/blackhistory/civilrights-55-65/montbus.html

zu Disha Ravi

Arne Perras, Süddeutsche Zeitung, 17.02.2021

Natalie Mayroth, taz, 15.02.2021

https://www.business-standard.com/about/who-is-disha-ravi#collapse

Dominik Müller, Qantara.de, 17.03.2021

Amber X.Chen, atmos earth, 16.02.2022

Rhea Mogul, NBC News, 20.02.2021

Till Fähnders, FAZ, 19.02.2021

Nadja Schlüter, jetzt.de, 19.03.2021

Soumya Sarkar, Mongabay, 14.11.2022

Emily Chan, British Vogue, 13.02.2022

Sameer Yasir, New York Times, 15.02.2021

zu Edward Snowden

Snowden, Edward: Permanent Record, Fischer, Frankfurt am Main 2019

Lt. Christian Zaschke, »Erinnerungen an Tod und Chaos«, in: Süddeutsche Zeitung, 12.08.2022

https://www.theguardian.com/world/2013/jun/09/nsa-whistleblower-edward-snowden-why

http://en.kremlin.ru/events/president/transcripts/18441, 01.07.2013

Der Spiegel, 26.12.2020

Ralf Wiegand, Süddeutsche Zeitung, 23.07.2021

zu Bertha von Suttner

Hamann, Brigitte: Bertha von Suttner. Ein Leben für den Frieden, Piper Verlag, München 2006

Kant, Immanuel: Kritik der Urteilskraft. Digitale Bibliothek, Sonderband: Kant: Werke, S. 2674 (vgl. Kant-W Bd. 10, S. 187)

Kerner, Charlotte: Madame Curie und ihre Schwestern. Frauen, die den Nobelpreis bekamen, Beltz Verlag, Weinheim 1997

Wunderlich, Dieter: WageMutige Frauen. 16 Porträts aus drei Jahrhunderten, Piper Verlag, München 2004

Knudsen, Jørgen: Schlägt Stockholms Herz für Anarchisten? Alfred Nobels Bombe: Die Geschichte zum Literatur-Nobelpreis, der heute vergeben wird, in: Frankfurter Allgemeine Zeitung, 12.10.2006

Rekord-Rüstungsausgaben, Waffen für eine Billion Dollar, dpa 22.05.2007

https://www.dw.com/de/sipri-globale-militärausgaben-auf-rekordhoch/a-61577516

https://hiik.de/wp-content/uploads/2022/03/CoBa_01.pdf

zu Ray Wong

Der Spiegel, 06.02.2013, 02.07.2014, 31.08.2014, 29.09.2014

Kris Cheng, Hongkong Free Press, 11.02.2016

Kai Strittmatter, Süddeutsche Zeitung, 22.04.2016

Petra Kolonko, FAZ, 31.08.2016

Joyce Ng; Chris Lau; Jeffie Lam and Tony Cheung, South China Morning Post, 15.11.2016

Ann-Kathrin Nezik, Der Spiegel, 11.02.2019

Suzanne Sataline, New York Times, 21.05.2019

Vanessa Steinmetz, Der Spiegel, 23.05.2019

Ray Wong im Spiegel-Interview mit Vanessa Steinmetz, Der Spiegel, 26.05.2019

Ray Wong im Interview mit Jacqueline Lang, Süddeutsche Zeitung, 09.06.2019

Xifan Yang, Die Zeit, 13.10.2019

Bernhard Zand, Der Spiegel, 25.11.2019

Der Spiegel, 18.04.2020 (ohne Namen)

Anna-Katharina Ahnefeld, HNA, 23.06.2020

Katja Demirci, Tagesspiegel, 15.07.2020

Lea Deuber, Süddeutsche Zeitung, 18.08.2020

Katharin Tai, Die Zeit, 28.08.2020

Friederike Böge, FAZ, 22.10.2020

Lea Deuber, Süddeutsche Zeitung, 03.12.2020

Till Uebelacker, Süddeutsche Zeitung, 28.10.2022

Ray Wong in der Sendung ZDF Aspekte, 11.11.2022

zum Vorwort

Gauck, Joachim: »Die Liebe zur Wahrheit«, in: Chrismon, 05.2008

Allgemein

Schlachter, Franz Eugen: Die Bibel, Genfer Bibelgesellschaft, Genf 1952

Die Bibel. Nach der Übersetzung Martin Luthers. Bibeltext in der revidierten Fassung von 1984. Deutsche Bibelgesellschaft, Stuttgart 1985

Elberfelder Bibel. R. Brockhaus Verlag, Wuppertal 1974

Peisker, Carl Heinz: Zürcher Evangelien-Synopse. Wuppertal 1962

Hamp, Vinzenz/Stenzel, Meinrad/Kürzinger, Josef (Hrsg.): Die Heilige Schrift des Alten und Neuen Testaments nach den Grundtexten. Pattloch Verlag, Aschaffenburg 1956

Christian Nürnberger (Jahrgang 1951) ist ein hochkarätiger Autor. Der Journalist studierte Theologie, arbeitete als Reporter bei der Frankfurter Rundschau, als Redakteur bei Capital, und als Textchef bei Hightech. Seit 1990 arbeitet er als freier Autor. Für »Mutige Menschen – Widerstand im Dritten Reich« wurde er mit dem Deutschen Jugendliteraturpreis 2010 ausgezeichnet. Seine Luther-Biografie »Der rebellische Mönch, die entlaufene Nonne und der größte Bestseller aller Zeiten« stand monatelang auf der Spiegel-Bestsellerliste.

Mehr über unsere Bücher, Autor*innen und Illustrator*innen auf: www.gabriel-verlag.de

Nürnberger, Christian
Mutige Menschen – für Frieden, Freiheit und Menschenrechte
ISBN 978 3 522 30631 7

Umschlaggestaltung und Innenillustrationen: Wiebke Kubitza und Eva Jung, gobasil GmbH, Hamburg
Satz: Kadja Gericke
Reproduktion: HKS-artmedia GmbH, Ostfildern
Druck und Bindung: GGP Media GmbH, Pößneck

MIX
Papier | Fördert gute Waldnutzung
FSC www.fsc.org FSC® C014496

Dies ist eine überarbeitete und ergänzte Neuausgabe in neuer Ausstattung der 2008 erstmals erschienenen Originalausgabe.